幼儿园课程研究
与实践方案丛书

幼儿园生成活动案例

——解析与策略

焦　艳／主编

北京师范大学出版集团
BEIJING NORMAL UNIVERSITY PUBLISHING GROUP
北京师范大学出版社

图书在版编目（CIP）数据

幼儿园生成活动案例：解析与策略/焦艳主编. —北京：北京师范大学出版社，2019.7（2023.11重印）

（幼儿园课程研究与实践方案丛书）

ISBN 978-7-303-24747-9

Ⅰ. ①幼… Ⅱ. ①焦… Ⅲ. ①幼儿园－教学活动－教案（教育） Ⅳ. ①G612

中国版本图书馆CIP数据核字（2019）第097535号

图 书 意 见 反 馈	gaozhifk@bnupg.com 010-58805079
营 销 中 心 电 话	010-58802181 58805532
编 辑 部 电 话	010-58808898

出版发行：北京师范大学出版社 www.bnupg.com
　　　　　北京市西城区新街口外大街12-3号
　　　　　邮政编码：100088
印　　刷：三河市兴达印务有限公司
经　　销：全国新华书店
开　　本：787 mm×1092 mm　1/16
印　　张：24
字　　数：480千字
版　　次：2019年7月第1版
印　　次：2023年11月第8次印刷
定　　价：69.00元

策划编辑：罗佩珍　　　　　责任编辑：马力敏
美术编辑：陈　涛　焦　丽　装帧设计：陈　涛　焦　丽
责任校对：陈　民　　　　　责任印制：马　洁

本书编委会

主　　编：焦　艳

副 主 编：欧阳芳

编　　委：赵　媛　陈小荣　乔　影　杜锦绣　简　珙　吴琴芳

　　　　　秦华丽　黄美玲　廖　莹

　　生命是动态发展的历程，教育是塑造完整生命的活动，因此，教育也应是师生共同学习和建构对世界、对他人、对自己的态度和认识的动态过程。在当前幼儿教育研究的话语体系中，"生成"已经成为一个高频词，大家已经逐渐认识到传统预设性活动的弊端，弃绝了"本质先定，一切既成"的思维逻辑，代之以"以生为本，动态生成"的活动形态。生成活动就是指以真正的对话情境为依托，在教师、幼儿、材料、环境等多种因素的持续相互作用过程中动态生长的活动体系，具有丰富性、灵活性和生成性的特点。在生成活动中，幼儿的主动性、积极性和创造性得到了极大发挥。幼儿能够在已有经验的基础上开展自主学习。生成活动的提出，对我们传统的学前教育提出了挑战，也为幼儿园课程改革提供了新的思路。

　　宝安幼教集团自成立以来，充分发挥了宝安区龙头名园的示范引领作用，以"优"带"潜"、以"优"带"新"，实现了优质教育资源倍增，更好地惠及了更广大的群众，有力地促进了全区学前教育质量提升。宝安幼教集团高度重视教育科研工作，重视学前教育的研究和成果总结，从2017年开始每年都编印一本集团教育科研成果。2018年，集团聚焦生成活动，收集、整理了集团各所幼儿园优秀的活动案例，并对各个案例的设计思路和实践策略进行了分析，提出了生成活动的相关意见和建议。

　　具体来说，本书有如下三个特点。

　　一是生本性。生成活动是立足幼儿生活，关注幼儿内在需求的活动；是围绕幼儿兴趣、幼儿问题解决的逻辑展开的活动；是促使幼儿主动学习和发展的活动。它遵循"以人为本""尊重幼儿"这一教育观和儿童观，充分展现了幼儿思维和情感的发展并提出了有效的引导策略。

　　二是生成性。本书介绍的生成活动，不是固定、静止、不变的，而是动态、变化、发展的，是在师生互动过程中，通过教育者对幼儿的需要和感兴趣的事物的价值判断，不断调整活动，以促进幼儿更加有效学习的发展过程。

　　三是生活性。任何有效的教学都始于对幼儿已有经验的充分挖掘和利用，只有这样，幼儿的智慧、思维、猜测、想象、情感才能淋漓尽致地被展现出来。本书所选的案例，大都与幼儿生活密切相关，是他们感兴趣的问题、经历过的事情、喜欢过的事物、思考过的情况，既贴近幼儿的生活，又有助于拓展幼儿的经验，达到直接经验与间接经验的有机结合。

本书内容构成包括以下两大部分。

第一部分包括第一至三章，主要是幼儿园生成活动案例介绍。从小班、中班、大班教学中精选生成活动案例，按照活动来源、活动期望、活动过程、活动解析的体例进行详细介绍。案例充分展示了活动过程中幼儿的思维和情感变化，展示了活动的进阶过程和教师的支持过程，生动、活泼，充满探究意味，具有较强的操作性和实效性。

第二部分为附录，主要是幼儿园生成活动开展过程中常见问题及解答。在介绍生成活动内涵的基础上，针对生成活动的内容从何而来，如何发现幼儿探究的兴趣，如何帮助幼儿确定探究方向，如何引发幼儿的探究行为，如何回应幼儿探究过程中的提问，如何在幼儿探究过程中"抛问题"，如何拓展幼儿经验以支持其探究行为，如何帮助幼儿提升经验，探究活动停滞不前时怎么办等，提出相应的具体做法和实施策略。问题清晰明确、方法具体得当、策略扎实有效，有效指引了生成活动的开展。

"生成"教育理念虽已受到大家的广泛认可，但由于主客观条件的限制，纵观各个幼儿园的实践情况，在一定程度上仍存在"为生成而生成""生成活动无根无源""生成活动昙花一现"的情况。要真正将"生成活动"落实到位，切实促进师生在活动中生成和发展，我们任重而道远。

朱利霞

深圳市宝安区教育科学研究院

目 录
CONTENTS

第一章　小班生成活动案例　　　　　　　　　　1

豆芽发成了　　　　　　　　　　　　　　1

可爱的小蚂蚁　　　　　　　　　　　　15

小　蝌　蚪　　　　　　　　　　　　　28

鸭　　子　　　　　　　　　　　　　　43

敲敲打打　　　　　　　　　　　　　　55

开超市啦　　　　　　　　　　　　　　66

谢谢消防员叔叔　　　　　　　　　　　80

第二章　中班生成活动案例　　　　　　　　　90

孵　小　鸡　　　　　　　　　　　　　90

班有萌龟　　　　　　　　　　　　　104

彩　　虹　　　　　　　　　　　　　117

风　来　了　　　　　　　　　　　　127

奇妙的声音　　　　　　　　　　　　133

有趣的光　　　　　　　　　　　　　144

行走的线条　　　　　　　　　　　　156

纸的作用大　　　　　　　　　　　　165

每日烧烤屋　　　　　　　　　　　　172

第三章　大班生成活动案例　　187

香　蕉　　187

鸡　蛋　花　　201

小青虫变形记　　209

小蚯蚓回家　　224

好玩的篮球赛　　237

搭　帐　篷　　247

我要上小学：参观小学　　261

制造轮船　　279

写　信　　297

快　递　员　　309

迷　宫　　318

有趣的旋转　　328

支架与帐篷　　337

小小向日葵，大大手足爱　　353

附　录　常见问题问与答　　366

参考文献　　375

豆芽发成了

执教老师：黄媛媛 李逸 陈宇婷
指导老师：萧月枝

一、活动来源

新学期，班级种植园地活动准备开始了，老师发动孩子们回家搜寻种子。第二天，轩轩带来了一包黄豆说要播种，琪琪直接跑到生活锻炼区拿出了班上的豆豆。

琪琪："你这个又不是种子，这个我们班也有，它是不能种的。"

轩轩（嘟着小嘴不服气）："我妈妈说了，这是黄豆，是可以种到土里的，还可以种水里发豆芽。"

孩子们围着轩轩不断地追问着。

"什么是豆芽？"

"种在水里？"

"豆芽是水里种的吗？"

老师："要不我们试试发豆芽？"

幼儿："好耶！"

显然，孩子们对于"豆芽"更有兴趣，有更多疑问。兴趣、疑问是主动学习的有效动机，于是"发豆芽"实验开始了。

二、活动期望

"知道种子可以发芽""对感兴趣的事物能够仔细观察，发现其明显特征"是小班幼儿科学探究中可能出现的行为。"发豆芽"是幼儿兴趣所在。教师期望幼儿通过亲自动手尝试"发豆芽"，通过观察、用绘画方式记录等途径，感受豆豆从种子到发芽的变化，丰富幼儿的生活经验，让他们体验科学探究的快乐。

三、活动过程

活动1："发豆芽"的第一次实验

第一天，孩子们先将豆豆倒出来，再加入可以盖过豆豆的水。装好水后，老师将豆豆放在孩子们可以看得到摸得着的地方，便于让他们直观地进行观察和记录。

第二天，孩子们发现泡在水中的豆豆变大了，和第一天所做的记录相对比，能够很直观地发现豆豆真的变大了，还有一些豆豆的皮都破开了，浮在水面上。

图1-1-1　泡过的豆豆　　　　　　　　　图1-1-2　豆豆变大了

第三、第四天过去了，孩子们发现被泡在水中的豆豆就稍微变大了一点点，但还是没有发芽。

一涵："红豆和绿豆一样小，黑豆和黄豆一样大。"

宇同直接凑近闻了一闻，他皱了皱眉头说："水太臭了，我们没有给豆豆换水，所以豆豆就长不大了。"

图1-1-3　第一天的豆豆记录单

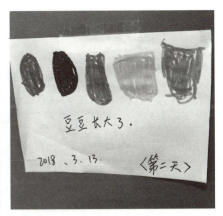

图1-1-4　第二天的豆豆记录单

大家都同意宇同的说法："太久没换水了，变臭的水没有办法让豆豆发芽。"

最后，经过一番讨论，孩子们认为"没有换水"是豆豆没有发芽的原因。

老师："现在怎么办？"

一涵："换水，让豆豆的水变干净，这样豆豆才会长大。"

米浆："把脏水倒掉，换成干净的水。"

富济："要两天换一次水。"

可毅："要一天换一次水。"

活动小结

在第一次发豆芽的实验中，孩子们能够用多种感官感知事物，仔细观察，发现发豆芽过程中出现的现象（如豆豆皮破了、豆豆变大了、豆豆浮起来了、水变臭了），而且他们能够用绘画方式记录自己的发现。从对话中可以知道，他们开始把"水臭了"和"发芽失败"联系起来，还提出了解决办法，自然地产生了挑战第二次发豆芽的兴趣和欲望。

活动2："发豆芽"的第二次实验

经过第一次实验失败之后，孩子们决定每天给豆豆更换新鲜的水。第二次"发豆芽"实验开始了。于是，每天早上值日生来到班级后，他们都会去给豆豆换上干净的水。孩子们每天都会密切观察豆豆的变化，同时把自己的发现记录下来。

第一天，豆豆变大了。孩子们发现豆豆只是比没泡的豆豆变大了而已，并没有发现其他的变化，跟第一次实验一样。

第二天，豆豆破皮了。他们发现有些豆豆已经大得"穿不下原来的衣服"了，于是

图1-1-5　给豆豆换水（1）

图1-1-6　给豆豆换水（2）

图1-1-7　第一天的豆豆记录单

图1-1-8　给第一天的豆豆做记录

图1-1-9　第二天的豆豆记录单

图1-1-10　给第二天的豆豆做记录

好奇地计算着破皮的豆豆的数量。

第三天，豆豆越来越大了。孩子们观察后回来告诉老师："老师，我们的豆豆越来越大了。"显然，他们越来越期待豆豆发芽了。但是老师却明显看到豆豆有长斑点的痕迹，此时老师选择耐心等待，等着孩子们去发现。

第四天，豆豆变坏了。孩子们看到豆豆不仅没有长大，有些豆豆还变黑了。

图1-1-11 第三天的豆豆记录单

图1-1-12 第四天的豆豆记录单

幼儿："老师，我们的豆豆怎么不长大了啊？为什么变黑了？"

老师："是哦，怎么回事呢？我们晨会的时候大家一起来讨论讨论吧，想想是怎么回事？"

今天的早餐孩子们吃得特别快，他们都想知道豆豆不发芽的原因。

若舟："老师，我们每天都有给豆豆换水，可是豆豆它怎么变坏了呀？"

老师："我也觉得很奇怪，要不，我们找找资料看看吧。"

老师和孩子们上网查找每天给豆豆换水，豆豆还是不长大的原因。

老师："我来念给你们听一听。豆豆不是光泡着水就可以长大的，发豆芽之前先要把泡豆豆的水沥干，还要注意温度和湿度。"

柯柯："那我们应该怎么办呢？"

图1-1-13 观察豆豆

林林："什么是'把泡豆豆的水沥干'呢？"

月月："是晒干吗？"

老师："不是，（边做示范边解说）沥干是指把浸泡豆豆的水给倒出来，不要让豆豆一直泡在水里。"

王王："温度和湿度又是什么？"

老师："温度就是指不能太热，不能在太阳下暴晒，也不能太冷，温度要合适。湿度就是要保持水分，明天是周末了，你们跟爸爸妈妈一起查找资料，看看会不会有更好的发豆芽的方法，带来班上和小朋友一起分享。"

活动小结

孩子们在活动中吸取了上一次实验的失败经验，这次他们坚持每天给豆豆换水。教师充分支持孩子们通过探索来验证自己想出来的解决办法。孩子们能够仔细观察豆豆的变化情况，发现其变化的主要特征，并且在整个活动过程中保持着较高的兴趣状态。当孩子们由于经验缺乏导致实验再一次失败时，教师没有直接告诉他们解决的办法，而是将自己转换成观察者和解释者，耐心地等待最适合的介入契机，适时提供寻求答案的思路——找资料、和爸爸妈妈一起试一试，给思路而不是给答案。这种探究在前、支持在后的支持策略无疑给活动的深入开展提供了莫大的支持。思路重新打开，于是他们再一次发起挑战。

活动3："发豆芽"的新经验

轩轩在家和爸爸妈妈也进行了发豆芽的实验，他们的豆豆成功地发芽了。轩轩和爸爸妈妈一起把豆豆发芽的过程记录下来，带到班上和小伙伴们分享。孩子们发现轩轩在家发豆芽时，还给沥干水的豆豆盖上了毛巾。

若冉："你看你看，他（轩轩）发芽时都给泡好的豆豆盖好毛巾，我们也要给它盖个毛巾。"

欧阳："为什么要盖毛巾啊？"

米浆："不用盖的！我们（之前）的都没盖，不要一直泡着就行啦！"

轩轩："盖了毛巾，豆豆就有水分了，不会干死了。"

图1-1-14　轩轩分享发豆芽步骤（1）

图1-1-15 轩轩分享发豆芽步骤（2）　　　　　图1-1-16 准备发豆芽

桐桐："我觉得也不用，给它盖着毛巾，豆豆肯定呼吸不了的。"

"发豆芽的时候要不要给豆豆盖上毛巾"引起了大家的热烈讨论。有的孩子认为豆豆发芽除了每天要换水，还要盖上毛巾；有的孩子坚持认为不盖毛巾豆豆也能够发芽。

老师鼓励孩子们自主分成"盖毛巾"和"不盖毛巾"两组发豆芽实验小分队，通过实验看看到底哪一组的豆豆能够先发出豆芽来。于是第三次"发豆芽"实验开始了。

孩子们选择了绿豆来发豆芽，先将泡好的绿豆沥干水放在盒子里面，然后盖毛巾组用毛巾将泡好的绿豆盖起来，而不盖毛巾组只是把水沥干。接下来静待结果。

第一天，孩子们发现盖毛巾组的豆豆和不盖毛巾组的豆豆都静静地待在容器里，没有发芽。

第二天，盖毛巾组的孩子发现自己的豆豆开始发了一点点芽，他们认为豆豆已经发芽了，不需要再盖毛巾了。于是，他们将毛巾取下来，放在托盘上，并在盖毛巾组的容器上做了一个爱心的标记。他们还是想和不盖毛巾组的豆豆比一比，看看已经盖

图1-1-17 不盖毛巾组　　　　　图1-1-18 盖毛巾组　　　　　图1-1-19 将豆豆盖上毛巾

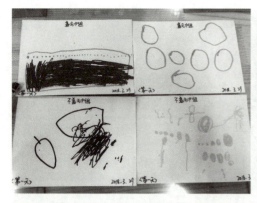

图1-1-20　第一天的豆豆记录单

图1-1-21　观察第一天的豆豆

图1-1-22　第二天取下毛巾

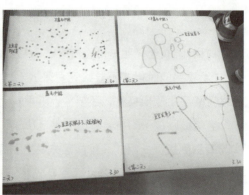

图1-1-23　第二天的豆豆记录单

过毛巾的豆豆是不是会长得更快。

　　第三天，盖毛巾组的豆豆与不盖毛巾组的豆豆都发出了一点小芽，但盖毛巾组的豆豆比不盖毛巾组的豆豆的小芽要长得高一点。

　　第四天，盖毛巾组的豆豆和不盖毛巾组的豆豆虽然都有继续长大，但是它们都变得有点儿红红的，像要坏了的样子。

　　孩子们开始讨论为什么豆豆只发出了一点点小芽就不再长大了呢？豆豆的身上为什么会出现红红的颜色？

　　老师拿出轩轩和爸爸妈妈在家发豆芽的程序图引导孩子们再次仔细观察：将干干的豆豆放入容器中（第一天）→将豆豆用凉水浸泡一夜（第二天）→沥干水，将毛巾盖在豆豆上，装进黑色袋子里，每天拿出来浇一次水（第三天）→豆豆开始发芽了（第四天）→豆豆开始发出小芽了（第五天）→豆豆的芽更长了（第六天）→豆芽可以采摘了（第七天）。

　　冉冉："老师，我们没有装在黑色袋子里面。"

　　老师："为什么要装入黑色袋子里呢？"

轩轩："爸爸说，装入黑色袋子里，光就找不到豆芽了。"

老师："哦，发豆芽要避光，不能让光线找到豆芽。所以豆芽应该是在怎样的环境中才能健康生长呢?"

柯柯："晚上，晚上没有光。"

滕滕："不对，晚上也有光，有灯光。"

轩轩："所以我们给豆芽装在黑色袋子里就见不到光了。"

老师："嗯，豆芽适合生活在没有光线照射的环境中。"

分享讨论后，孩子们得出结论：豆豆没有放在黑色的袋子里，而被光线照射，所以豆豆才变成了小小的，一直长不大。

活动小结

同伴的成功经验，让孩子们继续燃起了再试一试的希望。讨论中，他们产生了不同的意见，难能可贵的是小班的孩子们已经能够主动表达自己的观点，并且不轻易妥协和放弃。教师肯定了孩子们解决问题的办法，没有立即去评判对错，而是支持他们通过实验来验证观点。通过分组实验，他们发现盖毛巾的豆豆和不盖毛巾的豆豆都会发芽，但盖毛巾能让豆豆更快地发芽。当大部分孩子发现"豆芽不再长大，还出现红红的斑点"，并对问题产生的原因毫无头绪时，教师建议回顾轩轩在家成功发豆芽的步骤和细节。通过对比，他们从发芽操作程序上发现了"黑色塑料袋"的存在和作用。新的经验扩展和丰富了孩子们对发豆芽的认知，也为下一次实验的生成提供了铺垫。

活动4:"发豆芽"的第四次实验

孩子们再次进行尝试，他们将发了小芽的豆豆放入黑色的袋子中。随后几天，豆豆的颜色还是发生了变化，变得黑黑黄黄的，容器里的水也消失了，豆芽怎么也不长大。

孩子们开始在教室里面寻找豆豆发生变化的原因，找了很久也没有答案。教师看到后，和孩子们一起讨论：我们可以向谁寻求帮助呢?

邱邱："我们种在植物园的植物长得很好呀，每天只需要浇浇水，植物就会长大了!"

老师："你们是只给植物浇了水，植物需要的营养有很多，幼儿园的花工叔叔每天都会给植物施肥、浇水，补充营养呢! 所以植物才能健康长大!"

李李："老师，那我们去问问花工叔叔，我们的豆豆为什么没有长大吧!"

王王："向花工叔叔求助，我们的豆豆就能够继续长大了!"

老师："那我们拿着豆豆一起去问问花工叔叔吧!"

……

王王："花工叔叔，你帮我们看一看，我们的豆豆是怎么了？"

小余："我们的豆豆好像生病了，它变得黑黑黄黄的。"

李李："我们把豆豆都放进黑色袋子里面避光，而且每天都换水，可是它为什么变得好像要死了一样呢？"

花工叔叔："你们白天和晚上都把豆豆放在教室吗？"

冉冉："是呀！"

花工叔叔："小朋友们，你们做对了一点，但有一点没有做对哦！做对了的是你们把豆豆放在黑色袋子里避免光照，做得不对的是你们晚上也把豆豆放在教室里面了！"

李李："为什么晚上不能把豆豆放在教室里面呢？这样不是可以避免照到光线吗？"

花工叔叔："孩子们，你们看，我们教室里面有紫外线灯管，紫外线是用来消灭教室里面的细菌的，同时它还能穿透黑色袋子，照射到你们的豆豆上，所以豆豆应该是被紫外线给灼伤了。"

林林："原来是这样啊，我们知道了！谢谢花工叔叔！"

找到答案的孩子飞奔回教室向其他伙伴分享自己收获的经验：原来豆豆晚上不能放在教室，教室里的紫外线会穿过黑色袋子灼伤里面的植物。

老师："我们的教室都有紫外线灯管，放学之后，老师会打开紫外线灯，对我们的教室进行消毒。放学之后，我们忘记把豆豆给拿出去了，所以豆豆才受到了伤害，接下来要怎么做呢？"

幼儿："我们每天放学就把豆豆搬出去吧！让它和我们一样放学。"

孩子们决定再尝试一次发豆芽的实验。这次为了能成功地发豆芽，老师决定给他们布置一个小任务：这次发豆芽前需要先回顾一下发豆芽的步骤和注意事项（每

图1-1-24　毛巾变黄了

图1-1-25　寻找教室紫外线灯管

天换水—沥干水—保持湿润—避免光照），放学回家后和爸爸妈妈再查一查发豆芽的方法。

"黑色塑料袋"的使用，再一次丰富了孩子们发豆芽的经验，也给了他们成功的信心。然而结果却不如预期般成功，解决光照问题后又产生了新问题，让他们再一次陷入困境。教师观察到孩子们在努力尝试自己找答案无果时，用疑问"可以向谁求助"稍做引导，当邱邱提及"植物园"，幼儿园植物的照料者——花工叔叔便成为他们求助的对象。无疑，教师的适时介入，赶在孩子们即将放弃之前，给予了他们又一次成功的引导。此时布置"小任务"，在提升兴趣的同时，也巧妙地增加了孩子们发豆芽实验的目的性。

活动5："发豆芽"的第五次实验

孩子们带着老师布置的任务和爸爸妈妈一起再次查找资料，再一次熟悉发豆芽的步骤和注意事项。他们在晨会时一起分享了在家和爸爸妈妈查到的方法。

老师："大家都查找到了什么资料呢？"

吴吴："豆豆要沥干水，如果豆豆被泡着就会腐烂，但是也要保持湿润。"

许许："豆豆不能被阳光照射到。"

黄黄："要每天给豆豆换水。"

……

老师："谁还找到了什么不同的资料吗？"

林林："我和妈妈查资料的时候，发现有一种发豆芽的工具！"

老师："什么工具？"

林林："老师你查查，是长得像一个盘子的工具。"

老师："我有点儿好奇，我们一起来上网找找看发豆芽的工具吧！"

老师和孩子们一起上网查看发豆芽的工具。

林林："老师，就是这个，用它来发豆芽的话，我们就不用担心沥水的时候把豆豆倒出来了。"

老师："哦！它叫育苗盆，一共有两层，装水的容器和放豆豆的容器是分开的。你们看一看这个位置，把装豆豆的容器和装水的容器分开后，豆豆就不会一直泡在水里，沥水的时候的确方便很多呢。"

跟孩子们进行讨论之后，我们决定用育苗盆再进行一次发豆芽实验。

孩子们收到采购的育苗盆时，发现快递里还有一张豆芽的发芽流程图。孩子们看到后兴高采烈地开始研究发豆芽的专业流程：在育苗盆底部放上水（水的位置不可以超过白色的网盘哟！）→放好豆豆和水之后，给豆豆上面盖上一块小毛巾→寻找喷壶，给毛巾喷上水，让毛巾保持湿润。

前面准备的步骤就完成了，孩子们将已经处理好的豆豆拿进教室，放在阴凉的位置避免光照。每天放学前，他们都会把装豆豆的容器拿到教室外，放置在没有紫外线灯管的地方，第二天早上来幼儿园时再重新将装有豆豆的容器拿进教室里面观察。

一天天过去了，豆豆真的发芽了。孩子们发现豆豆不只是上面会长出豆芽，它的下面还有密密麻麻的根，闻起来有一点儿像是花生的味道。豆豆完全长大了，它变得有点不像最开始那个小小的、圆圆的样子了，有两颗已经从毛巾的边缘跑出来了。

孩子们尖叫起来："老师，老师，它跑出来了！这样它又见光了，会不会又不成

图1-1-26　阅读育苗盘发豆芽说明书

图1-1-27　给育苗盘底部装水

图1-1-28　给育苗盘中的豆豆盖上育苗纸

图1-1-29　寻找喷壶

图1-1-30　用喷壶喷湿毛巾

图1-1-31　将育苗盆拿入教室

功啊?"

老师:"有可能哦!之前不是有光照就不能长大吗?那有什么解决的办法吗?"

欧阳:"老师,我觉得我们给它换个更大的毛巾,把它跑出来的豆芽都给盖住。"

大家都认为这个办法好,于是孩子们找来一块更大的毛巾盖在豆豆上。在他们细心的照料下,豆豆终于长成豆芽了。

轩轩:"你看,我说要盖布吧?"

桐桐:"是我每天换水的!"

惠惠:"我有把它藏到阴凉的地方哦!"

毅毅:"我觉得是这个托盘好。"

老师:"嗯!你们都有功劳。那你们还记得发豆芽要注意些什么问题吗?"

惠惠:"要盖布,还不能晒到太阳!"

同同:"泡豆豆的时间不能太久,不然会烂掉的。"

然然:"还有,要早上喷一次水,晚上喷一次水,保持毛巾湿润。"

图1-1-32　观察豆豆

图1-1-33　豆豆的根密密麻麻

图1-1-34　豆豆长成豆芽了(1)

图1-1-35　豆豆长成豆芽了(2)

……

老师："嗯！小朋友都知道发豆芽的要点了，你们回到家，可以做爸爸妈妈的小向导，在家里也试一试发豆芽吧。"

活动小结

"小任务"产生了很好的效果。孩子们从家里带着答案来幼儿园时，解决问题的办法就丰富起来了。可见，孩子们在家庭与幼儿园之间构筑起了一座桥梁。新工具"育苗盆"的引入顺理成章，沥水、保湿的经验再次提升，操作过程不断简化、规范化，发豆芽的方法也不断地在孩子们的认知中被强化。当豆芽再次出现"被光照射"的情况时，他们能迅速地将"盖毛巾"的经验迁移运用。在反复实验中，他们用多种感官去探索豆豆发芽的过程，并且关注到不同的操作产生的不同结果。成功地发豆芽，给予了他们经历失败、困惑、迷茫之后一次奇妙的成功体验。实验成功后，教师适时提问帮助孩子们整合、提升关于发豆芽的经验，使他们更深刻地体验到成功的喜悦。

四、活动解析

"豆芽发成了"是一包黄豆种子引起的科学探究活动。幼儿经历了五次"发豆芽"的实验（泡水—沥水—遮光—防紫外线—育苗盆）后，终于成功地发出豆芽。在教师的支持下，幼儿通过观察、记录、比较、分析、总结，知道了种子可以发芽，掌握了成功发豆芽的相关经验，并初步感知了种子发芽需要一定的湿度、温度条件。

在发豆芽的实验中，当幼儿遇到问题、产生疑惑时，教师不是简单地回复、直接答疑，而是在尊重、支持的心理氛围中，用认真关注（仔细观察）、真诚肯定（支持自主分组实验）、启发引导、关切提醒和放手让幼儿自主探究的语言和行为，给幼儿自由探究以积极反馈。当"用黑色袋子遮光"后，豆芽仍然无法继续长大并且产生更严重的现象，屡次失败让幼儿即将放弃时，正是教师的巧妙启发（"可以向谁求助"）让活动得以继续开展和深化。可见，对于幼儿探究在前、教师支持在后的策略运用，教师需要基于观察和对幼儿个性的了解，有足够的耐心，把握在幼儿放弃之前，给予适度支持，既让幼儿得到充分尝试的机会，又让幼儿获得积极的情感体验。

整个活动中，幼儿用"画画的方式"将观察到的豆豆变化记录下来，为后续通过记录、比较等方法探究植物生长埋下伏笔，帮助幼儿从自发产生探究兴趣逐渐过渡和转变到经历有效的探究过程；"遇到问题时该怎么办"——上网找资料、求助他人、和爸爸妈妈一起讨论、和伙伴分享经验等，这些解决办法也将为幼儿以后的探究活动提供有意义的经验。

可爱的小蚂蚁

执教老师：张瑞榆 孙楠楠 吴楚红
指导老师：李秋 董萌诗

一、活动来源

　　小班孩子情感丰富，他们喜欢动物，与动物之间似乎天生有着一种天然的亲近感。千变万化的动物世界总是能引起他们极大的注意，他们也总是对各种动物充满了好奇心与探索欲望。在植树节当天，教师原计划和孩子们一起观察树木和树叶，这时一个男孩欣喜地喊了起来。

　　桐桐："老师，我发现树叶上有一只蚂蚁！"

　　这时周围的小朋友围了过去，好奇地观察并展开了对话。

　　贤贤："小蚂蚁好小啊！"

　　懿懿："它怎么在树叶上呢？"

　　天天："可能树叶是它的家。"

　　可可："它爬来爬去地在玩吗？"

　　琪琪："它喜欢吃树叶。"

　　羽羽："它可能在找东西。"

　　可爱的小蚂蚁吸引了孩子们的视线，孩子们蹲在地上观察了很久，在与蚂蚁的直接接触中，孩子们产生了许多问题："蚂蚁的家在哪里？""蚂蚁有妈妈吗？""蚂蚁吃什么？"等。在生活中，会动的小动物总能引起孩子浓厚的兴趣和好奇心。他们对小蚂蚁的饮食起居产生了兴趣。蚂蚁虽然在生活中随处可见，但在孩子们眼里那是一个充满未知的世界。因此，老师放弃了原本预设开展与植树节相关的"叶子"主题的探究活动，以"蚂蚁"为切入点，开展探究蚂蚁奥秘的活动。

二、活动期望

　　《3—6岁儿童学习与发展指南》中提出"要充分尊重和保护幼儿的好奇心和学习兴趣"，《幼儿园教育指导纲要（试行）》中提出"善于发现幼儿感兴趣的事物、游戏和偶发事件中所隐含的教育价值，把握时机，积极引导"。教师期待幼儿通过亲身体验、实际操作与探究观察、记录、查阅资料等不同途径与方式，了解蚂蚁的外形特征及生活习性，探索关于蚂蚁的种类、信息传递等知识，激发探究欲望；同时学习用讲述、记录和绘画等不同方式对自己观察到的事物现象进行表征，养成有顺序、细致的观察习惯，并且能够主动接近动物，培养爱小动物的情感。

三、活动过程

活动1：我知道的蚂蚁

基于孩子们的兴趣，我们围绕"我知道的蚂蚁"开展了谈话活动。

老师："小朋友们，你们看到的蚂蚁都是什么样的呢?"

涛涛："蚂蚁的嘴巴很小。"

文文："蚂蚁的嘴巴尖尖的。"

辰辰："它的嘴巴有两边，像个爱心一样。"

馨馨："蚂蚁喜欢吃西瓜，还会搬西瓜，我在书里看过。"

乐乐："蚂蚁喜欢吃甜的，上次在老家看到蚂蚁吃小小块的苹果，很多蚂蚁把它围

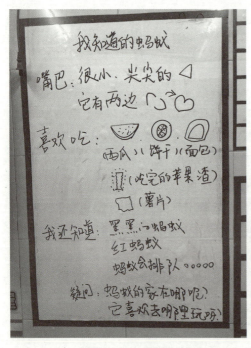 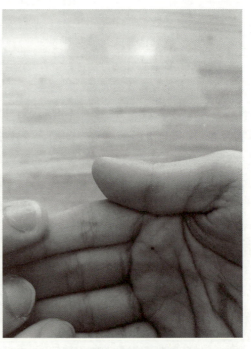

图1-2-1　我知道的蚂蚁　　　　　　图1-2-2　我找到的蚂蚁

起来了。"

文文："我看见蚂蚁吃面包，后来把它搬走了。"

熙熙："蚂蚁黑黑的，还有红色的。"

可可："蚂蚁会咬人的，咬完就跑回家。"

懿懿："蚂蚁还有白色的。"

晴晴："蚂蚁的家在树叶上，我上次看到它躲在那里。"

慧慧："不对，我看到它在树底下。"

然然："那蚂蚁的家到底在哪里呢？"

贤贤："它们有时会出来玩，爬到不一样的地方去。"

活动小结

在"我知道的蚂蚁"的谈话中，涛涛、文文和辰辰提到蚂蚁的嘴巴很小、尖尖的，还有两边；乐乐和文文根据自己的生活经验提到蚂蚁喜欢吃甜食；熙熙和懿懿提到了蚂蚁的颜色，并以蚂蚁的颜色进行命名分类；晴晴、慧慧和然然对蚂蚁的家存在争执与疑问，她们提出了"蚂蚁的家在哪里呢？"的问题。从孩子们的回答老师发现，他们根据自己的生活经验对蚂蚁有一定的了解，对于蚂蚁的"家"有强烈的好奇，老师可以利用户外环境支持孩子的猜想和探究。

活动2：寻找蚂蚁的家

在谈话中，孩子们提到蚂蚁的家在树叶上、树底下……我们可以利用幼儿园的户外环境来支持孩子们验证自己的想法。

老师："我们要去户外寻找蚂蚁的家，可是要怎么找呢？"

馨馨："它的家在洞洞里。"

贤贤："我们找到蚂蚁，然后跟着它就找到它的家了啊。"

老师："这是个不错的主意，那要怎么找到蚂蚁呢？"

乐乐："蚂蚁喜欢吃甜食！"

慧慧："我们可以带甜甜圈去。"

霆霆："可是现在没有甜甜圈。"

桐桐："我知道啦！我们一会把水果餐留一点儿就可以啦！"

可可："是的，苹果也是甜的。"

馨馨："我还见过蚂蚁吃我掉在地上的骨头，骨头是咸的不是甜的，它也吃呢。"

乐乐："是吗？我没见过，蚂蚁是吃甜食的。"

老师："那我也来试一试，去户外的时候我用咸骨头试一试看看会不会吸引蚂蚁过来。每个人都可以带上你们觉得蚂蚁会吃的食物去户外找蚂蚁。"

孩子们开心又兴奋地把自己找到的水果、糖放在户外不同的角落，老师拿了一块咸骨头也加入了孩子们的寻找。户外活动时，有的孩子时不时回来看看蚂蚁有没有来搬他的水果，有的孩子一直守在自己的位置蹲下来等蚂蚁。

羽羽："老师，蚂蚁出来啦!"

妍妍："蚂蚁它爬过来了。"

乔乔："蚂蚁搬了我的水果。"

许多孩子被吸引过去围在一起观察。

涛涛："它肚子饿了。"

晴晴："对呀，它要出来找吃的了。"

清清："蚂蚁要把吃的带回家。"

乐乐："老师，你的骨头这里也有蚂蚁来吃了，蚂蚁也吃咸的呢。"

图1-2-3　寻找蚂蚁

图1-2-4　观察蚂蚁

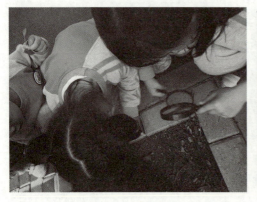

图1-2-5　寻找蚂蚁

图1-2-6　观察蚂蚁

可可："是哦，好多蚂蚁啊，它们也喜欢吃肉。"

老师："看来蚂蚁除了喜欢吃甜食，还吃咸的，你们也可以回去和爸爸妈妈再找找资料看蚂蚁还会吃什么。"

展展："蚂蚁的脚好小，都看不见了。"

懿懿："我去拿放大镜来看看。"

于是孩子们跑回教室拿来放大镜继续仔细地观察蚂蚁。

安安："我看到蚂蚁的头会转。"

扬扬："蚂蚁的脚有好多只。"

信信："我看到它圆滚滚的肚子了。"

桐桐："我一碰它，它就跑，它怕人。"

涛涛："它看得见我们，我们走过去它就爬走了。"

骏骏："蚂蚁怎么都不回家，它是不是迷路了。"

活动小结

寻找蚂蚁时，孩子们想到用蚂蚁喜欢吃的食物来吸引它出来，并且在寻找的过程中发现蚂蚁不止吃甜食，咸的也吃。蚂蚁出来后，孩子们能够主动将使用放大镜的经验迁移到问题解决中，透过放大镜去观察小小的蚂蚁，还发现了蚂蚁的肚子圆圆的、脚小小的、头是会转的。这些发现都让孩子们兴奋不已。虽然孩子找到了蚂蚁，但是短暂的一次寻找并没有发现蚂蚁的家在哪里，有的孩子认为"蚂蚁迷路了""我们吓到他们了"，为了解决这个问题他们还需要再次寻找。

活动3：再次寻找蚂蚁的家

上一次的寻找，大家设想先用蚂蚁喜欢的食物吸引它出来，然后跟着它找到它的家，但是没有找到，这一次要不要换一种方法呢？

老师："蚂蚁的家到底在哪里呢？我们上一次想跟着小蚂蚁回家可是没有成功，小蚂蚁到底住在哪里呢？"

琪琪："叶子是蚂蚁的家。"

嘉嘉："石头缝是蚂蚁的家！"

涵涵："泥土里面是蚂蚁的家！"

惠惠："西瓜是蚂蚁的家。"

诺诺："墙角是蚂蚁的家。"

……

孩子们猜想蚂蚁可能会住在树叶上、泥土里、树枝上、花朵里。他们想到了许多不同的地方，决定到户外寻找来验证自己的猜想。孩子们分别从草地、沙地、花坛、石头缝、花丛、路边（水泥地）、树（树干、树底、树叶）、滑梯、楼道去寻找蚂蚁的家。

晴晴："我在草地上发现蚂蚁了，蚂蚁洞的洞口很小很小的。"

辰辰："我在树底下发现一群蚂蚁。"

琪琪："老师，我们挖挖蚂蚁的窝，看看它里面有什么吧！"

骏骏："不行，那样小蚂蚁就没有了！"

晴晴："那蚂蚁的家是什么样子呢？它们怎么挖洞的呢？"

这时有个女孩挤过来喊道："蚂蚁的家在哪里？我怎么没看见？"

乔乔指着洞口说："在这里！旁边有好多蚂蚁，这里还有一只蚂蚁爬进洞里面去了。"

琪琪："那这些蚂蚁它们怎么都不回家？"

晴晴："它们出来玩，还没到时间回去呢。"

图1-2-7　寻找蚂蚁的家（1）

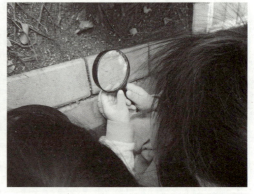
图1-2-8　寻找蚂蚁的家（2）

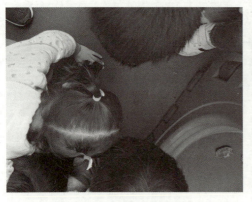
图1-2-9　寻找蚂蚁的家（3）

图1-2-10　发现蚂蚁的家

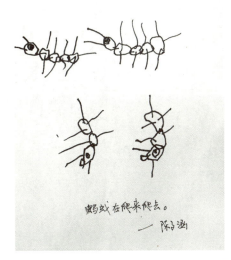

蚂蚁在爬来爬去。
　　　　　　——陈沁澍

图1-2-11　我观察到的蚂蚁（1）

嘘！蚂蚁 睡着了。
　　　　　　——丽

图1-2-12　我观察到的蚂蚁（2）

　　骏骏："你看，这只蚂蚁爬进去了！"

　　琪琪："它是要回去照顾蚂蚁宝宝吧！"

　　回到教室后，孩子们分组交流自己的发现，老师提醒孩子们在表格中记录。在做记录的时候，孩子们又有了新的问题："蚂蚁的家到底是什么样子的？有房间吗？他们是怎么挖洞的？"

活动小结

　　在寻找活动中，孩子们的积极性、参与性很高，通过观察了解到蚂蚁的家是在地里面、在洞里面，并把自己的发现及时告诉伙伴，共同分享发现的快乐。虽然找到了蚂蚁的家，但是却看不到蚂蚁家中的情况，这激起了孩子们更浓厚的探究欲望，他们很想知道"蚂蚁的家里有房间吗？""都是怎么住在一起的？"。在现实条件下，孩子们很难直接观察到蚂蚁洞内的真实环境。如何满足孩子们的好奇心，网上卖的蚂蚁屋是一个不错的材料。于是，老师在班级自然角投放了蚂蚁屋供孩子们观察蚂蚁在"家"里面的生活情况，同时在科学区及图书区投放了大量关于蚂蚁的故事、绘本及科普书籍，便于孩子们随时查阅，主动获取知识。

活动4：认识蚂蚁

　　蚂蚁屋的投放，让孩子们兴奋不已，他们利用每天餐前、饭后等过渡时间去自然角观察蚂蚁。

涛涛："蚂蚁的头是弧形的，头上有两根长长的触角。"

图1-2-13　蚂蚁身体构造图

鹏鹏："蚂蚁的肚子像椭圆形，有点尖。"

可可："腿长在胸上，有六条腿。"

清清："蚂蚁的触角有什么用？"

懿懿："可以找方向。"

涵涵："好看啊！"

光光："蚂蚁的嘴很小，有的嘴很大。"

诺诺："蚂蚁的嘴上长有两颗大牙呢！"

锐锐："那是吃饭用的。"

桐桐："那是用来挖洞的。"

乔乔："这个蚂蚁好大啊！它是蚂蚁妈妈。"

羽羽："大蚂蚁是士兵，保护其他小蚂蚁的。"

涵涵："这些是蚂蚁宝宝，我们要保护好它们。"

图1-2-14　饲养蚂蚁（喂食）（1）

图1-2-15　饲养蚂蚁（喂食）（2）

图1-2-16　观察蚂蚁（1）

图1-2-17　观察蚂蚁（2）

图1-2-18 蚂蚁作品（1）

图1-2-19 蚂蚁作品（2）

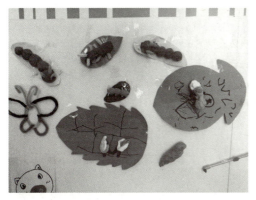

图1-2-20 蚂蚁作品（3）

图1-2-21 蚂蚁作品（4）

对于孩子们有争执的问题，老师引导他们学习查找有关资料，将资料中不懂的文字念给他们听，并引导他们将查找的有关内容分享给其他人。通过观察、查找资料，他们了解到蚂蚁的身体有头、胸、腹，有一对触角、六条腿、眼睛和嘴巴。

孩子们通过自主观察与了解初步认识小蚂蚁的外形特征后，在区角活动中，有的孩子用水彩笔画出各种姿态的小蚂蚁，有的孩子用手指的不同位置画出蚂蚁的各个部分，然后添加腿和触角，并在周围画上景物，组成一幅完整的图画。

活动小结

借助蚂蚁屋这个材料，孩子们对蚂蚁的外形特点有了更进一步的了解，与第一次的表征前后对比，孩子们的作品更能够注意蚂蚁显著部分的外形特征，如触角、胸、腹，也能注意到较为细致的方面，如蚂蚁有六条腿。蚂蚁屋也给孩子们形象地展示了蚂蚁的日常生活，让孩子们可以直观地看到蚂蚁是如何打洞、如何搬运、如何共同生活的，丰富了孩子们关于蚂蚁的直观经验。

活动5：蚂蚁妈妈与蚂蚁分工

观察过程中，孩子们经常说"蚂蚁有妈妈吗?""大蚂蚁是保护小蚂蚁的"……蚂蚁有不同的群体和分工，孩子们虽然不能准确地用词语表达，但是他们已经发现在蚂蚁的家里，每个角色都不一样，它们的工作也都不一样。这个发现让孩子们开始对角色进行了猜想。

1. 蚂蚁妈妈

孩子们对"蚂蚁有妈妈吗?"这个问题很感兴趣。

诺诺："蚂蚁的妈妈就是最大的蚂蚁!"

展展："蚁后就是蚂蚁宝宝的妈妈。"

馨馨："蚂蚁没有妈妈。"

晴晴："我觉得是有妈妈的，而且还要有蚂蚁爸爸，所以才有蚂蚁宝宝。"

霆霆："我觉得没有妈妈，它是自己从蛋里面生出来的。"

老师："大家的说法都不一样，到底谁说的是正确的呢?"

文文："我们找找图书，看看书上是怎么说的。"

晴晴："我让爸爸到电脑上查一查，或许能找到答案。"

老师："这个建议非常好，那就请大家找找资料，看看蚂蚁家族里都有谁，它们分

图1-2-22　有关蚂蚁资料（1）

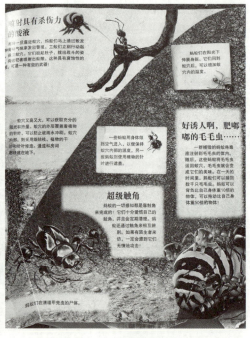

图1-2-23　有关蚂蚁资料（2）

别是干什么工作的。"

2. 蚂蚁的分工

第二天，孩子们带着从网上或是教室里的图书中找到的相关资料进行分享。

霆霆："蚂蚁有爸爸、妈妈!"

信信："它们中还有警察呢! 专门对付敌人的。我知道它有一个名字叫作'兵蚁'，如果敌人来了，'兵蚁'就要去打败他们。"

乐乐："我还发现了有一种蚂蚁叫作'工蚁'，它就是帮忙挖洞的，可以给别的蚂蚁住。"

晴晴："我爸爸在手机里查到蚂蚁有爸爸，叫作'雄蚁'。它跟别人不一样，是有翅膀的。"

贤贤："那雄蚁是不是可以飞起来?"

晴晴："我觉得可以。"

可可："我在一本书里看到，蚂蚁的妈妈是'蚁后'，她是最大的，她可以生好多宝宝。"

图1-2-24　在家查阅资料（1）

图1-2-25　在家查阅资料（2）

图1-2-26　图书区查阅资料（1）

图1-2-27　图书区查阅资料（2）

诺诺："那她就是王后咯。"

可可："嗯，对！"

……

老师："原来蚂蚁有一个大家族，还有不同的名字和分工，有蚁后、工蚁、兵蚁这么多，老师发现小朋友们都很会想办法解决问题。"

活动小结

小班阶段的孩子对于蚂蚁的种类和分工的理解比较浅显，很难明确地知道不同蚂蚁的特点及类别，但是通过了解"蚂蚁有妈妈吗？""蚂蚁的分工"等问题，孩子们逐渐掌握了有问题自己去查找资料、收集资料的学习方式，利用家长资源引导孩子们收集、整理相关的资料，在猜想、寻找、验证的过程中，孩子们对蚂蚁的分工拥有了童真的思考与想象。

活动6：绘本《蚂蚁和西瓜》

除了观察与探究，小班孩子具有喜欢模仿的特点，他们经常会用手指放在头上模仿蚂蚁的小触角，或者模仿蚂蚁搬食物弯腰走路，在排队时还会想起蚂蚁也会一只跟着一只排队。一次绘本欣赏活动激发了孩子模仿、表现的兴趣。

1. 绘本欣赏：《蚂蚁和西瓜》

在一次餐前活动中，老师与孩子们一起欣赏绘本《蚂蚁和西瓜》。孩子们通过仔细观察，了解绘本图画的内容，并尝试用语言大胆表达自己的想法，感受蚂蚁分工合作的团结精神。

在生动有趣的绘本内容影响下，孩子们不断地模仿小蚂蚁的动作，扮演着搬东西的蚂蚁，在角色区孩子们也饶有兴致地假装自己是蚂蚁把东西运来运去。孩子们在扮演过程中不断想象各种情节，兴趣盎然。此时，如果创造机会，在支持孩子们模仿表演的基础上，不断整合及丰富孩子们的表演经验，帮助孩子们达到更高的能力水平，那么进行绘本表演就是一个不错的活动。

2. 绘本表演：《蚂蚁搬西瓜》

老师："最近我们的角色区多了许多小蚂蚁，它们忙忙碌碌的，不知道在干什么呢？"

可可："我们在表演《蚂蚁搬西瓜》，就是我们一起看的那个绘本。"

贤贤："我扮演的是找到西瓜的那个蚂蚁。"

晴晴："我们都是小蚂蚁，一起想办法把西瓜运回家，西瓜太大了。"

老师："原来是我们一起欣赏的绘本故事《蚂蚁搬西瓜》啊，你表演得真像，每一只小蚂蚁都很努力地想办法，你们的动作也像小蚂蚁爬爬爬的样子，也许我们可以穿上小蚂蚁的服装表演给更多的人看。"

孩子们在表演中……

图1-2-28 表演准备

图1-2-29 家长协助

图1-2-30 蚂蚁搬西瓜（1）

图1-2-31 蚂蚁搬西瓜（2）

活动小结

天真的孩子们脑子里总是充满着想象和创造。绘本故事《蚂蚁和西瓜》燃起了孩子们模仿和创造的兴趣，但小班孩子们的模仿仅限于一些单一的动作，或者情节片段的模仿。如何让孩子在兴趣的支持下，获取更多关于表演的新经验？此时教师提出进行绘本故事表演的建议起到了支架的作用，让孩子们在整个表演活动中始终能保持情绪愉快、情感投入、思维活跃，通过表演孩子们也感知了在表演中情节的衔接、语言动作的配合以及角色之间的合作，感受到故事的有趣，体验到情景表演的快乐，同时更容易去理解朋友之间的友爱之情以及团结互助的集体合作之情。

四、活动解析

　　幼儿户外的一次偶然发现开启了此次蚂蚁活动的探究之旅。在兴趣的驱使下，幼儿积极地参与讨论和探究，了解了蚂蚁的食物、外形、生活特点、行为特点等方面的科学知识。在教师的引导下，幼儿在遇到问题时能够采取查找资料、寻求家长帮助、知识共享等方式来解决。"可爱的小蚂蚁"主题活动的开展不仅满足了幼儿的兴趣和探究欲望，也提升了他们的经验和解决问题的能力。

　　活动中，教师能够根据小班年龄阶段的幼儿以具体形象思维为主、易拟人化的特点和幼儿看到蚂蚁吃甜食、基本了解蚂蚁外形的已有经验，从幼儿的兴趣点出发循序渐进开展本次活动。当幼儿提出有关"蚂蚁"的外形结构、住所、分工种类等方面的疑问时，教师没有立即提供答案，而是鼓励幼儿通过多种科学探究方式（如观察、讨论、猜想、记录、查阅资料等）主动寻找信息并得出答案。"无声胜有声"的教育方式更能够发挥幼儿的自主能动性。观察到幼儿角色区主动模仿小蚂蚁的行为，教师能够根据小班年龄阶段的幼儿喜爱模仿的特点，以绘本《蚂蚁搬西瓜》为契机及时支持幼儿的行为表征，创造机会帮助幼儿整合与丰富表演经验。

　　小班幼儿善于发现问题、提出问题，但解决问题的能力远不及中大班幼儿。幼儿在已有条件的支持下通过自己实际寻找蚂蚁的家、观察蚂蚁、饲养蚂蚁，用各种方式表现蚂蚁的过程中了解了蚂蚁的外形特点，学会了用自己喜欢的方式记录，了解到图书、网络等寻求资源的途径。家长是重要的教育资源，活动过程中家长与幼儿一起发现蚂蚁、观察蚂蚁、谈论蚂蚁、查阅与蚂蚁有关的资料、阅读与蚂蚁有关的绘本等，不仅增进了亲子情感，也让幼儿拥有了深入探究的欲望与兴趣。

小 蝌 蚪

执教老师：林雅　梁海妍
指导老师：马艳芬

一、活动来源

　　小钰把哥哥送给她的小蝌蚪带到了班级，孩子们看到新来的"小伙伴"都迫不及待地围了上去。

　　天天："它是什么？"

沐沐："我在外婆家见过，我妈妈说这叫'蝌蚪'。"

小钰："对，是小蝌蚪，是我哥哥抓到送给我的。"

希希："我在书上看见过。"

思思："它长得好小啊！它有牙齿吗？"

苓溪："它是不是小鱼？它吃不吃鱼粮？"

老师："真的好小哦，老师也很喜欢它们呢！我也想知道这些小蝌蚪是吃什么的。"

幼儿："我也想知道！"

班级里新来的小蝌蚪引起了孩子们的高度关注，苓溪对小蝌蚪"吃不吃鱼粮"的疑问，更是让大家对"小蝌蚪吃什么"产生了强烈的探究欲望。于是，教师决定调整当天活动的内容，鼓励孩子们围绕小蝌蚪展开探究活动。

二、活动期望

幼儿对小动物有着天然的亲近感。在小班幼儿印象中，动物的成长都是由小变大的生长过程，外形特征并无较大变化。小蝌蚪的生长过程比较特殊，它需要经历"退鳃—长出后腿—长出前腿—尾巴退化"的过程才能变成青蛙。幼儿对小蝌蚪的观察活动可以一直延续两个多月。因此，通过一系列观察，幼儿可以更深入地了解小蝌蚪的变化特征。教师期望幼儿在探究中能仔细观察小蝌蚪，了解其明显的特征，能说出看到的蝌蚪变化过程；期望幼儿用自己喜欢的符号语言记录观察发现，在照顾蝌蚪的过程中学会关爱小动物、萌发珍惜生命的情感。

三、活动过程

活动1：小蝌蚪都有哪些秘密

1. 问题网络图

老师："刚才老师听到好多小朋友对小蝌蚪有很多疑问，请小朋友来说说你们都有哪些问题？"

芯芯："它是小蝌蚪吗？"

睿睿："它怎么这么小？什么时候会变成青蛙啊？"

铭铭："老师，它吃不吃饭粒？"

苓溪："它没有牙齿怎么吃东西啊？"

晨晨："它的妈妈不要它们了吗？"

浩浩："老师，它会不会睡觉呀？"

沐沐："老师，它们是不是会拉粑粑？我好像看到一点点黑黑的。"

小钰："它们这么小，我们要怎么让它长大呢？"

……

孩子们纷纷提出自己的疑问。于是，老师把孩子们的问题整理成一张网络图。

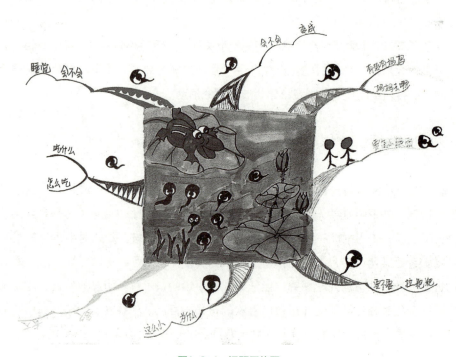

图1-3-1 问题网络图

2. 讨论怎样解决问题

老师："小朋友们都提出了很多问题，老师也很想知道答案哦，怎么办？"

小钰："回家问爸爸妈妈。"

淇淇："去查书。"

柳柳："上网找资料。"

沐沐："我也去找一些小蝌蚪来试一试。"

睿睿："我们每天都去看一看（它们）。"

彬彬："我们给面包、饼干让小蝌蚪吃，看看小蝌蚪吃不吃？"

老师："我把小朋友的这些问题、想法也发给爸爸妈妈，你们回家跟爸爸妈妈一起查找资料，找到答案带回来告诉大家，好吗？"

附发给家长的信息内容。

亲爱的爸爸妈妈：

　　我们小十五班上来了一群小客人——小蝌蚪，我们有很多关于小蝌蚪的问题想知道，请你们协助我们一起搜集关于小蝌蚪的资料，到时我会跟我的小伙伴们一起分享找到的答案，谢谢你们！

活动小结

在自然观察中，孩子们发现了小蝌蚪的基本外形特征。铭铭和芩溪分别提出的"吃不吃饭粒""没有牙齿怎么吃"更是引起了他们的争论，由此吸引了更多孩子参与到观察小蝌蚪、研究小蝌蚪的活动中。教师鼓励孩子们在观察的基础上自己提出关于小蝌蚪的疑问，用适当示弱的引导方式（"我也很想知道答案"），让他们的探索欲望更加强烈。到底孩子们的问题都有哪些？对某个孩子提出的问题，其他孩子又是怎么想的？教师及时引导孩子们回家后与爸爸妈妈一起查找资料。家长变成了活动的参与者，关于小蝌蚪的话题也将越来越深入和丰富。

活动2：讨论——小蝌蚪吃什么

第二天，孩子们把在家和爸爸妈妈学习的小蝌蚪的知识带来班级和大家分享。有的孩子找来了小蝌蚪变成青蛙的图片，有的孩子分享了小蝌蚪外形的图片。但是没有孩子分享小蝌蚪吃什么的答案。这么小的小蝌蚪到底会不会吃东西，它吃什么？孩子们好奇极了。于是一次关于"小蝌蚪吃东西吗？"的讨论开始了。

茜茜："喂它吃零食，糖果呀，水果呀。"

麦麦："跟我们一样吃米饭。"

展展："跟小蜗牛一样吃树叶。"

勋勋："跟小鱼一样吃鱼粮。"

铭铭："我觉得小蝌蚪喜欢吃面包。"

……

老师："小朋友有不同的看法和猜想，可是小蝌蚪究竟爱吃什么呢？要不我们都试一试？"老师的提议得到了孩子们的一致赞成。于是，"小蝌蚪吃什么"的实验开始了。

活动小结

小蝌蚪的到来引起了孩子们的积极关注，他们提出了一系列的问题。经过和爸爸妈妈在家一起寻找资料、进行经验分享，教师把孩子们零散的、认识模糊的问题进行整理和提升。在讨论中，教师将个别孩子未获得的知识转变成所有孩子的关注点（蝌蚪究竟吃什么），成了他们可以共同参与探究的问题；同时，也简化了关于小蝌蚪的探究任务，让小班孩子对蝌蚪的探究变得更具操作性。

活动3：验证小蝌蚪吃什么

老师："老师给小朋友们准备了一张记录表。小朋友们可以在喂小蝌蚪的时候，看一看它们有没有吃掉你们喂的食物，再把你们观察到的现象画在记录表里面。看一看，你们的猜想是不是对的。"

老师在植物角给孩子们投放一些记录表。记录表左边的圆圈代表了小蝌蚪会吃掉的食物，右边代表了小蝌蚪不会吃的食物，方便孩子们进行记录。

1. 它吃不吃鱼粮？

第二天，孩子们带来了细细的鱼粮，早餐后他们给小蝌蚪喂鱼粮吃，结果发现小蝌蚪把鱼粮吃完了。

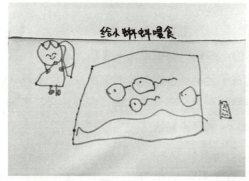
　　　　图1-3-2　喂小蝌蚪吃鱼粮

　　　　图1-3-3　观察是否吃鱼粮

2. 它吃不吃面包？

第三天，孩子们给小蝌蚪喂面包屑。过了一会儿，他们投进去的面包屑还是原来的样子，小蝌蚪并没有游过去吃。

苓苓："面包太大了，它吃不下。"

淇淇："它吃了，不过它吃的是很小很小的面包碎碎。"

钰钰："对，我们把面包再弄小一点。"

苓苓："你们看！它们真的吃呢！"

经过观察，孩子们得出的结论是：小蝌蚪会吃很小很小的面包屑。

图1-3-4 喂小蝌蚪吃面包屑

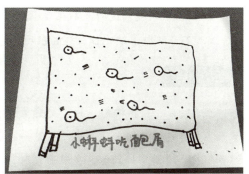

图1-3-5 观察是否吃面包屑

3. 它吃新鲜叶子吗？

户外活动回来后，孩子们把在户外活动时摘的新鲜叶子喂给小蝌蚪。

蕴涵："叶子太大了，它不吃。"

老师："有什么办法把叶子弄碎？"

蕴涵："我们把叶子一点一点撕碎吧！"

浩勋和苓溪赶紧去美工区拿了剪刀，把叶子剪成一小块一小块放进去。

蕴涵："还是不吃，还是太大块了！"

图1-3-6 给小蝌蚪喂新鲜叶子

浩勋起身去积木区拿了一块正方体积木，回来后说："我把树叶剁碎了！"

苓溪："现在叶子很碎了，它还是没有吃，它们肯定是不吃叶子的。"

其他孩子觉得苓溪的想法是对的。接下来，他们继续用他们认为小蝌蚪会吃的食物做着实验：米饭、饼干屑。每完成一个实验后，老师便引导孩子们将自己的发现画下来：哪些食物是小蝌蚪会吃掉的？哪些是它们不吃的？

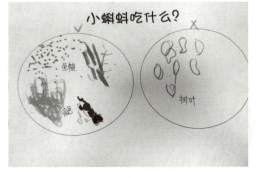

图1-3-7 幼儿实验结果记录单（1）

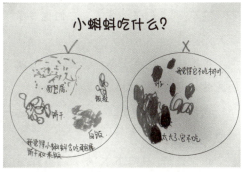

图1-3-8 幼儿实验结果记录单（2）

老师："小朋友们这两天都在喂小蝌蚪，哪些东西小蝌蚪吃了，哪些东西它们没有吃？你觉得小蝌蚪喜欢吃什么样的东西？请把你们的发现记录下来并告诉大家吧！"

活动小结

孩子们自己提出猜想，教师支持孩子们通过实验来验证猜想并获得答案。孩子们拿来各种各样的食物来喂小蝌蚪，这一过程就是他们针对猜想开展实验的过程。细细的鱼粮被小蝌蚪吃掉之后，在喂面包时，他们认为小蝌蚪不吃面包是因为"面包太大了，它吃不下"，小蝌蚪吃了弄碎的面包屑，他们又简单直观地认为"蝌蚪喜欢吃细碎的东西"；而在用叶子进行实验时，结果再小的叶子小蝌蚪也没有吃，错误的概念被打破，他们才明白"小蝌蚪并不是爱吃所有细小的东西"。因此，通过猜想—验证，孩子们关于"小蝌蚪吃什么"的模糊经验得以进一步明确。在整个活动过程中，教师注重帮助孩子们明确问题："你认为小蝌蚪喜欢吃什么？不喜欢吃什么？"。简单的图表，既便于孩子们操作和记忆，又可以帮助他们整理已有的零散的经验。同时，教师用启发性问题（你觉得小蝌蚪喜欢吃什么样的东西？）帮助孩子们积极思考，运用已经发现的现象（吃什么、不吃什么），在稍做引导的情况下，让孩子们能够简单总结自己发现的有趣现象，从而将个体发现汇总成集体的验证结果。

活动4：小蝌蚪的正确饲养方法

1. 小蝌蚪为什么死了？

知道小蝌蚪吃什么食物后，孩子们每天都去自然角观察和喂养小蝌蚪，有时候还会捞起来看一看它们有没有长大。清明假期回来后，孩子们发现超过一半的小蝌蚪死掉了；大家都很难过，同时觉得很奇怪：为什么小蝌蚪死了这么多呢？

淇淇："是不是放假没有人喂它们就死掉了？"

苓苓："我们喂太多了，它们吃多了就死了。"

茜茜："我们把小蝌蚪捞出来，它就会死掉。"

希希："水太臭了，它们是被蝌蚪拉的粑粑臭死的。"

萱萱："它们的水太满了，不能呼吸了。"

图1-3-9　猜测小蝌蚪的死因

霖霖："它们没有被子盖，被冷死了。"

浩勋："那剩下的怎么办？它们会不会也死掉？"

孩子们纷纷猜测小蝌蚪的死因。有的坚持认为是"饿死了"，有的认为是"水没有换，臭死的"，还有的认为是天气有点儿冷，小蝌蚪在水里"被冷死的"。浩勋此时提出"剩下存活的小蝌蚪应该怎么照顾"，引起了大家的热烈讨论。

2. 寻找饲养小蝌蚪的正确方法

老师："是啊！大家来想一想，我们应该怎么照顾好剩下的小蝌蚪呢？"

泽泽："把水换干净。"

航航："不要去捞它们。"

涵涵："要喂它们吃鱼粮。"

……

老师："小朋友说的办法都有道理，我们来试一试吧！"

于是，孩子们选择自己觉得对的方法，在老师的引导下组成"小蝌蚪喂养组"，每天轮流照顾小蝌蚪。

①清洗鱼缸。

麦麦："老师，缸里的水太脏了，我们来帮小蝌蚪换上干净的水吧。"

老师："好的！"

麦麦："哇，缸太重了，小钰你和我一起抬过去换水吧！"

图1-3-10 给小蝌蚪换水

图1-3-11 清洗鱼缸

老师："鱼缸这么脏，怎么样把鱼缸清理干净呢？"

麦麦："我去拿抹布擦一擦，冲掉脏东西！"

老师："太棒啦！"

②再次喂食。

麦麦和小钰给小蝌蚪换好干净的水后，蕴涵找出了鱼粮准备给小蝌蚪喂食。

蕴涵："我把鱼粮找出来，它肯定肚子饿了。"

小钰："一天只能喂一次哦，要不然它会撑死的。"

苓溪："可是我们一天要吃很多次饭啊，要不然肚子会饿的。"

宁宁："可是小蝌蚪的肚子那么小，它一次吃不了那么多的。"

麦麦："那我们吃饭的时候也喂它们吃一点儿就好了。"

③新情况出现了。

第三天早上，宁心换水时发现又有几只小蝌蚪死了！孩子们听到后都赶紧凑上去看。

宁宁："哇，又有三只小蝌蚪死掉了。"

杨杨："会不会是撑死了？"

宁宁："是不是小蝌蚪不喜欢我们这里的水，喜欢池塘里的水？"

苓溪："它们是被粑粑臭死的吧！"

……

老师："小朋友们每天进区时都记得给小蝌蚪换水、喂食，为什么还会有小蝌蚪死掉呢？上周有小朋友在家和爸爸妈妈查找了一些正确饲养小蝌蚪的资料，晨会上我们一起来分享、查看答案吧！"

当天进餐孩子们速度特别快，都非常好奇想知道答案。晨会上，老师用电脑投影把找到的小蝌蚪的饲养方法放大给孩子们看，并把正确的饲养方法念给大家听。

a. 换水很重要，大概3~5天换一次水，换水的时候要清理小蝌蚪的粪便，保持生活环境的干净；而且每次换水时要先装起一点儿来留着，清洗干净后把留下来的水放进去，再把水加到跟原来一样多。

b. 开始喂食时饲料要少，每天定期喂一次，以后再逐渐增加，避免饲料吃不完在水中泡着影响水质。

c. 最简便的饲料是面包、饼干的碎屑或饭粒。

d. 养蝌蚪只需要一个空的鱼缸就好了（鱼缸里什么都不用放）。

老师："小朋友听完正确的答案，你们觉得每天照顾小蝌蚪的方法做对了吗？"

宁宁："原来不用每天换水的。"

麦麦："还有换水时我们没有留下原来的水。"

小钰："我们给小蝌蚪吃得太多了，每天只要吃一次就行了，等长大了再多吃点。"

图1-3-12　查找资料：正确的饲养方法（1）　　　　图1-3-13　查找资料：正确的饲养方法（2）

图1-3-14　一起阅读正确的饲养方法　　　　　　图1-3-15　按照正确的方法喂养蝌蚪

晨晨："原来小蝌蚪最喜欢吃面包和饼干屑。"

建建："我们的鱼缸里很干净，没有其他东西是对的。"

老师："现在小朋友知道饲养小蝌蚪的正确方法了，我把这个正确的照顾方法画出来，贴在鱼缸旁边，你们可以看着上面的方法来照顾小蝌蚪，让它们健康长大吧！"

活动小结

"小蝌蚪死掉了"是大家意料之外的情况。有些孩子（淇淇、苓溪）认为小蝌蚪死掉的原因和"吃多少"有关，有些孩子（希希、萱萱）认为和"水（水质、水量）"有关，还有些孩子认为是因为小蝌蚪经常被捞起来所以才会死掉……可见，大部分孩子都在一定程度上了解了小蝌蚪存活的条件（食物、水质）。面对"小蝌蚪为什么死掉"这一问题，孩子们做出了不同的猜想。面对孩子们提出的不同意见，教师再一次鼓励他们通过行动去验证自己的猜想。当孩子们用自己觉得正确的方法喂养蝌蚪时，还是出现了蝌蚪死掉的现象，喂养蝌蚪的活动便陷入了困境。此时，教师提醒孩子们回顾前期收集到的相关资料，通过查找资料，对比做法，进而总结出了正确的饲养方法。无疑，在教师的引导下，孩子们通过对比、观察、行动验证，再次强化和提升了科学的喂养方法和经验。

活动5：小蝌蚪的新变化

经过讨论和学习，孩子们决定按照科学的方法照料小蝌蚪，小蝌蚪再也没出现死掉的情况。几天后的一个早上，苓溪来园进班就去观看小蝌蚪，她兴奋地大叫起来："老师，我看到有一只小蝌蚪后面长出腿了！"孩子们听到有一只小蝌蚪长出了腿，纷纷围过去观看。

苓溪："快看，这只小蝌蚪真的长出来两条腿呢！"

小钰："它还会长呢，它会变成青蛙的。"

淇淇："好神奇呀！"

建建："哇！我也看到了！"

老师："请把你看到的记录下来，然后去告诉其他小朋友，好吗？"

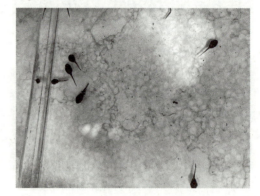

图1-3-16　小蝌蚪长出了腿

看到有小蝌蚪长出了腿，照顾、观察、记录小蝌蚪就成了孩子们最感兴趣的事情。他们每天坚持给小蝌蚪换水，喂食，都在期待着其他小蝌蚪长出腿。三天过去了，孩子们依然没有新的发现。

老师："今天你们有发现小蝌蚪新的变化吗？"

霖霖："没有，其他小蝌蚪都没有长出腿。"

麦麦："是不是我们喂得不够？就像我们小朋友不吃饭就长不高。"

杨杨："长了腿的那只小蝌蚪头上好像有点儿东西长出来。"

老师："那是什么？"

小钰："也是腿吧，青蛙是有四条腿的。"

茜茜："为什么腿会长头上呀？"

老师："你们都看到了小蝌蚪的变化，也提出了很多问题，我们再查查资料，看看小蝌蚪是怎样变成青蛙的？"

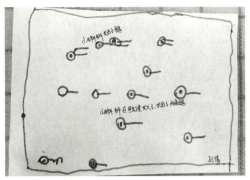

图1-3-17 发现蝌蚪长腿记录单（1）   图1-3-18 发现蝌蚪长腿记录单（2）

活动小结

　　"小蝌蚪长出腿"这一现象，引起了孩子们的好奇。孩子们对小蝌蚪的变化充满了惊喜。教师鼓励孩子们观察、记录小蝌蚪的变化，营造了一种让小班孩子觉得自己的书写被接纳的氛围，在他们进行记录的时候给予了充分的支持（认真倾听孩子的记录并帮助他们把记录的内容用文字再现）。一两只小蝌蚪长出后腿之后，其他小蝌蚪还没有发生变化，孩子容易产生焦急的情绪。此时教师表示理解，并尝试以"查找资料"帮助他们将焦虑的情绪转移，并激发他们对"变成青蛙"产生探究的欲望和兴趣。

活动6：小蝌蚪变成青蛙了

　　关于小蝌蚪的科学探究活动经历了一个多月的时间。由于小蝌蚪变成青蛙的过程需要的时间较长，孩子们观察小蝌蚪的热情渐渐冷淡下来。为了保持孩子们的探究兴趣，增加活动的趣味性，老师决定给孩子们带来有趣的故事《小蝌蚪找妈妈》，让他们在欣赏故事的过程中更清楚地了解小蝌蚪的生长过程。

　　老师："你们看，小蝌蚪是怎么样一点一点变成青蛙的？"

　　淇淇："它先长后面的脚。"

　　建建："它还会长出来前面的手！"

　　麦麦："它的脚会越来越长！"

　　苓溪："它的眼睛会越来越大呢！"

　　晨晨："它的尾巴会消失！"

　　小钰："它慢慢长大，最后就变成跟青蛙妈妈一样的大小了。"

　　蕴涵："它变成青蛙的样子了，所以才找到了它的青蛙妈妈。"

　　……

图1-3-19　欣赏故事小蝌蚪找妈妈（1）

图1-3-20　欣赏故事小蝌蚪找妈妈（2）

　　孩子们看着故事图片，兴致勃勃地把自己观察到的变化告诉大家。故事分享活动结束后，老师在语言区投放了小青蛙和小蝌蚪的头饰和材料，孩子们在区域活动时一边表演一边讲述小蝌蚪找妈妈的故事。他们越来越期待看到小蝌蚪变成青蛙的样子了。

图1-3-21　扮演小蝌蚪找妈妈

　　宁宁："老师，我们的小蝌蚪也能变成青蛙吗？"

　　苓溪："肯定会吧！有一只都长出腿了呢！"

　　建建："哇，我好想看一下它们变成青蛙的样子！"

　　其他孩子也纷纷好奇起来："我也想看！"

　　老师："我们的小蝌蚪已经长出来后腿了。它们还会有什么变化呢？老师也很好奇我们的小蝌蚪会不会变成青蛙。请每天去植物角的小朋友再把你们观察到的小蝌蚪的变化记录下来，然后把你们观察到的新发现跟大家一起分享。"

　　日子一天天过去了，区域活动的时候，选择去植物角的孩子们都会给小蝌蚪喂食和定期换水，观察小蝌蚪有没有变化，然后在记录本上把自己观察到的现象画下来。过了半个多月，小蝌蚪真的长出了前腿！

　　孩子们兴奋地喊："老师！小蝌蚪的前脚长出来了！它后面的脚还变长了呢！"

　　老师："真的呢？它们还会有什么变化吗？"

　　宁宁："它的尾巴还没有消失！"

　　蕴涵："对！过几天它的尾巴可能就没有了！"

图1-3-22 记录小蝌蚪的变化历程（1）

图1-3-23 记录小蝌蚪的变化历程（2）

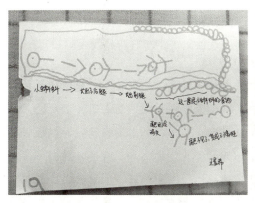

图1-3-24 小蝌蚪的变化历程（1）

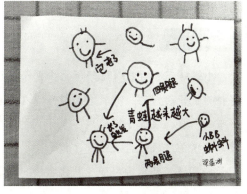

图1-3-25 小蝌蚪的变化历程（2）

建建："它差不多跟青蛙长得一样了！"

……

老师："你们观察得真仔细！我们再等待一段时间，看看小蝌蚪会不会完全变成青蛙的样子。"

又过了一个多星期，小蝌蚪的尾巴越来越短，几乎看不见了。它们真的变成了青蛙的样子。孩子们兴奋极了，老师鼓励孩子们把小蝌蚪的生长过程画出来告诉大家。

老师："小蝌蚪变成青蛙的样子了，它们总想往外面跳怎么办？"

芯芯："我们把它放到草地里吧！不然它们会被闷死的。"

图1-3-26　放生小青蛙（1）

图1-3-27　放生小青蛙（2）

宇宇："可以放到我们的种植区里。"

宁宁："小青蛙会不会喜欢待在那里呢？万一它们饿死了呢？"

蕴涵："我觉得喜欢，因为那里有草地，还有虫子可以吃。"

……

于是，孩子们决定把青蛙都放到幼儿园的草地里，让青蛙在大自然里自由自在地生活。"青蛙会不会饿死"又变成了孩子们每天讨论的话题。

活动小结

小蝌蚪变成青蛙需要经历至少两个半到三个月的时间。小班孩子的兴趣和好奇心保持时间比较短暂，并且容易转移。在解决了科学喂养蝌蚪的问题之后，活动进入了平缓的阶段，喂养小蝌蚪成了孩子们的日常活动。在孩子们兴趣逐渐消减时，教师用故事欣赏的方式，再次唤起了他们对"观察小蝌蚪变化"的兴趣。听故事的同时，他们既能回顾新获取的经验（从故事中再次认识到蝌蚪、青蛙的特征，对蝌蚪生长变化过程更加清晰了），又对"小蝌蚪变成青蛙"的结果充满了期待。在孩子们对小蝌蚪进行了充分的探究之后，故事欣赏和表演给孩子们提供了表达的条件。与此同时，表演和复述故事，为发展小班孩子的语言能力提供了良好的契机，也让原本单一的科学探究活动有了更多的延展空间和更多价值的实现。最后，教师遵从孩子们的意愿，把青蛙放到草地里，无疑从孩子们的"担忧"中，下一个有意义的主题又即将生成。

四、活动解析

幼儿带来的小蝌蚪引发了"小蝌蚪"探究活动的生成。活动中，幼儿通过反复猜想—验证，掌握了科学喂养小蝌蚪的正确方法；在历经两个月的观察、记录后，幼儿直观地了解到小蝌蚪变成青蛙经历的过程（小蝌蚪长出后腿—长出前腿—尾巴消失—变成青蛙），丰富了他们对蝌蚪的认知经验。在亲自照料的过程中，他们还萌发了照料小动物的情感。

随着兴趣的提高和观察的深入，幼儿提出的问题越来越多。教师及时地帮助幼儿梳理问题网络。问题网络图的整理，一方面有助于教师确定幼儿当前对小蝌蚪的认知程度，显现出幼儿最初的经验；另一方面，也能帮助幼儿简化探究任务，减少解决问题的步骤，让小班幼儿的探究变得"可操作、可实现"。经过教师的整理和提升，"小蝌蚪吃什么"变成了幼儿共同感兴趣且愿意探究的问题。

活动中，教师作为引导者和启发者，积极支持幼儿的探究，其采取的关键策略有：①尊重、鼓励幼儿的提问和猜测（营造了能激发幼儿提问的氛围，让幼儿感到他们可以提问、有权利提问："有什么问题""我也不知道""老师也想知道"……）；②在幼儿关注和感兴趣的问题基础上，判断、选择了适合小班幼儿探究的问题（"小蝌蚪吃什么""它还会有哪些变化"）；③引导幼儿"画"记录、做对比、适当唤起兴趣等方式，让幼儿对探究保持兴趣和关注，支持幼儿实现观察小蝌蚪变成青蛙的愿望。因此，在整个探究活动中，我们可以看到教师以培养幼儿尊重事实的科学态度为主线，所有的系列探索都让幼儿经历猜想、查找资料、探究验证、猜想与结果对比、清晰地表达等环节，幼儿关于"小蝌蚪"的感性经验，逐渐变得具体而形象；同时，在不断反复的过程中，幼儿乐于提问、敢于提问和善于提问的态度和能力不断增强，积累科学观察和探究的经验。

接下来，关于"小青蛙"习性的探究，又将是一次有意义的生成活动。

鸭　　子

执教老师：梁朵朵　郭艳玲　吕雅

指导老师：李秋　董萌诗

一、活动来源

一天早餐后，教师听见孩子们说起周末亲子游在公园看到小鸭子的情景……

骐骐："它是黄色的，我和妈妈去新西兰看的鸭子不一样，是黑色的。"

然然："它不是鸭子，是小鸡！"

奕奕："它很怕我们人的！"

文文："它有点脏，它妈妈没给它洗澡。"

歆歆："我家里可以给它洗澡，还有牙刷，可以给小鸭子刷牙。"

安安："我给小鸭子买衣服穿。"

妍妍："它是小鸡！它是小鸡！"

轩轩："我有被子，给它盖就不冷了。"

茜茜："它都没有妈妈，很可怜的。"

甜甜："我们太吵了，都把它吓跑了，小朋友还追它。"

帅帅："你们别说了，它没有耳朵，听不见的。"

安安："它能听见，就被小朋友吓跑了！"

然然："我都没有看见它的耳朵。"

通过观察孩子们的谈话，教师发现孩子们对周末去公园看到的小鸭子有着极大的兴趣，并提出了一系列的问题。孩子们的兴趣产生了，兴趣引发了他们的想象力，他们就会对"鸭子"进行创造性的思考，当好奇与探究的氛围增强时，孩子们就会产生更强烈的认识及了解周遭环境的动力。以"鸭子"为主题开展探究活动，比较容易获取校外资源，教师可以充分利用身边和实际生活中的机会，引导孩子们学习发现问题、分析问题和解决问题，帮助孩子们不断积累经验，形成受益终身的学习态度和能力。

二、活动期望

幼儿的科学学习具有直观性、活动性和趣味性。可爱的小动物吸引着幼儿，喜爱小动物是幼儿共同的特点。幼儿通过与小鸭子的接触产生兴趣，在饲养的过程中产生责任感、成就感，获得愉悦的情感体验；在主题开展过程中，幼儿能够通过饲养小鸭子，真切地感受到动物的生命和成长，从而激发尊重生命、珍惜生命的感性认识；在遇到困难或者冲突时，幼儿能提出问题，并尝试用协商、交换、轮流、合作等方式来提高探究和解决问题的能力；通过饲养、观察、谈话等方式，幼儿能将所看到的、感受到的用语言、表情、动作、材料等不同的表现方式表达出来。

三、活动过程

活动1：实地观察

亲子游的短暂观察给孩子们留下了深刻的印象，但孩子们获取的感性认识并不足以支撑他们后续经验的拓展，"鸭子"这一主题较容易获得校外资源，因此老师根据孩子们的兴趣将"鸭子"的活动延伸到家庭中，建议家长周末带孩子们到附近的市场观察鸭子，并做一份有关鸭子的亲子手抄报，以此增加孩子们的感性认识。回到班级后，教师和孩子们围绕"我见到的鸭子"这一谈话活动展开分享和讨论。

诺诺："小鸭子喜欢在水里游来游去，还爱吃小鱼。"

甜甜："小鸭子英文叫Duck，它的脚丫和嘴巴都是扁扁的。"

茜茜："刚出生的小鸭是黄黄的，喜欢吃小鱼、青菜，还喜欢跟着妈妈。"

多多："小鸭子喜欢吃玉米，还有小鱼。"

朵朵："小鸭子吃的食物是小粒的小米。小鸭和我们人一样，要喝水。"

奕奕："小鸭的脚是脚蹼，和小鸡的不一样。"

小钰："小鸭子很怕热，就很喜欢去水里游泳。"

乐乐："它的嘴是扁扁的，小鸡的是尖尖的，鸭子没有牙齿，食物在肚子里磨烂了才吃的。"

图1-4-1　小鸭子会游泳

图1-4-2　小鸭子的故事

图1-4-3　小鸭和小鸡的区别

图1-4-4　鸭妈妈和鸭宝宝

图1-4-5　小鸭子会飞吗

图1-4-6　小鸭子喜欢的食物

梓梓："小鸭要吃生菜、小白菜，还有小蝌蚪。"

奕奕："我还看见小鸭子有一点点翅膀，小鸭子也会飞吗？"

活动小结

孩子们通过实地观察了解到小鸭和小鸡的不同之处：小鸭的嘴巴是扁扁的，小鸡的嘴巴是尖尖的；小鸭的脚是连起来的，小鸡的脚没有连起来。但是一次观察并不是很细致，孩子们只了解了鸭子的外形特征、食物、生活习性等方面的一些基本知识。但同时也提出了更多疑问，如"鸭子在水里，它的毛会掉吗？""鸭子和小鸟一样都有翅膀，那鸭子也会飞吗？"幼儿的学习是以直接经验为基础，是在游戏和日常生活中进行的。是否可以考虑给孩子们提供更多接触鸭子的机会？实际喂养一只鸭子也许是个不错的做法！

活动2：神秘客人

老师买回两只鸭子，早上悄悄地放入纸箱，并带回班里放在阳台上。

倩倩："老师，我怎么听到了叽叽叽的声音。"

甜甜："我也听到了！是小鸟的声音吗？"

卓卓："是老鼠的声音才对。"

小钰："鳄鱼的声音。"

骐骐："小鸡的声音。"

孩子们慢慢靠近后，轻轻地翻开箱子，发现了里面的小鸭子，开心地大喊："小鸭子，是小鸭子来了！"孩子们围着纸箱兴奋地讨论着。

朵朵："给小鸭买一个温暖的家。"

英英："小鸭子的尾巴很脏，我们要给小鸭子洗澡。"

嘉嘉："我给小鸭子买一个蓝色的游泳池。"

涵涵："给小鸭喝我们的牛奶，还有青菜。"

多多："我给小鸭子吃米饭、玉米。"

朵朵："老师，我给小鸭子用积木搭建一个家吧！"

萌萌："我也会搭建，我和朵朵一起，好吗？"

老师："你们想到了很多好的办法，要为小鸭子准备游泳池，喂小鸭子吃玉米、青菜，朵朵还提出了可以用积木为小鸭子搭建居住的地方。我觉得这是一个很好的主意，小鸭子也需要吃东西，才能长大。"

活动小结

"神秘客人"带给孩子们的惊喜是巨大的，小鸭子在孩子们最感兴趣的时候"神秘地"出现在了班级里，孩子们可以真切地看到、摸到，这无疑又增加了他们的探究欲望。教师最初预设孩子们见到小鸭子会关注鸭子的外形，然后形成下一步的探究，但是孩子们在见到小鸭子的惊喜之余，把它当作自己的"伙伴"，关心鸭子住在哪里，吃什么。小班阶段的孩子会把一切事物都看成是和人一样生活的，鸭子和孩子一样需要吃饭、睡觉。孩子的爱是与生俱来的。教师决定改变原本预设的内容，追随孩子们的发现和问题推进活动的进一步开展。

活动3："吃"和"住"

孩子们开始着手为鸭子搭建房子和寻找食物。

1. 搭建房子

老师："你们准备用什么材料来搭小鸭子的房子呀？"

朵朵："用积木，在积木区给小鸭子建房子。"

老师："哦？你们计划在积木区给小鸭子搭房子吗？"

朵朵、萌萌："是啊。"

奇奇："可是小鸭子住在积木区，我们区域活动的时候就没有地方搭积木了，中午睡觉也没有地方了，怎么办？"

乐乐："而且小鸭子会拉粑粑，把积木区弄得脏脏的。"

老师："嗯，乐乐说得很对，小鸭子吃饭、喝水、拉粑粑都会把区域弄脏。"

朵朵："教室里也会臭臭的。"

小怡："那我们可以在教室后面的阳台那里给小鸭子搭房子，在外面就好了。"

老师："这个主意不错，你们觉得呢？"

图1-4-7 搭建房子　　　　　图1-4-8 搭建过程　　　　　图1-4-9 搭建成果

萌萌："啊，好啊。小鸭子还可以晒太阳。"

朵朵："是耶，我也同意。"

老师："那我们一起去后面的阳台看看，我们可以怎么建房子。"

孩子们对鸭子的家有很多自己的设计，于是在区域活动时间，孩子们自发地用积木围绕"鸭子的房子"这个主题进行搭建。在搭建过程中，他们根据自己对小鸭子的观察不断改进自己的搭建，注意在围合后留出"小鸭子的门"，并在里面铺上一层蓝色的泡沫垫，让小鸭子可以在里面游泳，又在外围围上一圈仿真花草来装饰。阳台上小鸭子的家很快就搭好了。

2. 寻找食物

午餐时间，嘉嘉举起了她的小手好像有话要说。

老师："嘉嘉，需要我帮忙吗？"

嘉嘉："老师，我们都在吃饭，小鸭子怎么办呢？它也会肚子饿的。"

孩子们纷纷开始发表自己的意见，都觉得小鸭子没有吃饭很可怜。老师听着孩子们的讨论，没有制止。

梓梓："小鸭子自己在外面，都没有饭吃。"

怡怡："我们可以把吃剩下的饭拿给小鸭子吃。"

匡匡："小鸭子才不吃我们的饭呢，它爱吃树叶。"

喵喵："小鸭子好可怜，我们去陪陪它吧！"

……

老师："小朋友们自己吃饭的时候都想到了还饿着肚子的小鸭子，你们很关心、照顾我们的小鸭子。现在你们有什么想法呢？"

怡怡："那我们以后每天吃完午饭就一起去喂小鸭子。"

孩子们："同意，太好啦！"

茜茜在操场大树上摘来树叶，嘉嘉从午餐的剩饭里捏了几粒米饭，涵涵捏了一根煮过的青菜拿来给小鸭子吃。小鸭子却缩在栅栏的角落里，迟迟没有靠近孩子们放在里面的食物，孩子们静静地看着。

萌萌："它不吃。"

卓卓："它拉便便了，它不舒服。"

梓梓："那就拿叶子给它，它就拉在树叶上。"

听了梓梓的话，不一会儿，孩子们从大树下捡了许多树叶回来放进了栅栏里。孩子们继续忙碌着为小鸭子找来树叶。

明明："小鸭子吃树叶啦！"

孩子们高兴地喊着："小鸭子吃了！小鸭子吃了！"

嘉嘉："为什么小鸭子不喜欢吃米饭？"

卓卓："它还小嘛，它就挑食。"

梓梓："小鸭子，你要好好吃饭，不能挑食的，要不然你就长不大了。"

轩轩："小鸭要吃没煮的青菜才可以的。"

小钰："那我们跟厨师叔叔要点青菜，好不好呀！"

卓卓："青菜是给人吃的，厨师叔叔不给小鸭子的。"

老师："我们现在该怎么办呢？"

安安："要不，我们打个电话到厨房问问厨师叔叔还有没有剩的青菜，可不可以给我们一些？

幼儿："喂！厨师叔叔吗？你好！我是小三班的小朋友，厨房还有剩的青菜吗？可不可以给我们一些？"

挂了电话，不一会儿，厨师叔叔就把青菜送到了班上。孩子们开心极了，对着厨师叔叔说了谢谢，又急急忙忙跑去喂小鸭子。

图1-4-10　小鸭子吃什么

图1-4-11　厨师叔叔送菜来了

活动小结

利用每天的区域时间和餐后时间带领孩子们观察和操作，在积木区搭建过程中，孩子们从最开始简单的围合到细节完善，不断讨论和更改，他们的搭建水平得到了不断的提高。餐后喂鸭子的活动中，一开始孩子们对于鸭子吃什么并没有清晰的想法，所以他们会把很多东西放进栅栏。后来，他们在争论、观察和与家庭成员的讨论中不断完善自己的经验，知道了喂鸭子青菜、水、米饭等食物，并且把食物装好，还有的孩子会主动从家里带来小米、切碎的菜等喂小鸭子。孩子们为了让小鸭子快点吃上饭，还能够专心、快速地吃完自己的午饭，进餐习惯也有了提升。

活动4：小鸭子晚上怎么办

饲养活动是实施生命教育的重要途径，也是幼儿园课程的重要内容。根据孩子的年龄特点安排合理的饲养内容是开展饲养活动的前提。

1. 讨论——谁来照顾小鸭子

下午放学，孩子们背好书包准备离园。

嘉嘉："老师，我们回家了，小鸭子就没人照顾了。"

老师："对呀，小鸭子还小，晚上没人照顾可不行啊。"

茜茜："老师，那我带它回家，让妈妈晚上照顾它！"

孩子们："老师！老师！我也想带小鸭子回家。"

老师："大家都想把小鸭子带回家照顾，这可怎么办呢？"

梦梦："我带回家，我给它吃好吃的！"

嘉嘉："老师，我把小鸭子带回家。"

卓卓："我也想带回家。那我先带回家，然后再给你，你再给梦茜，然后再给别人。"

图1-4-12　我陪小鸭子散步

图1-4-13　我喂小鸭子

图1-4-14　我陪小鸭子聊天

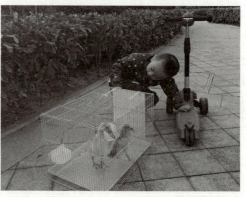

图1-4-15　我和小鸭子一起玩

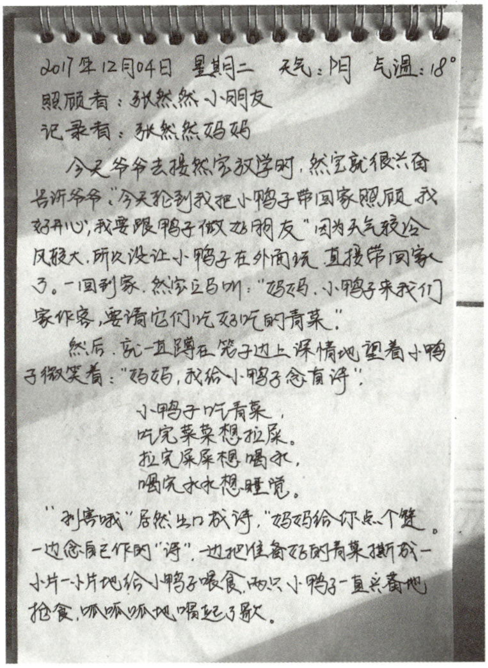

2017年12月04日　星期二　天气：阴　气温：18°

照顾者：张然然小朋友

记录者：张然然妈妈

今天爷爷去接然宝放学时，然宝就很兴奋告诉爷爷："今天轮到我把小鸭子带回家照顾，我好开心，我要跟鸭子做好朋友。"因为天气较冷风较大，所以没让小鸭子在外面玩，直接带回家了。一回到家，然宝立马叫："妈妈，小鸭子来我们家作客，要请它们吃好吃的青菜。"

然后，宝一直蹲在笼子边上深情地望着小鸭子微笑着："妈妈，我给小鸭子念首诗"。

小鸭子吃青菜，
吃完菜菜想拉屎。
拉完屎屎想喝水，
喝完水水想睡觉。

"利害哦"居然出口成诗，"妈妈给你点个赞。"一边念自己作的"诗"，一边把准备好的青菜撕成一小片一小片地给小鸭子喂食，两只小鸭子一直兴奋地抢食，呱呱呱地唱起了歌。

图1-4-16　然然的照顾日记

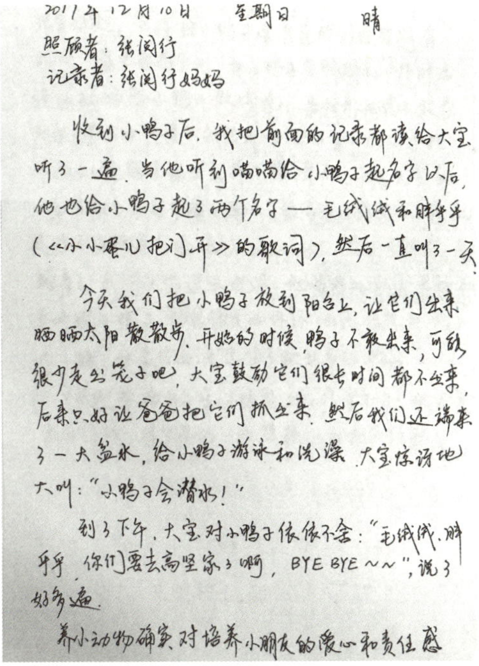

2017年12月10日　星期日　晴

照顾者：张闵行

记录者：张闵行妈妈

收到小鸭子后，我把前面的记录都读给大宝听了一遍，当他听到喵喵给小鸭子起名字以后，他也给小鸭子起了两个名字——毛绒绒和胖乎乎（《小小巷儿把门开》的歌词），然后一直叫了一天。

今天我们把小鸭子放到阳台上，让它们出来晒晒太阳散散步，开始的时候，鸭子不敢出来，可能很少走出笼子吧，大宝鼓励它们很长时间都不出来，后来只好让爸爸把它们抓出来，然后我们还端来了一大盆水，给小鸭子游泳和洗澡，大宝惊讶地大叫："小鸭子会潜水！"

到了下午，大宝对小鸭子依依不舍："毛绒绒、胖乎乎，你们要去高坚家了啊，BYE BYE～～"，说了好多遍。

养小动物确实对培养小朋友的爱心和责任感

图1-4-17　大宝的照顾日记

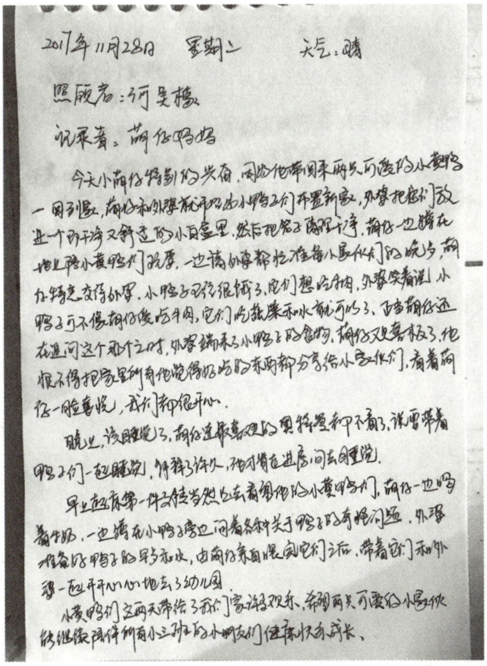

2017年11月28日　星期二　天气：晴

照顾者：何昊椽

记录者：萌仔妈妈

今天小萌仔特别的兴奋，因为他带回来两只可爱的小黄鸭。一回到家，萌仔和外婆就开始为小鸭子们布置新家，外婆把它们放进一个既干净又舒适的小盒里，然后把笼子清理干净，萌仔一边蹲在地上陪小黄鸭们玩耍，一边请外婆帮忙准备小家伙们的晚餐，萌仔特意交待外婆，小鸭子已经很饿了，它们想吃牛肉，外婆笑着说：小鸭子可不像萌仔爱吃牛肉，它们吃蔬菜和水就可以了。正当萌仔还在追问这个那个之时，外婆端来了小鸭子的食物，萌仔又是喜极了，他恨不得把家里所有他觉得好吃的东西都分享给小家伙们，看着萌仔一脸喜悦，我们都很开心。

晚上，该睡觉了，萌仔连最喜欢的黑猫警长都不看了，说要带着鸭子们一起睡觉，解释了许久，他才肯走进房间去睡觉。

早上起床第一件事情当然是去看望他的小黄鸭们，萌仔一边喝着牛奶，一边蹲在小鸭子旁边问着各种关于鸭子的奇怪问题，外婆准备好鸭子的早餐和水，由萌仔亲自喂完它们之后，带着它们和外婆一起开开心心地去了幼儿园。

小黄鸭们这两天带给了我们家许多欢乐，希望两只可爱的小家伙能继续陪伴所有小三班的小朋友们健康快乐成长。

图1-4-18　萌仔的照顾日记

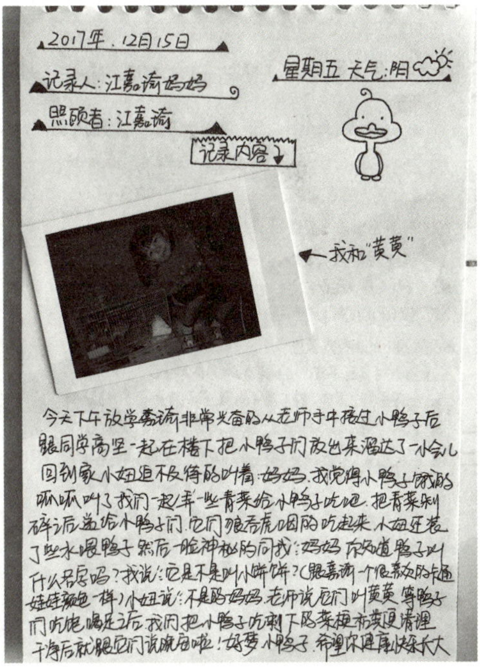

2017年.12月15日

星期五　天气：阴

记录人：江嘉渝妈妈

照顾者：江嘉渝

记录内容

我和"黄黄"

今天下午放学嘉渝非常兴奋的从老师手中接过小鸭子后跟同学高坚一起在楼下把小鸭子们放出来溜达了一小会儿，回到家小妞迫不及待的叫着：妈妈，我觉得小鸭子饿的呱呱叫了，我们一起弄一些青菜给小鸭子吃吧。把青菜剁碎之后喂给小鸭子们，它们狼吞虎咽的吃起来，小妞还装了些水喂鸭子，然后一脸神秘的问我：妈妈，你知道鸭子叫什么名字吗？我说：它是不是叫小饼饼？（跟嘉渝一个很喜欢的卡通娃娃颜色一样）小妞说：不是的妈妈，老师说它们叫黄黄。等鸭子们吃饱喝足之后，我们把小鸭子吃剩下的菜梗和粪便清理干净后就跟它们说晚安啦！好梦小鸭子，希望你健康快乐长大

图1-4-19　嘉嘉的照顾日记

老师："这是个好主意！你照顾一次，他照顾一次，每个小朋友都有机会照顾小鸭子。那就轮流照顾吧！"

2. 饲养过程记录

老师请爸爸妈妈陪孩子们一起观察，并帮助孩子们完成"照顾日记"，将自己照顾过程中发现的问题、有趣的事记录下来，第二天分享给班级的孩子。

活动小结

饲养活动是幼儿园自然科学教育的重要内容，孩子们通过照顾小鸭子可以了解、观察到它的生活习性，通过自己的辛勤劳动，能真切地感受小鸭子的变化，感受生命的存在，感受自己的行为和小鸭子生命之间的关系。饲养的过程培养了孩子们的责任意识、任务意识、合作意识，同时也提高了孩子们的自我服务能力。家长们将孩子们在家照顾小鸭子的过程中出现的问题记录下来，并陪同孩子们一起查阅资料，学习一些照顾小鸭子的知识，形成了家庭共同学习探究的氛围。

活动5：探究项目

通过轮流饲养，孩子们在细致的观察下生成了更有趣也更有针对性的问题。老师让孩子们在班级分享自己的照顾日记和自己发现的问题。已经和爸爸妈妈一起解决的问题，就以分享的形式进行；还没有解决的问题便形成探究小组，大家一起讨论，找到解决办法。主题进行过程中，孩子们提出了以下探究问题。

卓卓："小鸭子什么时候下蛋呀？"

嘉嘉："为什么小鸭的嘴巴上有洞洞？"

奕奕："小鸭子的脚丫上有红红的线，是血管吗？"

安安："为什么小鸭子肚子的毛是白色的？鸭子的耳朵在哪里？"

卓卓："为什么小鸭子吃粥的时候会甩呀甩？"

涵涵："鸭子的脖子伸得长长的，是吓到吗？"

乐乐："小鸭子为什么要吃沙子？"

梦梦："为什么小鸭子的毛变黑了？"

歆歆："它有翅膀，怎么不飞？"

文文："小鸭子长大后，脚就会变橙色？"

奕奕："为什么鸭子的羽毛有斑点？"

茜茜："鸭子在抖尾巴，是逗我们玩儿吗？"

涵涵："为什么小鸭子游泳会往后翻？"

奕奕："为什么小鸭子可以游泳，小鸡不可以？"

甜甜："小鸭子嘴巴受伤了，怎么办？"

针对孩子们生成的问题，我们通过集体活动，一起查找资料，小组探究共同寻找答案，或两三个探究小组共同进行问题探究，并将结果分享给大家。以下节选部分活动展示。

1. 小鸭子蹲下了，是在下蛋吗？

卓卓看见小鸭子蹲下了，提出"小鸭子是在下蛋吗？"旁边的孩子认为小鸭子是因为累了，才蹲下的。一旁的大宝说："我妈妈说等小鸭子变成鸭妈妈的时候，它才能下蛋。"老师通过和大宝的深入谈话了解到，原来大宝家里有一本《小鸭子长大啦》的图画书。"可以借一下你的书和小朋友们分享这些知识吗？"在得到大宝和家长的同意后，老师将图画书投放在了阅读角。孩子们通过看图书、谈话、讨论，了解到小鸭子需要一段时间才能长大。小鸭子长成鸭妈妈之后，才能生下鸭蛋，孵出鸭宝宝。

2. 为什么小鸭子可以游泳，小鸡不可以？

奕奕提出来"为什么小鸭可以游泳，小鸡不可以？"有的孩子通过自己的已有经验告诉他是因为小鸭子有脚蹼，小鸡却没有。"游泳的鞋子就是仿造小鸭的脚蹼做出来的"。老师听到了孩子们的对话，于是决定组织一次集体活动帮助孩子们更清楚地了解鸭子的脚蹼和学习鸭子的本领做出来的帮助我们游泳的工具。老师找了一些潜水鞋的图片，让孩子们将鸭子的脚蹼和潜水鞋进行对比，看看有什么相同的地方。孩子们发现它们都是扁扁的，可以拨水。

3. 小鸭子嘴巴受伤了，怎么办？

一天午餐后，他们发现鸭子的嘴巴流血了。孩子们根据自己的已有经验，说了很多种处理小鸭子伤口的方法。

甜甜："老师，我们快点找牙医来吧！"

图1-4-20 小鸭蹲下了，是在下蛋吗？　　　　图1-4-21 小鸭的嘴巴上有洞洞，是鼻孔吗？

茂茂："赶快送到医院，小鸭很痛的。"

玮玮："我们给小鸭包扎吧，好了就把纱布拿开。"

琪琪："用胶布和创可贴，先喷一点消毒水。"

轩轩："用水冲一下小鸭的嘴巴。"

明明："用水把嘴巴洗干净，再用冰敷一下吧。"

老师："鸭子受伤了，我们都很担心。但是小鸭子是自己碰受伤的，还是被另外一只鸭子啄受伤的，还是细菌感染导致的呢？我们都不清楚是怎么回事，还是先问问动物医生吧！"

这一任务交给了甜甜和她的家长。第二天送来时，大家发现鸭子嘴巴的血已经被清理干净了，嘴巴有愈合的迹象。

甜甜："昨天晚上，我发现了两只鸭子在打架，原来是另外一只鸭子啄了它的嘴巴，它才受伤的。我爸爸用水冲了一下它的嘴巴，然后喷了点消毒水就好了。"

午餐后，孩子们又去观察鸭子，发现鸭子的嘴巴又开始流血了。孩子们纷纷责怪另外一只鸭子弄伤了这只鸭子，并提出建议把它们分开。等受伤的鸭子完全好了，再放一起。

活动小结

孩子们通过观察，真切地感受了小鸭子的成长过程，并发现出现的问题，在遇到困难或者冲突时能提出问题、自由分组讨论，在过程中能够学习尝试用协商的方式来解决问题。在轮流饲养小鸭子的过程中，孩子们和家长一起为小鸭子准备食物、处理粪便、记录小鸭子变化的过程，增强了孩子们关爱动物的情感，同时也培养了孩子们的责任意识，锻炼了孩子们解决问题的能力，同时也丰富了照料小动物的知识。在孩子们和家长的悉心照料下，小鸭子长成了大鸭子，孩子们关注的重点也有了变化。

图1-4-22　小鸭子脚蹼上的红线，是血管吗？

图1-4-23　小鸭子嘴巴受伤了，怎么办？

四、活动解析

在整个活动开展的过程中，我们可以真切地感受到教师和幼儿是在一起的，幼儿导向整个活动与探究过程。教师作为支持者为幼儿带来了"神秘客人"，搭建房子过程中引导幼儿考虑场地和材料的问题，当幼儿出于同理心要喂鸭子吃饭、照顾鸭子时，教师都能恰当地肯定幼儿的情感和想法，并协助他们寻求解决办法。在照顾、喂养的过程中，幼儿的自主性和探究欲望得到了充分的满足，教师鼓励幼儿仔细观察、相互讨论，在遇到"难题"时能够帮助幼儿调动多种资源，灵活选用集体、小组、个别的形式支持幼儿探究，精彩地展示了幼儿是如何学习的。鸭子长大了，幼儿的兴趣发生转移时，教师能够及时评估活动的价值并及时给予回应，充分显示了教师的教学智慧。

幼儿在一系列的探究活动中始终保持着高度的兴趣和愉悦的情绪，在实际的观察过程中，幼儿不断丰富自己的感性认识，为之后的探究活动打下了良好的基础，围绕"吃"和"住"的问题，幼儿逐渐学会了从小鸭子的特点来考虑解决方案，在饲养活动中幼儿越来越有责任感，陪伴小鸭子共同成长，开始了解生命的含义。当然，对照顾过程中生成的问题，幼儿能够更加积极地参与其中，发挥自己的作用，在协商、交换、轮流、合作中不断提高探究和解决问题的能力。

在主题探究的过程中，教师充分发挥了家长的作用。他们为班级带来了有关鸭子的书籍、饲料、饲养笼、食物等。幼儿轮流将小鸭子带回家照顾时，家长和幼儿共同做好观察记录。通过记录，家长相互学习，了解如何培养幼儿的关爱行为和观察能力。家园共育，为幼儿的成长打造了最适宜的环境。随着小鸭子的成长，鸭子的照看、去留又将是他们讨论和研究的新方向。

敲敲打打

执教老师：刘妙玲 关俏敏 苏春红
指导老师：黄展萍 邓焕坚 董萌诗

一、活动来源

开学第一天，孩子们在幼儿园开学典礼上观看了精彩的舞龙和打鼓表演。表演结束后，孩子们仍旧很兴奋地讨论着，并且回到班上后，开始模仿着打鼓叔叔的样子，有模有样地敲打着手边的东西。政政和轩轩站在桌子边上，用手敲桌子模仿打鼓叔叔敲来敲去。

政政："刚刚叔叔是用两个手敲的。"

轩轩："不是，是打，不是敲。"

这引起了旁边孩子的注意，他们围了过来，纷纷说出自己的意见。

之之："鼓的声音真好听，叔叔是怎么敲的？我也想试试。"

小钰："叔叔打鼓时喊了'喉嘿'。"

哈哈："桌子可以敲，书包柜也可以敲，门也可以……"

图1-5-1　舞龙和打鼓表演

图1-5-2　模仿叔叔打鼓（1）

图1-5-3　模仿叔叔打鼓（2）

模仿是小班孩子的主要学习方式之一。2～4岁是孩子对声、色、触摸等感觉的敏感期，孩子们不断说出生活中敲敲打打发出不同声音的东西，对"敲敲打打"产生一种特殊的兴趣和爱好，并会用自己的语言来描述。基于孩子们浓厚的兴趣，教师开展了关于敲敲打打制造声音的活动，让孩子们在实践中体验声音带来的不同感受，发展他们灵敏的听觉，激发孩子们探索自然世界的兴趣，获取丰富的感性经验。

二、活动期望

小班幼儿很容易被敲打的行为和声音吸引，他们会用模仿声音、从生活中的经验寻找替代等方式来描述自己听到的声音，经常会自哼自唱、自敲自打，模仿有趣的声调。教师期待幼儿在探究活动中通过谈话、小组讨论、调查表等形式围绕生活中的敲打乐器进行分享，获得充分表达的机会，发展口语表述能力；通过实地参访、亲身体验、实际操作，在直接感知中探究好听的声音，获取听觉发展的经验；通过亲子自制敲打乐器，创设丰富的艺术环境，发展自主感知、想象与感受的能力，进而能够进行自发的、有个性的艺术表现与创造。

三、活动过程

活动1：生活中敲敲打打的声音

基于孩子们对"敲敲打打"的兴趣，教师希望能够先了解孩子们的已有经验，因此围绕"生活中敲敲打打的声音有哪些?"这个问题开展了谈话活动。

辰辰："奶瓶可以敲，是'砰砰砰'的声音。"

火龙果："做早操的圈圈也可以敲。"

桃桃："筷子可以敲鼓。"

棣棣："晾衣竿也可以敲。"

杨天："玻璃瓶也可以敲，'当当当'的很好听。"

明明："筷子可以敲。"

来宝："很高又很粗的鼓，是'咚咚咚咚'。"

吴天："喝茶的杯子也可以敲。"

老师："大家发现了生活中许多东西，敲打的声音都不一样，明天请大家把发现的不一样的声音带来幼儿园一起分享吧!"

第二天，孩子们把自己寻找到的东西带到了幼儿园，在班级里开展了"敲敲打打分享会"。

辰辰："我找到的这个是锣，它可以敲。"

陈辰："锣敲出来的声音很大。"

钟政："我找到了月饼盒，也可以敲。"

棣棣："我的塑料盒也能敲，但是敲出来的声音很小，不好听。"

图1-5-4 谈话生活中能敲打的东西

图1-5-5 谈话记录

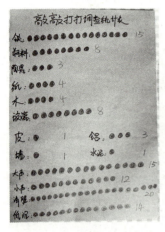

图1-5-6　敲敲打打调查统计表　　　　图1-5-7　敲敲打打调查表

桃桃："我找到的是小鼓（模仿叔叔敲）。"

豆苗："我用纸箱可以敲出咚咚哒。"

嗨宝："我的是塑料瓶，敲的声音也很小。"

成成："我拿来的是筷子，哈哈，敲起来有声音。"

木木："我找到了书，敲一下也会发出声音。"

柚柚："我找到的是我小时候喝奶用的奶瓶，敲出的声音小小的。"

球球："我的也是鼓，咚咚咚。"

泊远："我找到了门可以敲，但是我拿不过来，敲门会叮咚叮咚。"

妞妞："我拿来了吃饭用的小碗，敲出来的声音可好听了！"

老师："哇，我们今天带来了这么多可以敲敲打打的东西，太有趣了，每个声音都是不一样的，我们找找幼儿园里敲敲打打的声音吧。"

活动小结

　　让孩子们去寻找、去感知生活中可以敲出声音的物品，一方面是为了更准确地了解他们关于敲打物体产生声音的已有经验；另一方面，也是从孩子们的感知和发现中寻找他们可以进行共同探究的问题，引发探索的兴趣。

活动2：寻找敲打的声音

1. 教室里

图1-5-8 我找到了筷子   图1-5-9 我找到了小鼓

2. 幼儿园里

孩子们在教室里、操场上兴高采烈地尝试着，发现每种东西敲出的声音都不一样。

慧慧："锣的声音很吵，不好听。"

小钰："响板、单响桶都可以敲响。"

球球："三角铁可以敲响。"

乐乐："有颜色的管子敲的声音'当当当当'的。"

球球："我觉得三角铁的声音像烟一样很长，很好听。"

哈哈："塑料瓶敲出来的声音很小。"

棣棣："单响桶和快板敲的声音很像。"

图1-5-10 分享记录

图1-5-11 大型玩具下的风铃   图1-5-12 沙池上的塑料管道

图1-5-13　音乐室里的鼓

图1-5-14　幼儿园音乐敲打区

图1-5-15　楼梯转角处的竹筒

图1-5-16　楼梯转角处的风铃

火龙果："玻璃瓶敲出清脆的声音，很尖。"

辰辰："鼓敲出的声音很大，不好听。"

小钰："我觉得小铃铛发出'铃铃铃'的声音真好听。"

悦悦："沙锤敲出'沙沙沙'的声音，也很好听。"

之之："红酒杯能敲出好听的声音。"

活动小结

　　敲敲打打的探索，给孩子们呈现了一个多元的声音世界。孩子们充满着好奇和兴趣，通过亲身体验和感受，表达着自己的感知："塑料瓶敲出来的声音小""锣敲出来的声音很大"。可见他们对于声音的高低有了初步的感知："鼓敲出咚咚咚的声音""管子敲的声音当当当当""沙锤敲出沙沙沙的声音"；他们对音色有了初步的辨别：锣的声音很吵，鼓的声音很大。孩子们通过直观的感受，发现有的声音带给我们很舒服的感受，而有的声音会让人产生不舒服的感觉，孩子们从发现声音到关注声音的大小、长短、音色的不同，关注到不同的声音带给人不同的感受，这是一个质的飞跃。恰逢亲子活动周，一场关于敲敲打打的听觉体验，进一步拓展、丰富了孩子们对声音的新经验。

活动3："破铜烂铁打击乐"

　　巧逢周末亲子游，孩子们观看了青青世界"破铜烂铁打击乐"的表演项目，又有了

图1-5-17 "破铜烂铁打击乐"表演

图1-5-18 观看"破铜烂铁打击乐"现场

图1-5-19 采访"破铜烂铁打击乐"负责人（1）

图1-5-20 采访"破铜烂铁打击乐"负责人（2）

新发现。

看完表演后，孩子们去采访表演的姐姐。

球球："姐姐，刚刚的表演真好听，是怎么敲的啊？"

姐姐："我们每天都练习打击乐，练习好了就可以表演。"

程程："这个桶好大呀！声音也会很大的。"

慧慧："这个鼓比幼儿园的鼓更大，敲一下我的手都在发抖。"

来宝："姐姐，我们可以敲敲这些乐器吗？"

姐姐："可以。"

在征求了表演人员的同意后，孩子们迫不及待地东敲敲，西打打，兴奋地感受这些新鲜"乐器"带来的听觉感受。

回园后，根据在青青世界的现场欣赏及孩子们的采访，我们进行了一次谈话活动。

老师："打击乐的哥哥姐姐们敲得好听吗？"

泊远："很好听。"

老师："你们有没有认真观察哥哥姐姐们都是敲打的什么东西？"

图1-5-21　幼儿模仿"破铜烂铁打击乐"（1）

图1-5-22　幼儿模仿"破铜烂铁打击乐"（2）

程程："我看到有锅，还有大油桶。"

姐姐："我还看到有勺子，有锣。"

东东："还有筷子和棍子。"

老师："咦，那我们上次也有发现这些东西，像锣啊、锅啊，可是我们当时敲的时候觉得不好听，但是为什么哥哥姐姐敲出来就很好听呢？"

悦悦："他们有音乐配着才好听。"

来宝："他们是轮流敲才好听的。"

天天："很多乐器一起敲很好听。"

哈哈："不要一直敲，敲一会停一下，再敲一会再停一下，一直敲会很吵的。"

苹果："他们都没有乱敲的。"

老师："原来你们都发现了，哥哥姐姐们是跟着音乐敲的，而且有时候是轮流敲，有时候是一起敲，大家一起合作这样才能敲出好听的声音。"

活动小结

通过欣赏青青世界"破铜烂铁打击乐"表演，孩子们了解到了一些生活中不常见的东西也可以发出不同的声音。孩子们还感受到，如果有音乐，有节奏，可以把不同音色的东西一起敲，就能制造出动听的音乐。孩子们关于声音的经验得到了进一步的丰富。

活动4：一起敲打吧

为了支持孩子们继续探索的兴趣，教师有目的地在表演区投放了各种不同的敲打物：奶粉罐、塑料筒、乐器、金属盆、玻璃瓶等材料。表演区的孩子渐渐多了起来。

老师："我们跟哥哥姐姐们学习到了新本领，要不要一起试一试啊？"

天天："好啊，但是我们没有那些东西。"

乖乖："我们可以在后面的花园的窗户上敲玻璃瓶。"

明明："我家里有瓶子可以拿过来。"

木木："我们可以从家里带敲打的乐器。"

老师："这是个不错的主意，我们把家里不用的东西拿过来试一试。"

辰辰："我家有奶粉罐。"

豆苗："我家有碗可以拿过来。"

棣棣："我想跟妈妈一起把塑料盒装饰得漂亮一点。"

老师："哇，棣棣的想法可真好，我们可以把表演的东西装饰得更加漂亮。"

柚柚："我家有很多易拉罐，可以和妈妈一起穿起来挂起来敲。"

辰辰："我家有锣，可以用贴纸来装饰好了再拿过来。"

冬冬："我要跟妈妈装饰铁盒，再用筷子敲。"

雅雅："我想跟爸爸拿贴纸贴奶粉罐敲。"

老师："你们的想法都很好，那就请爸爸妈妈跟你们一起装饰好乐器带到幼儿园来表演吧。"

1. 亲子制作敲打乐器

图1-5-23　亲子制作敲打乐器（1）

图1-5-24　亲子制作敲打乐器（2）

图1-5-25　亲子制作敲打乐器（3）

图1-5-26　亲子制作敲打乐器（4）

图1-5-27　亲子制作敲打乐器（5）

图1-5-28　亲子制作敲打乐器（6）

2. 敲出好听的声音

哈哈："我的是用鼓槌来敲打瓶子，声音小可以保护耳朵。"

悦悦："我的是两个瓶子，装了绿豆、铃铛，轻轻敲就能发出好听的声音。"

钟政："我的是用线穿铃铛再绕纸巾筒做成的手摇铃，也可以用手敲。"

火龙果："我的是铃鼓，伴着音乐很好听。"

妞妞："我的上面是用气球包的，旁边贴了银色的条条，一下一下敲很好听。"

棣棣："我的是塑料瓶，可以斜着敲，轻轻地敲很好听。"

政政："我的是用线把铃铛穿起来，敲出来的声音真好听。"

桃桃："我的可以上面敲，也可以中间敲，筷子还可以放在罐子里面呢！"

之之："我的可以摇，也可以边唱歌边敲。"

大宝："我的四面都可以敲，敲的时候要有节奏才好听。"

老师："你们敲得可真好听，声音轻轻的，还有节奏，有的小朋友还能边敲边唱歌，敲得和哥哥姐姐一样棒。那我们把这些漂亮的乐器放到表演区，你们可以在区域活动的时候再自己敲一敲好听的声音。"

图1-5-29　分享亲子敲打乐（1）

图1-5-30　分享亲子敲打乐（2）

3. 投放表演区

图1-5-31　投放表演区（1）

图1-5-32　投放表演区（2）

活动小结

　　"一起敲打吧"一系列活动是孩子们自主发现问题、讨论解决方法、实践解决方案的过程，充分的讨论和实践的操作能够帮助孩子们在活动过程中更好地理解问题，而分享能够让他们相互学习、欣赏，更多地提升自己的经验。教师将自制的材料投放在区域中，孩子们不仅可以自由操作和表演，还能感受废物利用的价值。

四、活动解析

　　"敲敲打打"主题源于幼儿园的打鼓表演，模仿和感受是小班幼儿的主要学习方式，从满足幼儿的敲打欲望到探究好听的声音，了解敲打出好听声音的秘密，教师都基于幼儿的兴趣和已有的学习经验，跟随着幼儿的脚步，倾听幼儿的声音。幼儿通过尝试、参访、制作、敲打了解声音音色的不同，知道要有节奏、把握力度才能敲出好听的声音，丰富了有关声音的认知经验。

　　在探究过程中教师对幼儿提出的问题及时通过谈话、小组讨论等方式寻找解决的办法，并在欣赏、探索、分享、创作敲打乐器的过程中，建立起幼儿对自我的概念，培养创造力与自信。教师观察幼儿的敲打行为、语言表述了解幼儿经验的发展，能够适时介入，保证幼儿探究兴趣的持续。

　　《幼儿园教育指导纲要（试行）》中也指出"通过引导幼儿积极参加小组讨论、探索等方式，培养幼儿合作学习的意识和能力，学习用多种方式表现、交流、分享探索的过程和结果。"幼儿在谈话、破铜烂铁打击乐、亲子自制敲打乐器、寻找好听的声音等活动中总结出：轻轻地敲会发出好听的声音，大力地敲是噪音，会伤害到耳朵；可以听着音乐节奏敲打起来；也可以看着音乐图谱敲出好听的声音。这些都是幼儿在高度的兴趣和乐趣中共同探索出来的，他们收获的远远不止这些，谈话中从模糊而单一的描述到细致准确的词汇，化身"小记者"的认真，动物音乐会打击乐练习时的专注……知识、技能、学习品质、社会能力，幼儿都在主题过程中获得了发展。

　　家长反馈通过"敲敲打打"主题系列活动，让幼儿主动观察、亲身体验、亲手制作等，幼儿已经能够明白不同物品声音的特点，感知音乐中的节奏，从而更加喜欢敲打声音带来的乐趣！也让家长懂得了适时引导、亲自参与、亲手制作、兴趣培养的重要性。

开超市啦

执教老师：谢奕香

指导老师：何燕杏

一、活动来源

户外建构区几个小朋友搭建了一个超市，有好几个孩子在进行卖水的、卖玩具、卖沙包的游戏，还有来买东西的小朋友。这时，一边传来了阿布着急又气愤的声音。

阿布："别跑，你拿我的矿泉水，还没给钱。"

一脸不解的振铎回答道："为什么要给钱？"

阿布："因为我要运输，卖给超市的。"

孩子们一边活动一边继续游戏，直到户外活动结束了，他们还乐此不疲地讨论着。

阿布："老师，下次我们再来玩，做个大大的超市。"

二、活动期望

购物超市是城市幼儿最熟悉的生活场所之一。现实生活中的超市是一个商品丰富、工作种类多、随时会发生各种情况的场所。我们相信"超市游戏"能够有效引发幼儿的创造性行为，期望通过体验"开超市"和"买东西"，让幼儿进一步了解日常的购物行为；通过开展共同性游戏，发展幼儿的语言表达能力、社会交往能力。

三、活动过程

活动1：谈话活动

老师："小朋友，刚才你们在户外玩什么游戏？"

大米："我和六六、振铎和韦顺他们一起搭建了一家超市，超市可以卖东西。"

六六："我在超市里面还搭了一个玩具柜，卖玩具的。"

振铎："我们搭的超市是没有围起来的，一边是出口、一边是入口。"

韦顺："我是运输员，我把水运到超市去卖。"

阿布："我在运输的时候，振铎拿了我的水就跑了，没给钱。"

嘉嘉："我和妈妈去超市买东西的时候都要给钱才能把东西拿回家。"

雅蔚、雅惠："我们手拉手，到超市里买了很多沙包。"

图1-6-1　谈话活动

老师："哇，原来你们知道了超市里有吃的、喝的、玩的东西，知道超市里有入口和出口，知道了买东西要付钱的，还知道了超市里的东西是运输员运输过来的。"

悠悠："我们也想玩卖东西的游戏！"

老师："如果我们开一间超市，你想知道哪些事情？"

思乾："超市有卖钱的吗？"

恬恬："蔬菜、零食、饮料是从哪里来的？"

振铎："这些东西是从德国运回来的吗？"

想想："收银员要做什么事情？"

六六："买东西的阿姨是谁？"

佳佳："售货员是收钱的吗？"

阿布："海鲜是哪里来的？"

……

老师："原来小朋友们还有这么多的问题没有找到答案，超市里还会有哪些东西？在超市里上班的叔叔阿姨是做什么的？超市里的东西是从哪里来的？今晚你们和爸爸妈妈一起寻找答案吧。"

活动小结

教师鼓励大米、六六等孩子谈论户外搭建超市的游戏过程，有意识地引导其他孩子参与谈论这个话题。孩子们的热烈讨论形成了一份问题清单，个人经历的交流有效地唤起了孩子的共同经历。从孩子们对超市的经验描述中，我们可以发现，大米、六六、阿布对超市的大概运作有了一定的了解，但对于超市中的人物职业、超市货物买卖等还存在较为模糊的认知。因此，谈话帮助教师了解孩子关于"超市"的已有经验和未获得的经验。"超市"逐渐成为孩子们共同感兴趣的话题。此时，教师鼓励孩子们邀请父母参与对"超市"的探索，相信在父母的帮助下，孩子们对"超市"会有更多直接的体验和感受。

活动2：我了解的超市

第二天晨谈活动时，孩子们纷纷聊起了昨天放学和爸爸妈妈一起去超市买东西的经历。

真真："我和妈妈去了超市。超市里挂了好多的圣诞袜、圣诞帽还有铃铛呢。"

津而："我也去了，超市里有很多水果，有些水果是放在冰柜上面的，就不容易坏掉。"

彤彤："我看到了牙刷，但我不知道牙刷多少钱。"

大米："昨天是我买单的，我看到收银员是怎么收钱的。"

悠悠："我没有去超市，但是我和妈妈上网查了超市卖的东西。"

老师："你们昨天和爸爸妈妈都了解了超市的什么资料呢？"

阿布："超市里有水果区、蔬菜区、零食区、海鲜区，好多好多卖的。"

图1-6-2　我和妈妈逛超市（1）

图1-6-3　我和妈妈逛超市（2）

图1-6-4　牙刷多少钱呢？

图1-6-5　我也买了一次单

图1-6-6　和妈妈查资料

图1-6-7　介绍价钱

图1-6-8 介绍冰柜

图1-6-9 发现条码

壮壮："去超市的时候我们带了钱、购物袋和购物清单。"

铎铎："超市里的东西是货车从仓库运过来的。"

大米："收银员是要帮忙结账的，还要帮忙把东西装起来。"

真真："超市没有钱卖的，但是买东西的时候要给钱。"

壮壮："这鸡翅的价钱是六块九毛九，哇，好贵啊！"

阿布："我在超市看见有称东西的阿姨，她会贴上价钱。"

嘉嘉："我的商品上有贴条码。"

……

老师："你们参观超市时发现了有水果区、蔬菜区、海鲜区，发现了超市里的东西是货车从仓库运过来的，发现了物品上有价格和条形码，还发现有收银员和打秤的工作人员。"

活动小结

家长的加入，无疑大大丰富了孩子们关于超市的经验和认识。让孩子们主动问问大人（包括超市的工作人员），走进超市、体验超市购物的过程，或者尝试收集信息，能帮助他们丰富关于超市和买卖的经验，使后续"超市"游戏有质量地开展成为可能。

活动3：开超市的准备

老师："我们班级开超市，要准备什么呢？"

悦悦："我家里有收银台。"

秀秀："可以去超市里买回来的啊。"

悦悦："我家里有购物车，我可以带过来。"

津而："我家里有好多吃的东西（棒棒糖、巧克力、蛋糕）！"

……

老师："那我们这几天一起来收集准备这些物品吧！"

孩子们开始从家里带各种东西来。有的孩子带了很多能买卖的东西，有的孩子带来了各种购物架，还有的带来了商品广告纸……

老师："请小朋友分享一下收集来的物品，是做什么用的？"

恒恒："我带来了手机。"

嘉嘉："这是我带来的收银机，是给小朋友用的，按上面可以刷卡。"

悠悠："我带来了购物车，买很多东西的时候就放在这里。"

真真："这是超市的广告纸，在超市拿的。"

悦悦："这是我带来的购物架，在这里放吃的。"

老师："有了这些东西，我们还要准备什么？"

六六："架子，放水的。"

图1-6-10　收集的超市材料（1）

图1-6-11　收集的超市材料（2）

图1-6-12　收集的超市材料（3）

图1-6-13　超市环境布置

老师："你是说要用架子做一个卖水的区吗?"

六六："嗯。"

老师："这里有很多的架子,有木架子和小朋友的爸爸妈妈拿来的塑料架子。"

恒恒："那我做个手机区吧。"

阿布："我知道有卖水区。"

真真："有蛋糕区,有很多很多的蛋糕,我最喜欢草莓味的,哈哈!"

老师："嗯,我们收集了很多超市的东西,我们一起来开个超市吧!"

活动小结

从开超市的准备中可以看出,孩子们充分考虑了他们在"超市"所见过的事物(零食、玩具、手机、收银台……),这能很好地帮助他们将超市材料和角色扮演活动结合起来(决定要在自己的超市卖什么、怎么卖)。教师通过提问帮助孩子们发现问题、解决问题(要准备什么、带来的物品怎么用、用架子做卖水区),这样就提供了问题发现的条件(超市的顺利开展,需要商品,也需要分类放置物品的架子、购物车,买卖用的收银机及工作人员等基本的条件)。生活材料准备有利于引导孩子们对已有生活经验产生联想,孩子们对材料作用的熟悉也为顺利开展超市游戏提供了条件。

活动4:超市游戏——试营业第一天

超市游戏开始的第一天,孩子们在室内角色区里把收集的物品进行分类摆放,有的推架子,有的拿箱子,有的拿自己喜欢的商品摆放、吆喝着,有的拿着收银机当收银员,有的推着购物车忙着付钱。

佳佳："你要买单吗?"

悠悠："对啊,看看多少钱?"

佳佳："不要着急,等一下我算算。"

悦悦："我拿出来。"

小凤："你买电话吗?"

悠悠："对啊,电话。"

佳佳："哦,好的,3块钱(悠悠递了钱给收营员)。"

苗苗："快来啊,过来买雪糕啊!"

诗诗："哇,好好吃的蛋糕啊!"

悠悠："好香的比萨,卖比萨咯。"

思乾："我也要玩,这个是我的,这个是我的(抢在手里)。"

佳佳："哎呀！老师，你看他们丢地上乱七八糟的。"

悠悠："排队排队，要排队！"

第一天试营业中出现了一些混乱的场面，在区域活动分享谈话时，孩子们纷纷"投诉"起来。

小凤："我在卖东西的时候，他们都不排队，还把我的雪糕店推倒了。"

嘉嘉："买的人好多，但是没有袋子装东西。"

恬恬："地板上掉了好多东西，我都踩到了。"

思乾："我没有同意，他就拿走了我的东西。"

苗苗："我是销售员，可是他们买东西都不给我钱。"

真真："他要抢我的收钱位置。"

朵朵："超市里没有可乐，也没有蛋糕。"

嘉嘉："我没有钱包装钱。"

……

图1-6-14 小小收银员

图1-6-15 买东西咯

图1-6-16 超市现场

图1-6-17 超市水果区

老师："我们应该怎么做才不会发生这样的事呢？"

恬恬："玩具掉地板上会哭，我们不玩了要把它送回家。"

嘉嘉："明天我要带购物袋来买东西。"

希希："拿别人的东西要经过别人的同意，才可以拿。"

壮壮："买东西的时候要排队。"

小海："我可以把自己想要的东西带过来。"

秀秀："对人要有礼貌。"

老师："是的，我们买东西要有礼貌，要付钱，人多时要排队，也不要把玩具丢到地上。除了我们刚刚卖的，超市里还有什么东西可以买呢？"

秀秀："超市还要有酱油、盐。"

嘉嘉："超市里有很多芭比公主、爱莎公主，还有很多很多裙子。"

想想："超市里还有我喜欢吃的蛋糕、雪糕、可乐。"

振铎："有消防车、警车、小轿车……好多玩具车。"

阿布："超里还有冰柜，冰柜里有海鲜呢。"

希希："超里还有卖蔬菜的地方，有胡萝卜、青菜、番茄。"

秀秀："太多东西了，我要记下来。"

阿布："这么多东西，太挤了，很多人。"

老师："怎么办？"

想想："不要那么多人来。"

嘉嘉："柜子（书柜）拿开就大了。"

老师："大家同意吗？（同意）这是个好办法，我们试一试吧！把你们想到的办法记下来吧！"

图1-6-18 讨论超市还能有什么

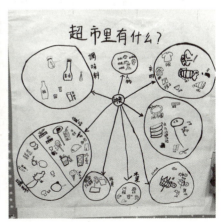

图1-6-19 讨论记录单

活动小结

第一天试营业的超市游戏中出现了各种问题（商品种类不足、买卖规则不清、空间规划不合理、角色分配不明等），导致游戏混乱。小班孩子注意水平低，行为的无意性占优势。游戏中他们不断重复买卖、付钱的动作，只关注自己喜欢的商品，这是符合小班孩子的年龄特点的。在买卖的过程中，他们由于经验的缺乏、注意力容易转移（被玩具本身吸引）的特点，使超市游戏变得有些"混乱"。教师组织分享谈话，鼓励孩子们说出问题，支持他们寻找解决问题的办法。于是，解决"秩序"的各种策略在讨论中产生了，"超市游戏"的内容得到了进一步丰富。

活动5：停业调整后的超市游戏

孩子们决定按照自己想到的办法试一试。于是，第二天，超市"停业整顿"了。嘉嘉觉得买东西要给钱，所以制作起"钱币"；悠悠和几个小伙伴把超市的出口和入口的标识制作好，并张贴在相应的位置；乐乐还为超市的通道做了标记；嘉嘉、恒恒他们做了各种小商品来卖。

嘉嘉："老师你看，这是我和小海一起做的汉堡包。"

老师："咦，这是汉堡呀！我刚好想买点吃的呢。"

嘉嘉："我刚才在泥工区做的，然后拿到超市里卖。"

老师："这个办法真好！超市里有新的东西了。"

恒恒："我们把积木区的恐龙、车子也放到超市里卖。"

六六："对对！还有语言区的书。"

皓桐："还有操作区的玩具。"

丫丫："我们做的手链也可以拿去卖。"

苗苗："可以在手工区剪面条拿去卖。"

图1-6-20 "画钱"（1）   图1-6-21 "画钱"（2）   图1-6-22 自制汉堡

嘉嘉："我们要把东西放好！吃的放在一边，不能吃的放在一边。"

在嘉嘉、恒恒和悠悠等几个孩子的带领下，其他孩子纷纷加入"超市整顿"活动，有的孩子专门用陶泥制作了各种美味的点心，有的不停地将超市里的商品分类整齐地摆上了超市的货架。

经过大家的努力，超市又继续营业了！

皓桐、思乾："我来当收银员。"

乐乐："一个一个排队。"

嘉嘉："你要吃什么，我去买。"

朵朵："我要买菜回家做饭。"

丫丫："我们买去吃野餐吧！"

悠悠："从这边走，这边出来（告诉同伴出口、入口及通道）。"

有的孩子还是只是"逛一逛"，在超市里不买东西。

图1-6-23 自制商品

图1-6-24 买东西（1）

图1-6-25 买东西（2）

图1-6-26 "逛超市"（1）

图1-6-27 "逛超市"（2）

......

超市里可以买的东西多了起来，在哪里排队、怎么给钱，逐渐变得"规范"了。来"逛超市"和"买东西"的人也渐渐多了起来，超市又变得拥挤了。

活动小结

"停业整顿"既给了孩子们调整规则的时间，也为丰富超市材料提供了可能。小班孩子的"超市游戏"更多是兴趣使然，并不愿意听命于他人的安排。教师给予了孩子们自由决定游戏发展的权利。当超市中出现了新东西"自制汉堡"时，教师以游戏者的身份参与到游戏中，与孩子们共同游戏，在游戏的展开过程中起到了很好的引导作用（超市里可以卖自制的食物、教室里有很多可以用来"买卖"的材料可利用）。教师的诱导间接而隐蔽，是为了顺应孩子的兴趣和水平而展开的。嘉嘉、恒恒和悠悠几个孩子无疑在游戏中起到了重要的作用，他们的分类意识、规则意识逐渐显现，在超市游戏中这几个孩子常常处于"领导者"的地位，教师对此表示了欣赏。当游戏变得更受欢迎，室内空间的局限又将带来新的问题。

活动6：户外大超市

户外自主活动中，孩子们依然热衷于玩"超市游戏"。

阿布："还是这里比较大，在这里卖东西不用挤。"

皓桐："要不要我们一起来搭建一个大超市吧?"

阿布、韦顺："好啊，好啊!"

他们拿起围栏，一个一个地围了起来，开始搭建他们心中的"大超市"。不一会儿，"大超市"的框架基本完成。他们的搭建引起了其他孩子的关注，孩子们纷纷来到

图1-6-28 "大超市"搭建中

图1-6-29 "大超市"搭建完毕

了围栏外，一起帮忙进行搭建与设计。有的孩子找来了积木区的空心积木，有的孩子找来了轮胎、泡沫块……很快"大超市"就搭建好了。

恒恒："超市有门的，我要来搭个门。"

恒恒很有经验，他马上和韦顺一起寻来一些拱形的积木，摆在超市的"围栏"边上。

朵朵："你（恒恒）这个门太矮了。"

恒恒："好像是，我们再弄高点。"

说完，恒恒和韦顺又去搬来两个空心积木叠高了许多。他们紧挨着空心积木搭建起两个"柱子"，开始搭建超市的"大门"。空心积木垒高到第三层的时候，由于孩子们的身高不够高，拱门怎么都放不上去。

恒恒："我们让老师帮一下吧。"

韦顺："好的。老师，我们放不上去这个，你能帮我们放一下吗？"

老师："当然可以！（把拱门放上搭建成'大门'）你们还需要别的什么东西来搭建你们的'大超市'吗？"

朵朵："我要在超市卖蛋糕，需要一个大柜子。"

皓桐："我要搭一个收银台，收钱。"

思乾："我是一个运输员，我的车上有灯，遇到坏人的时候我的灯会响，这是防盗系统。"

悠悠："我是快递员，送玩具、礼物的，打包送给好朋友。我要去找车！"

……

皓桐："哇（拍手），我们的超市很大哦！"

悠悠："这是我做的购物车。"

阿布："超市搭好啦！我来找东西卖！"

六六："我们来卖沙包吧！"

铎铎："卖球咯！"

户外大操场上出现了一个热闹非凡的"大超市"。"大超市"的热闹开张，引来了其他班孩子的"光顾"。隔壁正在搭建区玩的孩子纷纷把自己的搭建作品拿到超市"卖"，孩子们各自在自己的"岗位"上玩得不亦乐乎。

钉钉："我买太多东西了，拿不下了，能不能给我一个袋子（装）呀！"

嘉嘉："我们没有袋子，你用手拿着吧！"

钉钉："我买太多了！超市都有袋子的。"

阿布："这次没有（袋子），以后就有了。"

朵朵："对，以后我们有大的袋子，还有小的袋子。"

嘉嘉："那你（钉钉）后面再来吧，（到时候）给你袋子。"

图1-6-30 "大超市"开张啦!

图1-6-31 "逛超市"咯

图1-6-32 整齐的货架和逛超市的孩子

图1-6-33 "我买到了滑板车"

钉钉："好吧。"

……

户外活动结束了，孩子们的"大超市"也必须拆除了。

六六："老师，能不能不要拆掉我们的超市呀?"

老师："不拆的话，会挡到别的小朋友活动呢!"

韦顺："那怎么办呢! 我们才卖了一会儿。"

老师："你们觉得这个超市比较大，所有的小朋友都可以一起玩是吗?"

阿布："对啊! 我们那个（教室里）太小了! 进不去很多人。"

老师："那这个问题怎么解决? 你们有什么想法吗?"

朵朵："可以在走廊卖!"

嘉嘉、阿布："我们的走廊特别大!"

其他孩子听了，纷纷表示赞成："我们在走廊搭建超市!"

老师："嗯，这可能是个好办法。我们回去试一试吧!"

活动小结

在户外搭建大型超市中，几个孩子的兴趣，让"大超市"成了所有孩子的兴趣。孩子们会用现场的材料进行搭建（先把围栏围起来，然后再搭建超市里面的结构），他们能充分地利用找到的材料来辅助自己的搭建。用积木搭建建筑是一种建构技能，对于第一次尝试的小班孩子来说是有困难的。大超市门太矮了影响进出时，恒恒会想办法用多块积木搭高一些，出现自己无法解决的问题时（不够高放不上去），能及时寻找帮助（找教师帮忙）。进行内部搭建时，由于有了前期的游戏经验，他们用户外的小型材料替代各种物品和商品（如雪花片拼搭的大花篮、购物车、购物架等）。虽然没有太多的合作和协商，但是孩子们游戏时异常"默契"合拍，游戏的开展顺利又丰富。

其他班孩子加入"购物"游戏，提出了新的问题"没有购物袋怎么拿"，引起了个别孩子的关注，问题的解决方法随即产生，等待他们在新的游戏中进行尝试。游戏结束后，"大超市"面临拆除，孩子们的游戏兴趣依然高涨，在走廊搭建新的超市也值得期待。

四、活动解析

"开超市啦"活动的生成和展开，是几个幼儿的兴趣变成全班幼儿的共同兴趣的过程。幼儿从简单的模仿（付钱、收钱、拿东西）到有质量的游戏（超市的布局、商品的种类、内部路线规划、基本规则和秩序），进一步深化了对超市和购物的认识和体验（知道超市的基本布局，了解收银员的工作内容，知道买东西要付钱等）；在开超市的准备过程中，通过商品的种类分类（能吃的、不能吃的）、不同数量的游戏材料取放（买多少个、有多少个）的游戏体验，丰富了幼儿的科学经验（分类、点数、按数取物等）；在遇到问题、讨论问题、解决问题的过程中，不断提升幼儿的游戏能力，同时也促进了幼儿的表达能力、社会交往能力的发展。

小班幼儿游戏的无意性、无目的性占主要地位。"开超市"是幼儿的共同兴趣。教师充分利用了区域活动和户外自主活动中幼儿更放松、更自由的心理氛围，充分尊重幼儿是游戏的"主人"的原则。教师始终作为跟随者，通过提问、材料调整、时间保证等策略，使幼儿在自身有限经验的基础上，通过充分探究、熟悉材料，逐渐拓展关于超市的经验。教师在一步步跟随幼儿的基础上，帮助幼儿澄清问题（如开超市需要准备什么、收集来的物品用来做什么、怎么解决拥挤的问题等）来支持幼儿的游戏行为。教师从这些问题中充分了解幼儿的想法，获知幼儿在哪些方面需要帮助、在哪些方面需要额外的材料以及什么时候需要教师参与调解。因此，开超市的游戏逐渐变得丰富而有质量。下一步，班级里的小超市如何变身大超市、如何完善购物体验（加入购物袋、丰富商品、加入更多的角色意识等），又将是再一次的奇妙体验。

谢谢消防员叔叔

执教老师：吴莹莹　曾志雁

指导老师：曾金花

一、活动来源

3月4日上午，幼儿园邀请了消防员叔叔来园进行消防演习。消防演习后，孩子们情绪高涨，纷纷表达自己的感想。

"消防员叔叔很厉害，能把火灭了。"

"消防员叔叔好酷啊！"

"我长大了也要做一个消防员，来保护大家。"

小班孩子对消防员在演习过程中的表现充满了崇拜之情。作为"最美逆行者"，消防员以生命守护着我们的安全，在关注他们职业的同时，有一颗感恩的心是非常重要的。"谢谢消防员叔叔"活动由此展开。

二、活动期望

"能在特定情景下用合适的方式表达情绪""让幼儿体会写写画画的方式可以表达自己的想法和情感"是小班幼儿语言表达、社会和情感发展能力的一种体现。教师期望幼儿用自己的方式表达对消防员叔叔的崇敬、感激之情，以培养幼儿拥有一颗感恩的心，培育幼儿的感恩意识。同时，教师通过引导，让幼儿知道表达情感有多种方式，知道如何尊重别人，学会自己解决问题，学会和别人互动。

三、活动过程

活动1：分享演习后感想

老师："消防演习结束了，你们有什么感受？"

晞彤："我看见消防员叔叔喷水，水喷得好远好远。"

鹏鹏："我看见有按钮、消防警灯。"

希希："消防员叔叔好酷呀，他们会开消防车，消防车后面有按钮，消防车车顶可以喷水。"

祎祎："我看见灭火器，消防车有橙色的是转弯的。"

晞彤："消防员叔叔穿上衣服像宇航员。"

怡惠："消防员叔叔用灭火器灭火，好厉害。"

森森："我拿了一下喷水的管子，好重的。他们力气真大！"

怡惠："我也拿不动。他们还可以跑得很快呢！"

诗萱："还有个叔叔跳得很高，一下子从车里跳下来。"

佳颖："他们好厉害！"

烨烨："我长大了也要做一个消防员，来保护大家。"

老师："烨烨的想法非常不错！消防员叔叔刚刚教了我们很多知识呢！"

祎祎："对呀！他们懂好多。我很喜欢消防员。"

希希："我们要谢谢消防员叔叔，他们辛苦了。"

老师："嗯，希希说得对。遇到火灾时，消防员叔叔可以帮我们灭火，还教了我们很多消防的知识，我们要怎么感谢呀？"

兵兵："我可以给消防员叔叔做一个玩具。"

晞彤："我想送贺卡给消防员叔叔。"

怡惠、可馨、若瑜、诗萱、佳颖听到晞彤做贺卡的提议，纷纷表示也想给消防员叔叔做一张感谢贺卡。

老师："好吧，你们今天区域活动的时候就可以去选择自己喜欢的材料做贺卡。"

活动小结

小班孩子能大胆与同伴分享消防演习见闻，从他们的谈话中可以了解到，他们对消防员灭火很感兴趣，对消防车的装备有了一定的了解，也初步知道了消防员工作的辛苦。当希希提出要"谢谢消防员叔叔"时，教师表示了肯定和认同，激励孩子们纷纷表示要亲手制作礼物表达自己的谢意。孩子们快速地迁移了制作贺卡的已有经验，提出给消防员叔叔送感谢贺卡、礼物。

活动2：制作感谢卡

晨谈结束后，怡惠、可馨、晞彤、若瑜、佳颖、诗萱在区域活动时不约而同地来到美工区制作感谢卡。

怡惠一边说一边找来制作贺卡的纸，自言自语道："我要给消防员叔叔做一个爱心

图1-7-1　孩子们自主制作感谢卡（1）　　　　图1-7-2　孩子们自主制作感谢卡（2）

的贺卡。"她拿剪刀小心地把纸剪成爱心的形状，在上面画上消防员叔叔的脸，还贴上了皱纹纸做成的"花环"。完成之后，怡惠请老师帮忙把贺卡的内容记录下来。

怡惠："老师，你能帮我写一下吗？"

老师："当然可以！你想写什么呢？"

怡惠："消防员叔叔辛苦了！消防员叔叔给我们介绍了很多东西。消防员叔叔，我送你一个贺卡。里面有我对你的感谢！"

老师写完后给怡惠看了一下，并且把记录的话念给她听。

老师："还有要说的话吗？"

怡惠："没有了，这样就可以。"

于是她心满意足地把贺卡拿起来。其他几个孩子看到，也纷纷把自己制作好的小礼物拿给老师，请老师帮忙写下自己想说的话。

可馨："我想谢谢消防员叔叔给我们看了喷水。然后我们大家一起做贺卡给消防员叔叔。谢谢消防员叔叔给我们看了工具。"

晞彤："我做了一个花园。里面有枪，白白的（玉米粒）是喷水的。草地说'我很渴'，喷水的东西如果着火了可以把火灭掉。"

若瑜："老师，我想写——叔叔，您辛苦了！我给您送一张卡，谢谢！"

图1-7-3　怡惠制作的感谢卡　　　图1-7-4　可馨制作的感谢卡　　　图1-7-5　晞彤制作的感谢卡

图1-7-6　若瑜制作的感谢卡

图1-7-7　佳颖制作的感谢卡

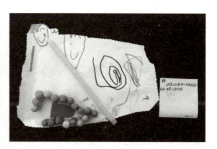
图1-7-8　诗萱制作的感谢卡

佳颖："老师，我想谢谢消防员叔叔，给我们介绍消防车上的东西。"

诗萱："这些是小动物爱心，给消防员叔叔的。（吸管）这是喝开水的。他们口渴了可以喝水。"

活动小结

孩子们能综合使用各种材料制作感谢卡，从对感谢卡的解读中，我们可以真切地感受到孩子们对消防员叔叔的感恩与感谢之情。从他们的自言自语、偶尔的互动交流中可以看出，让孩子们想说、敢说、喜欢说并能得到积极回应的交往环境，有助于促进其语言能力的发展。老师把孩子们想说的话用文字记录下来，并念给他们听，使他们知道说话可以用文字记录下来，从中体会文字的用途。

活动3：家园合作，制作感谢册

3月4日（周五）下午放学后，老师将今天的活动分享到班级家长微信群。笑妍妈妈在群里提出了建议："这次活动很有意义，孩子们的画很有纪念价值，可不可以将今天的活动照片、幼儿感谢卡等做成一本册子，这样更便于消防员叔叔阅读和保管。"笑妍妈妈的提议得到了其他爸爸妈妈的一致赞同。家长们纷纷表示愿意和孩子一起完成感谢册的制作。

3月7日（周一）的晨会上，老师将笑妍妈妈提出的建议与孩子们讨论。

老师："老师把小朋友们给消防员叔叔写感谢卡的事情告诉了爸爸妈妈，笑妍妈妈建议我们给消防员叔叔做一本感谢册，贴上我们制作的感谢卡，还把我们活动的照片也贴上去，这样他们拿到感谢册，既方便看，又可以很好地保留纪念，你们觉得怎么样？"

孩子们纷纷表示这个想法超级好。于是，老师与孩子们一起再次回顾了消防演习活动的照片，孩子们选出了他们觉得最好的照片放进感谢册。放学时，老师将选好的照片交给了笑妍妈妈。

教师及时通过微信群与家长分享孩子们在园的学习生活情况，活动得到了家长的支持，引发家长主动参与幼儿园课程。当教师把家长的想法分享给所有孩子时，大家异口同声地表示赞成。随后，在教师的引导下，孩子们积极从消防员灭火、消防员服装、消防装备、与消防员对话交流等环节中挑选照片，初步学习了分类与整理。

活动4：怎么送感谢册

3月14日，这天来园时，笑妍妈妈将做好的感谢册带到班上，孩子们看到册子兴奋不已，同时对笑妍妈妈表示了感谢。

老师："我们的感谢册做好了，怎么送给消防员叔叔呢？"

晴彤："走路。"

南南："坐的士。"

月月："坐警车。"

辰辰："坐公交车。"

龙龙："自己开车，或者叫我爸爸拿去。"

冰冰："找快递员叔叔。"

……

孩子们根据自己的已有经验，提出了走路、坐的士、坐警车、坐公交车、找家长送、找快递员叔叔送等想法。

老师："大家的想法这么多，用哪个办法最好呢？"

南南："投票决定。"

老师："大家同意吗？"

幼儿："同意！"

于是，老师将孩子们的想法记录在大纸上，并给每位孩子发一张贴纸，大家准备好了，开始进行投票。

老师："大家看看，哪一个方法票数最多？"

幼儿："快递员叔叔。上面贴了好多纸条。"

老师："我们一起数数共有多少票吧。"

幼儿："1，2，3，…，24。有24票！"

老师："选择找快递员叔叔寄感谢册的一共有24票，比其他方法都多。那我们就这么定吧。"

图1-7-9 幼儿投票

图1-7-10 和打包好的感谢册合影

怡惠:"我们寄的时候,感谢册要装好,这样寄出去才不会坏。"

老师:"那你们觉得可以用什么东西装?"

涵涵:"可以把册子放进箱子里,让快递员叔叔送出去。"

佳颖:"可不可以用袋子?"

晞彤:"塑料袋也可以。"

老师:"我们的感谢册像一本书的大小一样。你们觉得用袋子方便,还是用箱子方便。"

其他孩子表示用袋子装更好:"箱子太大了,袋子刚刚好。"

老师:"这个办法很好,我们试试用透明胶带打包吧!"

诗萱:"老师我来装。"

涵涵:"我来,我来。"

佳颖、怡惠、诗萱、晞彤纷纷想加入打包行列:"我也来,我也来。"

老师:"那你们一起打包吧,诗萱找袋子,涵涵装书,佳颖、怡惠、晞彤你们帮忙拿透明胶带把袋子封上。"

于是,区域活动时,诗萱从老师的储物间找来了一个快递打包袋,涵涵来到美工区,将感谢册竖起来装进袋子里。这时,她发现感谢册比袋子长,露出来一小截,左右摇晃袋子,但册子还是漏出来。她把册子拿出来,横着将册子装进去,终于把感谢册装好了!

佳颖、怡惠、诗萱、晞彤纷纷拿透明胶带、剪刀,帮助涵涵将袋子封口。

活动小结

当笑妍妈妈将制作好的册子带到班上时,孩子们主动对她说谢谢,教师看后感到非常欣慰,同时相信感恩的种子已在孩子们的心中萌芽了。在讨论如何寄感谢册时,孩子们提出了不同意见。走路、打车、坐公交车、寄快递都是孩子们生活中经常接触到的,说明他们能结合生活经验寻找送感谢卡的办法。此时,南南提出投票决定的方法，教师及时征询其他孩子的意见，帮助孩子们达成共识。投票结果出来后，教师引导孩子们比较票数多少，并点数最多项的票数，初步发展了孩子们比较多少及数数的能力。打包册子时，涵涵发现感谢册不能完全装进袋子，她不断调整方法，努力尝试解决问题，最后终于成功找到了装袋的正确方法。其他孩子能主动帮忙封袋，虽然没有过多的言语交流，但都能很好地完成老师的分工任务。

活动5：询问地址

午餐前。孩子们心急地问老师什么时候寄快递。

诗萱："老师，快递员叔叔什么时候帮我们寄呢？"

辰辰："对呀，老师你打电话让快递员叔叔来。"

老师："可是我们不知道消防员叔叔的地址啊，怎么办？"

华华："打119问一下。"

老师："给消防员叔叔打电话问地址能不能打119？"

佳颖："不能打！那个是着火才能打的。"

龙龙："不能打，要是打了他们以为幼儿园要灭火。"

老师："是的，119是消防火警电话。发生火灾才能打。所以，我们要怎么才能找到消防员叔叔的地址和电话呢？"

佳颖："叫潘老师打电话给消防员叔叔。她肯定知道电话。"

老师："是喔，是潘老师联系消防员叔叔来我们幼儿园的，我们可以去问她。"

老师带孩子们来到办公室，孩子们一进办公室门口便主动跟潘老师问好。

幼儿："潘老师好！"

潘老师："你们好，有什么事吗？"

佳颖："你能不能帮我们联系早上的消防员叔叔？"

晞彤："我们要送给消防员叔叔贺卡。因为他们给我们介绍了很多东西。"

潘老师："消防员叔叔给我们介绍很多消防的知识，你们想谢谢他们对吧？"

诗萱："对啊，所以我们做了贺卡送给消防员叔叔，谢谢他们。"

潘老师："好的，我把电话号码写给你们。"

于是，潘老师将电话号码写了下来，拿到电话号码之后，孩子们一起对潘老师说："谢谢！"回到班级，孩子们提议马上给消防员叔叔打电话。

晞彤："打给马叔叔，潘老师给了我们马叔叔电话。"

老师："那谁来打这个电话呢？"

晞彤："我来打。"

图1-7-11　咨询消防员叔叔的电话

图1-7-12　潘老师把电话号码交给孩子

于是，老师拨打了消防大队马队长的电话，跟他说了打电话的原因后，便将电话放免提交给晞彤。

晞彤："马叔叔，您好!我是建安新村幼儿园小一班的小朋友，谢谢你们给我们进行精彩的表演，我们小一班的小朋友做了一本纪念册送给你们，能不能给我们一个地址，我们要寄快递给你。"

马叔叔："谢谢小朋友! 我的地址是：宝安区21区兴华二路141号消防大队。等一会儿我把地址发给你的老师就可以了。"

晞彤："谢谢马叔叔。"

马叔叔："不用谢。"

活动小结

在不知道消防员叔叔电话的情况下，佳颖能想到求助幼儿园的工作人员，这是老师没有想到的。从这里可以看出，佳颖有了一定思考问题及解决问题的能力。在寻求潘老师帮助时，孩子们能主动、大方地与潘老师问好，能正确表达自己的需要和想法，有礼貌地、清楚地提出请求，最后主动跟潘老师说谢谢，从中可以看出小班孩子已经具备了较好的语言表达能力，而且有了文明的语言习惯和交往礼貌意识。晞彤能迅速整合自己的语言，完整、清晰地询问消防员叔叔的地址，语言表达能力较强；打电话过程中，她会主动说"您好、谢谢"等，可见，她能熟练地使用礼貌用语。

活动6：寄感谢册

问到了消防员叔叔的地址和电话，教师打快递电话请快递员上门收件。教师拿出了平时留存的空白快递单，一边填写快递单，一边向孩子们介绍快递单上需填写的信息。

　　填完之后，教师拿出一张50元人民币，问："寄快递需要付快递费，这是50元人民币，你们谁付款？"

　　辰辰："我负责付款。"

　　晞彤、涵涵："我们拿着装好的快递。"

　　商量好之后，老师把钱给了辰辰，晞彤和涵涵主动拿起感谢册，其他孩子也兴高采烈地跟着走到了幼儿园门卫室。

　　孩子们见到快递员叔叔，兴奋地说："叔叔好，我们要寄快递。"

　　快递员叔叔："寄什么呢？"

　　幼儿："感谢册。"

　　快递员叔叔："可以啊。寄到哪里？"

　　幼儿："宝安消防大队，马叔叔那里。"

图1-7-13　填写快递单

图1-7-14　介绍快递单

图1-7-15　幼儿将感谢册拿
　　　　　给快递员

图1-7-16　幼儿与快递员聊天

快递员叔叔："好。没问题。"

幼儿："谢谢叔叔。"

快递员叔叔从晞彤和涵涵手中接过感谢册，并把快递单贴在了包装袋上。

涵涵："谢谢，请记得帮我们送到消防大队给马叔叔。"

辰辰拿出50块钱递给快递员："叔叔，给你。"

快递员叔叔："寄到消防大队只要12块，来，这是找给你的钱。"

辰辰接过钱："谢谢叔叔。"

快递员叔叔取件后准备离开幼儿园。

幼儿："再见，谢谢叔叔。"

快递员叔叔："再见。"

活动小结

　　孩子们通过直接感知、亲身体验，初步了解了寄快递的方法与经验，学习了如何与快递员叔叔交流，当快递员叔叔离开时，全体孩子主动说再见、谢谢。整个过程中，孩子们的表达能力、交往能力、合作能力、生活能力得到了发展。

四、活动解析

　　"谢谢消防员叔叔"最初的目的是引导幼儿用"说出来"的方式表达自己对消防员的感恩之心。活动从分享谈话到感谢卡的制作，到家长参与进来的感谢册制作，再到寄送快递，活动的内容一步步拓展，活动的目的性也不断增强。案例中，教师能从一次消防演习中，发现有价值的社会情感教育问题，即幼儿在亲眼见证消防演习中消防员的特殊职业的基础上，往往会产生惊叹、崇拜之情。从幼儿制作感谢卡、记录感谢语上，我们可以感受到他们对消防员职业的理解和尊重。因此，此类活动的开展和深入需要幼儿对消防员充满信任和崇敬。教师从幼儿的言语中把握关键点，引导活动朝着善意的、帮助他们出好主意的方向发展，使幼儿亲身体验表达感恩之情。

　　幼儿在给消防员叔叔送感谢册的活动中始终保持着高度的兴趣和愉悦的情绪，在实际的问题解决过程中，他们能主动地运用生活经验来解决实际问题；幼儿在运用语言进行交流的同时，也在发展着人际交往能力、理解他人、组织自己思想的能力。正如《3—6岁儿童学习与发展指南》提出："幼儿的语言学习需要相应的社会经验支持。"与不同职业的人、用不同的途径（打电话、面对面、绘画等）与人交流，可以拓展他们的生活经验，增强理解和表达能力，从而实现"通过语言获取信息，幼儿的学习逐步超越个体的直接感知"的目的。

孵 小 鸡

执教老师：杨碧莲
指导老师：张兴梅

一、活动来源

早餐时间，孩子们正在吃鸡蛋，嘉嘉一边吃一边分享自己曾经吃到过两个蛋黄的鸡蛋。

喆宽："我奶奶说，要是两个蛋黄的鸡蛋就会生出两个小鸡。"

俊煜："才不是呢，小鸡是鸡妈妈生出来的。鸡蛋是用来吃的。"

炜炜："哈哈哈，小鸡就是从鸡蛋里生出来的，鸡妈妈孵出来的。"

钦云："可是这个鸡蛋里打开都没有小鸡啊，你看，这里只有蛋黄和蛋白。"

佳沁："对对对，我在电视上看到过小鸡是从鸡蛋里出来的。"

雨菲："鸡蛋它是怎么变成小鸡的？"

森元："这到底是怎么一回事呢？"

整个餐后时间里，孩子们也都在围绕着这个话题议论着。孩子们对于"小鸡是怎么从鸡蛋里孵出来的"有着极大的探索兴趣。"生命"自古以来就充满着无尽的未知。在孩子们的眼里，"生命"是简单而又神奇的。因此，"孵小鸡"可以是一次探索生命奥秘的尝试。

二、活动期望

《3—6岁儿童学习与发展指南》指出："成人善于发现和保护幼儿的好奇心，充分利用自然和实际生活机会，引导幼儿通过观察、比较、操作、实验等方法，学习发现问题、分析问题和解决问题。"我们期待幼儿通过自己亲自"孵小鸡"，了解鸡蛋的构成和小鸡孵出来的过程，在活动中学会坚持、等待，学会关爱动物，并能给予力所能及的帮助。

三、活动过程

活动1：认识孵蛋器

老师决定支持孩子们亲自开展一次孵小鸡的活动。家委会的家长们给班级买来了孵蛋器。老师向孩子们出示了孵蛋器，孩子们很激动，围着孵蛋器左看右看。

宸茜："老师，这孵蛋器要怎么用呀？"

佳沁："这个箱子就能孵蛋吗？有点像我们去超市买鸡蛋装的（蛋托）。"

雅楠："老师，把蛋放在里面就可以有小鸡吗？"

炜炜："这些长长的管子是什么？还有一个滴水器，哈哈！"

钦云："老师你看看箱子里有没有说明书？说明书上有写很多字，会告诉我们方法的。"

世哲："老师，你念一下给我们听吧！"

老师给孩子们读说明书上的文字，并且把重点内容用图文的形式贴在教室里。

孵蛋步骤：

① 把种蛋大的一头向上，放进孵蛋箱；

② 启动孵化器（需要在加湿器里面加水，设定38 ℃的温度）；

③ 第1~7天孵化（需要定时加湿，把鸡蛋翻个身）；

④ 第7天的时候要用照蛋器检查鸡蛋有没有阴影（没有阴影就是孵化失败的蛋，要拿出来）；

⑤ 第8~15天再继续孵化，第15天的时候再用照蛋器检查鸡蛋，鸡蛋全部都有阴影，说明鸡蛋发育很好哦；

⑥ 第16~18天，继续孵化（要记得加水、翻蛋哦！）；

⑦ 第18天，需要把鸡蛋拿出来，撤掉蛋盘加湿器，换成网格，继续孵化；

⑧ 第21天，小鸡有可能就出来了哦。

孩子们纷纷问起自己还不明白的地方。

雅楠："老师，这个数字（显示屏上的温度）是孵小鸡要的温度吗？"

森元："把鸡蛋放进这个凹下去的位置，打开开关就能孵小鸡了吗？"

老师："是的，孵小鸡需要一定的温度，把鸡蛋放进去，开关打开之后，箱子会自动设定适合的温度呢！"

炜炜："那我们第7天的时候要把每个鸡蛋都拿出来照一照吗？"

喆宽："是啊，要照两次呢！要看鸡蛋有没有小鸡在里面。"

老师："对的，老师把孵蛋的方法记录下来，贴在我们的谈话墙上，小朋友们可以自己去认真读一读孵小鸡都有哪些步骤。那我们要用什么样的鸡蛋来孵小鸡呢？"

了解了孵蛋器的使用方法后，孩子们都非常迫切地想要孵小鸡。

喆宽："老师，我家里有蛋，我明天带来放进孵蛋器里？"

俊煜："我家里也有，我也可以带来。"

老师："你们觉得我们平时吃的蛋可以孵出小鸡吗？"

俊煜："不知道呀，应该可以吧。"

炜炜："当然，鸡就是鸡蛋孵出来的。"

雨菲："不对，刚刚老师说了要'重（种）蛋'！就是要比较重的鸡蛋，太小的不行。"

……

老师："这样吧，今天晚上回去问问爸爸妈妈什么样的鸡蛋才能孵出小鸡来。"

活动小结

孵蛋器的到来，让孩子们纷纷对"孵蛋"产生了各种猜测。他们不仅对孵蛋器内部的"零件"好奇，还对孵蛋器的使用方法感兴趣。从他们的讨论中可以看出，"说明书"的经验已经内化成了他们的解决方法。教师用图文的形式将孵蛋步骤一一标注出来，让孩子们更加清晰孵蛋的过程和方法。有了孵蛋器，孩子们又有了新的问题："是不是所有的蛋都能孵出小鸡呢？"从他们的回答中，教师发现关于孵化鸡蛋所用的"受精蛋"，孩子们一无所知，而这恰恰是孵小鸡活动成功的关键。于是，教师引导孩子们回去问问爸爸妈妈，关于"受精蛋"的探究即将开始。

活动2：认识"受精蛋"

第二天，知道班级里要孵小鸡，热心的家长们在市场中买来了十颗"受精蛋"交给了老师，喆宽来园时也带来了两颗家里的鸡蛋。晨谈时，老师组织孩子们认识"受精蛋"。

老师："我们来观察一下，老师手里拿的这一颗蛋，和喆宽拿来的这颗鸡蛋有什么不一样吗？"

森元："没有什么不一样，都长得有点像。"

老师："是的呢，这两颗蛋外表看起来有点像。老师拿的这颗叫'受精蛋'，喆宽的这颗是我们平常吃的普通鸡蛋。我们上网查一查，这两颗蛋有什么不一样的地方。"

通过图片和视频的学习和讨论，孩子们了解到：只有"受精蛋"才能孵出小鸡。在黑暗的环境下，用手电筒的灯光照射能看到黑点的就是"受精蛋"。老师用手电筒演示了一遍怎么看到"受精蛋"的黑点。

欣诺："哦！我明白了！我们平常吃的蛋里面没有小鸡，孵不出小鸡的。"

辰辰："孵小鸡要用手电筒照，有黑点的鸡蛋。"

雨菲："原来照着看有黑点的鸡蛋是'受精蛋'啊！"

雅楠："老师，我想看看这些蛋有没有黑点。"

孩子们都想看一看哪些是能孵化的"受精蛋"。

老师："在哪里来照会比较合适呢？"

喆宽："我们可以在科学区，把科学区的灯给关了，这样就可以了。"

于是，老师把家长买来的"受精蛋"和喆宽带过来的普通鸡蛋拿进小房间，让孩子们亲自观察。找到了合适的地方后，孩子们开始了忙碌的工作。

俊煜："哎呀，这个蛋我怎么看不到黑点，这一定不是'受精蛋'。"

炜炜："你快看，我把手电筒放在中间就看不到，要放在大大的这一头才能看见。"

钦云："有小黑点，就是有小鸡，小鸡就会在里面慢慢长大。"

活动小结

当发现孩子们对孵化小鸡所用的关键材料——"受精蛋"一无所知时，老师适时地利用了家长送来的"受精蛋"和喆宽拿的普通鸡蛋进行对比和展示；同时，结合网上收集的视频和图片，直观地给予了孩子们"受精蛋"的相关知识。根据孩子们的谈话可以看出，他们开始把"受精蛋"和"孵小鸡"建立了一定的关联，初步学会了区分"受精蛋"和普通鸡蛋。

活动3：开始孵化

知道"受精蛋"可以孵出小鸡后，孩子们跃跃欲试。他们将自己找到的"受精蛋"，在

图2-1-1 放鸡蛋

图2-1-2 摆放好的鸡蛋

老师的引导下，按照说明书上的方法，一个一个地将鸡蛋放入孵蛋器，开始孵化小鸡啦！

喆宽："你放一个，我放一个，这样就不会打烂了。"

俊煜："鸡蛋放得好整齐啊，小鸡生出来也会这样排队吗？"

喆宽："我也不知道，我好想看到小鸡生出来哦！"

俊煜："我也想看。它们一定会生出来的。"

为了更好地照顾正在孵化的鸡蛋，老师准备了一本"小鸡成长记"，鼓励每天到科学区观察鸡蛋孵化情况的孩子把自己的发现记录下来。

喆宽、俊煜、诺婷放好鸡蛋后，把自己发现的"受精蛋"的特征记录下来，还主动请老师帮忙配上文字记录。

孵化小鸡需要一定的湿度和温度。为了保证每个"受精蛋"都能顺利孵出小鸡，孩子们提议在月历上标记好时间，每隔三天，值日生就要负责往孵蛋器里加水、翻蛋。

第三天的时候，炜炜和几个小朋友负责给鸡蛋孵化器加水。加完水之后，他们还摸了摸蛋盘里正在孵化的蛋。

喆宽："水加好快点把盖子盖上，小鸡都要冻僵啦！"

俊煜："要轻点盖上，还要按温度。"

炜炜："老师，你快看，这些蛋壳上有好多的白色点点啊！"

钦云："这些鸡蛋摸起来烫烫的。"

孩子们每天都期待孵蛋器里鸡蛋的变化。第4天，区域活动时，几个孩子在科学区观察鸡蛋，他们发现有一个鸡蛋发生了变化：他们用照蛋器观察鸡蛋的时候，在一个鸡蛋里面看到了血丝！喆宽和肖睿兴奋地拉着老师过去看，手舞足蹈地分享着他们的发现。

喆宽："老师你快看，鸡蛋有红色的线，是脏东西吗？"

俊煜："咦？和第一天看到的不一样啊！"

炜炜："老师，那是什么呀？好奇怪啊！"

老师："这是鸡蛋里的胚胎在发育，能看到许多的血管。"

图2-1-3　幼儿记录

图2-1-4　第一天的鸡蛋

图2-1-5　加水

图2-1-6　一起观察鸡蛋

图2-1-7　发现血丝

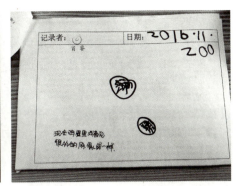
图2-1-8　幼儿记录

　　第7天，孵蛋器里的鸡蛋又有了新变化。书颖和雨菲在用照蛋器看"受精蛋"的时候，发现鸡蛋有一团黑黑的、像阴影一样的东西。

　　书颖："老师，这是什么？怎么上面黑黑的？"

　　雨菲："是不是小鸡的样子？"

　　森元："这可能是一个小鸡，它还在鸡蛋里面，很快它就会出来了。"

　　老师："你们看到有阴影说明这是一个发育得很好的受精蛋。小鸡的胚胎要长大，它需要不断吸收蛋黄里的营养，还要呼吸空气。"

　　第10天，孵小鸡又有了新进展。佳沁从孵化箱里拿出来一颗"受精蛋"准备观察时，她觉得这颗蛋比之前放进箱子的鸡蛋都要重。

　　佳沁："老师，这个蛋为什么这么重啊？它好重哦。"

　　逸轩："鸡蛋里面怎么变黑了？是小鸡死了吗？"

　　炜炜："会不会是孵蛋器把小鸡给烤熟了？"

　　老师："小鸡胚胎在发育的时候会比平时要重一些。你们可以回家和爸爸妈妈找一找资料，看看孵小鸡的过程中，鸡蛋是怎么变化的。"

图2-1-9　"受精蛋"有沉淀物

图2-1-10　幼儿记录

第15天，玫臻惊奇地发现"受精蛋"里好像长出了小鸡的爪子。

玫臻："这是小爪子吗？我看到小鸡的爪子了。"

钦云指着"受精蛋"黑黑的地方问："这是小鸡吗？小鸡好黑啊！"

图2-1-11　发现好像有爪子

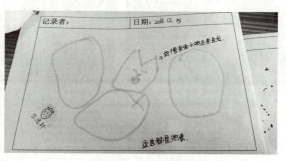

图2-1-12　幼儿记录

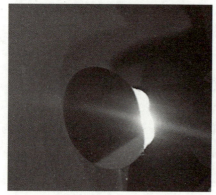

图2-1-13　第15天的蛋

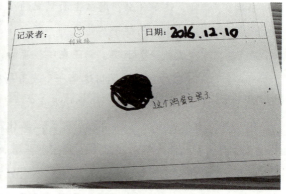

图2-1-14　幼儿记录

第20天，星期一大早，焦泽来到班里，好像听到小鸡的叫声。他以为是小鸡出来了，打开孵蛋器，发现里面并没有小鸡。喆宽和俊煜凑过来看，发现原来"叽叽叽"的叫声是从其中一个鸡蛋里发出来的。听到叫声后，孩子们既兴奋又好奇：小鸡到底什么时候出来。

焦泽（指着孵蛋箱）："小鸡的叫声好好听呀！"

俊煜："我觉得像是小鸟的叫声。"

喆宽把耳朵贴近鸡蛋："天啊，小鸡真的在里面叫了！"

钦云："小鸡在里面出不来吗？要不要帮帮它？"

佳沁："它一定在说'我要出来、我要出来！'"

森元："孵蛋方法说要21天呢。"

老师："健康的小鸡会自己破壳出来哦！我们再耐心等一等吧！"

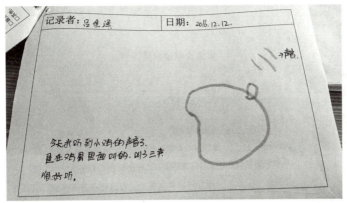

图2-1-15 幼儿记录

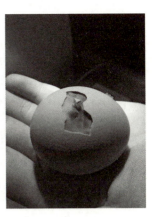

图2-1-16 小鸡破壳了

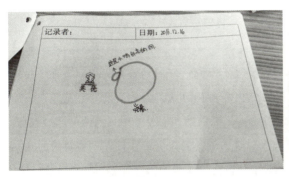

图2-1-17 幼儿记录

图2-1-18 观察小鸡

为了不让孩子们错过看到小鸡出壳的样子，老师将相机放在一边全程录像，期待第二天孩子们能看到小鸡破壳而出的样子。第二天早上，孩子们来园的时候，还是没有看到小鸡破壳而出，只看见破了个洞，从洞里还能看见小鸡的嘴巴，它还一直发出"叽叽叽"的叫声。看到鸡蛋里的小鸡，孩子们兴奋极了！可是这些调皮的小家伙让孩子们等了一上午都没有出来。午睡起床后，他们的第一件事就是去看看小鸡出来没有。

"有一只小鸡出来了！"焦泽惊喜地喊道。孩子们纷纷围过去看。原来在孩子们睡午觉的时候，有一只小鸡悄悄地啄破了蛋壳出来了。

喆宽："老师这个小鸡的嘴巴是黄色的，还有毛耶！"

俊煜："哎呀，我看到了红色的血！"

炜炜："小鸡身上湿嗒嗒的，它会不会很冷？"

钦云："它一定想找她的妈妈了，怎么办？它饿了怎么办？"

喆宽："我们就是它爸爸妈妈了呀，我们要好好照顾它了。"

佳沁："那我们给它做个小床？"

图2-1-19 小鸡出生了

图2-1-20 幼儿记录

活动小结

在为期21天的孵化过程中，孩子们能一直坚持翻蛋、做记录，还有部分孩子能够仔细观察、发现受精蛋的细微变化（如发现"红血丝"、胚胎期蛋会变重、看见"鸡爪子"、听见小鸡的叫声等），还能将看到的变化用画画的方式记录下来。可见，真正的探究应该基于孩子的兴趣，能够激发他们主动探究的热情。从一枚完整的鸡蛋到一只小鸡的诞生，"受精蛋"的每一个变化，都引起了孩子们的观察和讨论，在持续的观察和比较中更能使他们获得新的发现和新的收获，这也是吸引孩子们在这一较长的时间段里始终积极观察、主动探究的动力。当小鸡出壳后，孩子们自觉地承担起了"鸡爸爸和鸡妈妈"的工作，又开始为小鸡的吃、住操心了。

活动4：温暖有爱的房子

小鸡孵出来了，大家都在想办法给小鸡做一个温暖又舒适的家。知道小鸡已经孵出来，喆宽爸爸拿来了一些软软的木屑。

喆宽："我爸爸说这个木屑可以给小鸡保暖。"

俊煜："这样小鸡就很舒服了，我家养的小鸟的鸟笼子里也有这个木屑，我妈妈说这样能保温。"

佳沁："我觉得我们还要给它换个舒服的床。"

雨菲："要做一个暖暖的家。不然天气太冷了，它会冻坏的。"

喆宽："这个报纸折一折放到盒子里，小鸡就会舒服一点。"

老师："你们的想法很好。老师这里有一个塑料盒子和一盒大纸箱，你们看看能不能给小鸡当家。"

图2-1-21　铺上报纸、木屑做家

图2-1-22　铺上纸巾

图2-1-23　观察小鸡的状态1

图2-1-24　观察小鸡的状态2

俊煜："这个盒子刚刚好！我们就用它吧！"

书颖："我觉得大纸箱比较好，可以放下更多的小鸡。"

图2-1-25　幼儿记录

森元："我们做两个家就好啦！其他的小鸡生出来了，两个家都可以住。"

孩子们决定用纸箱和塑料盒子给小鸡做两个家。于是，他们在底部铺上报纸、纸巾，再铺上木屑，把小鸡轻轻地放进盒子里。

俊煜："哥哥，你快抓多一点儿木屑，抓多一点儿。"

喆宽："快看啊，小鸡拉屎了！不行，我们要放个纸巾在上面，这样小鸡拉屎就不会弄脏了。"

佳沁："对，我们的盒子也要放纸巾。"

炜炜："你要轻一点儿，小鸡会被你吓到的。"

书颖："我觉得它好像有点儿害怕。"

雨菲："它们有点儿发抖的样子，会不会是饿了？"

森元："我们喂它吃东西吧，它吃什么呀？"

孩子们观察着刚刚出生的小鸡，你一言我一语地议论起来。

活动小结

当小鸡成功孵出来以后，孩子们的第一反应是：现在天气这么冷，小鸡会被冻坏的。于是，他们从"关心""呵护"的角度出发，自发地给小鸡造温暖的房子。从做房子的过程中可以发现，中班孩子在游戏中慢慢学会了协商分工：俊煜、喆宽、炜炜、佳沁在做房子的时候已经有明确的分工意识（抓木屑的、铺纸巾的、拿小鸡的……）。在这个过程中，有养宠物经验的孩子（俊煜、喆宽）也会根据自己的经验提出相关的建议（放木屑、铺纸巾）。可见，孩子们在关心他人、听取他人意见方面获得了进一步的发展。

活动5：小鸡吃什么？

小鸡有了一个温暖又舒适的家以后，孩子们又有了新的问题。

喆宽："老师，小鸡吃什么？它不吃东西会饿死的。"

老师："是呀，小鸡吃什么呢？"

俊煜："没关系，老师，我家以前有养小鸟，我可以回家问问我妈妈。"

嘉泽："我也可以问我姥姥，她养了一只狗狗。"

老师："听起来大家都可以自己找到答案，那请你们回家找大人问一问、查一查资料，看看小鸡到底吃什么。"

第二天，孩子们从家里带来各种各样的食物：有的带了大米，有的带了小米，有的将大米磨碎了，有的带了泡过水的米，还有一些带来了小米粥……晨谈区放满了各种给小鸡的食物。小鸡会吃什么呢？晨会上孩子们又进行了一次讨论和分享。

喆宽："我带了三种食物，小鸡现在要吃泡过水的米，它们长大一点之后要吃磨碎的米，再长大一点就可以吃大米了。"

俊煜："我带了小米粥，还有一些大米，小鸡喜欢吃什么就给它吃什么。"

炜炜："我在电视上看见小鸡吃蚯蚓的，我们可以去挖蚯蚓。"

钦云："我在电视上看到的是吃毛毛虫和小虫子。"

佳沁："吃饲料啊，小鸡有饲料的，我昨天听到杨老师和林老师说要买饲料给小鸡吃。"

图2-1-26 照顾小鸡

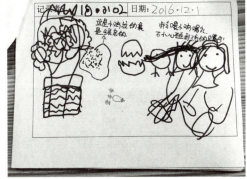
图2-1-27 小鸡喂养记录

俊煜："我以前养小鸟的时候，我妈妈都是喂小鸟吃饲料的。"

嘉泽："我姥姥说吃饭也可以，可以把我们吃不完的饭给它们吃。"

老师："你们说的食物都是鸡会吃的东西，小鸡喜欢吃什么，每次要喂多少？我们怎么样才能知道呢？"

森元："我们吃饭的时候也给它们吃，跟我们一样应该就可以了。"

焦泽："我觉得一天喂两次就好了。它们很小，不能吃太多。"

逸轩："对，喂太多会撑坏的。"

孩子们都表示要按照幼儿园吃饭的时间来喂小鸡。经过一番讨论，他们决定先给小鸡吃小黄米和泡过水的米，然后再观察小鸡喜欢吃什么。

喆宽一边给小鸡倒水，一边自言自语："小鸡快喝水吧，你拉的屎都变绿色了，一定是上火了。"

俊煜："小鸡喜欢吃泡过水的米，只吃一点点就好了。"

嘉泽："你们看，它真的会吃（小米）。它应该喜欢吃这个。"

雨菲："它一直吃，它很饿了吧！"

……

活动小结

解决了住的问题，又开始解决吃的问题，孩子们在照顾小鸡的时候，俨然成了"鸡爸爸和鸡妈妈"。他们认真地用自己的生活经验来帮助小鸡解决食物问题。教师以不失时机地提问（小鸡到底吃什么、每次要喂多少），将问题抛给孩子，激发孩子们的好奇心和再观察的愿望。孩子们能在问题的引领下主动而认真地探究，从中获得有价值的知识经验（怎么照顾小鸡）。在这个过程中，教师要做的就是帮助他们梳理问题，并提供机会让他们一个一个地去验证答案。

活动6：我给小鸡起名字

有一天，餐后看图书的时候，有两个孩子在小声交流。

辰辰："你觉得小鸡要叫什么好听？"

欣诺："叫它超级小鸡，怎么样？"

……

这个话题引起了旁边小伙伴的注意。宸茜、雅楠、世哲也纷纷加入了给小鸡起名字的讨论。老师听到后，决定利用晨会时间和孩子们一起讨论给小鸡起名字。

老师："听说你们给小鸡起了名字？"

欣诺："我们想叫它超级小鸡！"

果果："我觉得叫哥哥比较好听。"

佳颖："叫千千吧！"

诺婷："叫花花好听，它头上有点花花的图案。"

吴优："叫宝宝吧，它是我们的鸡宝宝。"

对于小鸡到底叫什么名字，孩子们仍然争持不下。最后老师决定用投票的方式决定小鸡的名字。投票结果出来，最后果果给小鸡起的名字"哥哥"以14票通过。虽然自己起的名字没有被选上，但是他们对"哥哥"这个名字也特别满意。

喆宽："它是第一个出来的，是所有小鸡的哥哥。"

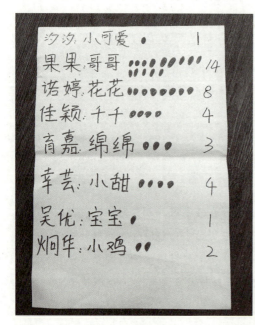

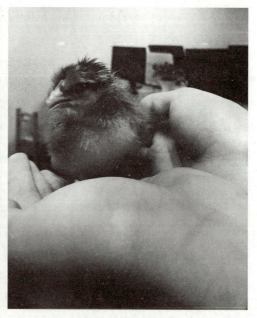

图2-1-28　投票结果　　　　　　　　图2-1-29　哥哥

汐汐："老师，我们想的名字可以给后面出生的小鸡用吗？"

老师："当然可以！等所有的鸡宝宝出生，我们再一个一个来给它们取名字。"

一个星期以后，果果、焦泽和书颖在观察的时候，发现了另一只鸡蛋里面也有"叽叽叽"的叫声。他们仔细一看，鸡蛋的一端也有一个小小的口子。孩子们手舞足蹈地说："哥哥的妹妹马上就要出生啦！"有了第一次的经验，这次他们淡定多了。昕玥连忙表示："你们不要这么着急，现在这个洞口小小的，明天我们的'妹妹'就会出来了。"果然，第二天，班级里的第二只小鸡也出生了。班级里陆陆续续多了八只小鸡，孩子们又开始为小鸡找更大的家"头疼"了。

活动小结

每个人都有属于自己的名字，当小鸡的住所和食物问题解决后，孩子们又开始对名字感兴趣了。显然，他们已经把小鸡当成是班级中的一分子了，确定名字是以投票的方式进行的，使孩子们逐渐地理解讨论和结论形成的过程，让孩子们知道了在集体中要尊重大多数人的意见。有了"哥哥"的存在，孩子们一起期盼"妹妹"的出来。"哥哥"出生一星期后，第二只小鸡才有动静，老师曾和孩子协商是否放弃其他蛋的孵化，但孩子们坚决要继续等待。这时，从他们的眼睛里看到了"不轻易放弃"的决心。当小鸡的数量越来越多、小鸡越长越大，寻找更适合小鸡生活的"家"又成了孩子们下一个探究的动向。

四、活动解析

"孵小鸡"是幼儿对一颗"鸡蛋"的讨论中生成的探究活动。经过认识受精蛋，再到亲历21天鸡蛋的孵化，幼儿对蛋可以孵化、小鸡是受精蛋孵化而来的有了更直观的感知；在照顾小鸡、给小鸡起名字的过程中，他们对小鸡、对生命有了一个初步的总体认知（知道小鸡会长大、每个小鸡都有不同的部分等）。从"有规律地给小鸡喂食"可见，他们萌发了初步的、基础的生态观（按自然规律开展饲养活动）。

"真正的探究应该是教师和幼儿一起经历的。"当幼儿提出"鸡蛋怎么变成小鸡的？""平时我们吃的鸡蛋里面有小鸡吗？""这个蛋为什么这么重啊？""小鸡吃什么呀？"等问题时，有些问题也是教师预先不知道的。当幼儿提出这些问题时，教师同样本着"自己观察""自己发现""自己寻求答案"的心态和幼儿一起期盼。这种尊重事实的态度，潜移默化地影响着幼儿，也使他们的探究热情更加高涨。

班有萌龟

执教老师：黄清

指导老师：谢婷 白宇

一、活动来源

培原从家里带来了两只乌龟放在自然角，孩子们看到乌龟非常喜欢，都想要去摸摸它，碰碰它。看着在水缸里爬来爬去的乌龟，孩子们对它产生了极大的兴趣，"快看快看，它伸出脖子了""它的脚上有像鸭子的脚一样的东西（蹼）""它背上的壳很硬啊，像石头一样""它把脖子缩回去了，脚也缩回去了"……

这位"小客人"的到来让孩子们感到兴奋又好奇，孩子们每天来到班级的第一件事情就是去跟"小客人"打声招呼，问个好……

二、活动期望

小乌龟是我们生活中随处可见的小动物，也是幼儿喜爱的动物之一。幼儿园班级经常会养乌龟，教师发现幼儿在饲养乌龟的过程中对其生活习性并不了解，饲养方法不正确，不少乌龟在幼儿的"照顾"下死去。借此契机，教师期望幼儿在饲养乌龟的过程中，了解乌龟的外形特征和生活习性，能根据乌龟的生活习性学会照顾乌龟，从而萌发对小动物的喜爱和尊重生命的情感。

三、活动过程

活动1：我给萌龟取名字

周一早上，梓溪第一个来到班级，放下书包就直奔自然角。他对着盆子里的乌龟轻轻地问："乌龟，你叫什么名字啊？我叫吕梓溪。你告诉我，你叫什么名字？"这时陆陆续续有小朋友进班级了，大家都围了上来："小乌龟，我叫林小美"，"我叫王棣"，"我叫凌霄"……一时间，班级就热闹了起来。

老师："两只乌龟都叫乌龟，怎么区分它们呢？"

孩子们不约而同地说:"给乌龟取个名字吧,这样我们就能分清楚了。"

王棣:"我给乌龟取名叫点点。"

云溪:"我给乌龟取名叫可爱。"

宸宸:"叫笑笑。"

凌霄:"我给乌龟取名叫花花。"

煜琨:"叫乖乖。"

培原:"我给乌龟取名叫豆豆。"

瑾涵:"叫听话。"

心语:"我给乌龟取名叫小宝石。"

骏烨:"我给乌龟取名叫小知。"

老师:"小乌龟已经有9个名字了,还有谁要给它起名字?"

嘉瑞:"那么多的名字,小乌龟叫哪个好呢?"

梓溪:"我们把名字给小乌龟读一遍,看看它喜欢哪个。"

培原:"乌龟又听不懂人说话,怎么知道我们在说什么。"

蔚晨:"我们石头剪刀布,谁赢了就选大家都喜欢的。"

老师:"这个方法可以试试。"

(孩子们尝试)

凌霄:"老师,不行,太多小朋友了,我都数不清谁赢了。"

老师:"那还有没有别的办法?"

幼儿:"没有了。"

老师:"老师想到一个办法,我们可以投票,就是把这些名字写出来,你喜欢哪个就在名字后面做记号,最后,数一数哪个名字后面记号最多,最多的就是小乌龟的名字。"

孩子们一致通过。于是,大家进行投票。"点点和花花"获得了最高的两个票数,

图2-2-1 石头剪刀布的方式决定乌龟的名字(失败)

图2-2-2 教师教孩子怎么统计

图2-2-3　教师和小朋友一起统计票数

图2-2-4　最高票数的名字是点点和花花

票数分别是10票和8票。最后在孩子们商量统一意见后，大家把大乌龟叫"点点"，小乌龟叫"花花"。孩子们的小乌龟有了新名字，他们把乌龟放到动物角的白色透明的盒子里，在盒子里装了满满的水，大家看着乌龟在水里游，轻声喊它们的名字。

活动小结

　　给乌龟取名字，这是孩子们生活经验的成功迁移，但是孩子们的想法不一，怎样才能统一意见呢？中班孩子已经有过用游戏"石头剪刀布"来协商的经验，于是孩子们首先想到了这个方法，但是由于人数太多，这个游戏并不好操作，最终也没办法统一意见，孩子们似乎没有更好的办法来解决问题。此时教师并未直接否定孩子们的想法，而是支持和鼓励他们勇敢尝试，当他们发现问题，却没有更好的解决办法时，教师适时地介入：提出用统计的方法统一意见，但选择的主动权依然交给孩子，通过投票的方式孩子们最终选出乌龟的名字，皆大欢喜，这个策略既尊重了孩子们的想法，也丰富了孩子们的经验。

活动2：乌龟"出走了"

　　周一回来，心语小朋友第一个发现"点点"不见了，这可是件大事，这下急坏了班上的孩子，大家纷纷议论了起来。

　　晓彤："点点是不是给人偷走了？"

　　王棣："可能是它出去玩了。"

　　培原："它去找妈妈了吧？"

　　瑾涵："我觉得它饿了，去找吃的去了。"

　　心语："我们每天都喂它吃东西，它不饿的。"

图2-2-5　乌龟哪儿去了？　　图2-2-6　看看乌龟是不是躲　　图2-2-7　到走廊上找乌龟
　　　　　　　　　　　　　　　　　　在这儿？

王棣："它可能不喜欢我们给的吃的东西。"

梓溪："它在外面会不会没有东西吃？"

翎之："老师，点点会不会死掉了？"

老师："你们说的情况都有可能，现在我们最重要的事情是先找到它。"

晓彤："嗯，乌龟爬得慢，它可能不会下楼梯。"

培原："我们现在去走廊找找，好不好？"

（孩子们一起出动找乌龟）

一上午过去了，孩子们都没有发现小乌龟的踪影，大家心情都很沮丧，开始有些悲伤了……

中午在食堂，小一班的老师说他们班的饲养盒里不知道为什么多了一只乌龟，保安叔叔听到后说："我在走廊上发现的，不知道是哪个班的，就放到你们班的饲养盒里了。"黄老师听到好高兴，说就是自己班丢的乌龟。老师把这个好消息告诉了孩子们，孩子们欢呼起来，派出郑滕楠去把点点领回了班级。孩子们围着被领回的乌龟好兴奋。

翎之："点点，你吓坏我们了，我们以为你死了。"

骏烨："我没想过它死，只想到是逃走了。"

滕楠："为什么要逃走？我们很喜欢你啊。"

心语："肯定是觉得住得不舒服。"

晓彤："那它怎么才舒服？要抱抱亲亲它吗？"

嘉瑞："我不敢亲！"

瑾涵："肯定是它不想住在盒子里，盒子太小了，它想去外面玩。"

梓溪："那我们带它出去玩好不好？每天都带。"

老师："梓溪的提议很好，我们可以带乌龟出去玩，什么时候去呢？"

图2-2-8　继续找乌龟

图2-2-9　找到了乌龟

图2-2-10　欢迎点点回家

活动小结

乌龟失踪—讨论、寻找—找回乌龟—原因猜测，孩子们在对乌龟失踪的担心到寻回的兴奋这一过程中表达出对动物的关切，在关爱乌龟的情感影响下也提升了自己饲养的责任意识。孩子们开始质疑饲养的方法，大家重新对如何更好地照顾乌龟的吃、住、玩提出建议，经过讨论决定每天带乌龟出去玩。

活动3：带着点点和花花去散步

孩子们决定要带乌龟出去玩，什么时候去玩？谁带？老师组织幼儿开展了谈话。

老师："你们想什么时候带乌龟出去玩？"

煜琨："我们户外活动的时候去吧！"

暄怡："不行，那个时候操场上有很多人，把乌龟踩死怎么办？"

小钧："我想到了，可以在午餐后散步的时候。"

王棣："可以，反正我们也要散步。"

心语："就像小朋友每天吃完饭出去散步一样。"

蔚晨："还可以晒晒太阳。"

老师："那谁带它去？大家一起抢着带吗？"

培原："不行，万一抢它会把它弄疼的。"

骏烨："大家都想带它，那就轮流好不好？"

暄怡："我们每天都有值日生，让值日生带着。"

老师："那我们每天安排乌龟跟着值日生在午餐后一起散步，大家同意吗？"

图2-2-11　带乌龟到大榕树　　　　图2-2-12　小朋友们观察乌龟爬行的样子

图2-2-13　小朋友们与乌龟玩耍　　　图2-2-14　和点点、花花合影

孩子们纷纷表示赞同。

这天孩子们带着点点和花花到后面的花园去散步，它们到了大榕树下就开始四处爬，孩子们就一直跟着乌龟，看着乌龟。

煜琨："看，它们会翻跟头，用头的力量顶着草地把整个身体翻过去。"

暄怡："点点喜欢爬。"

小钧："花花喜欢趴着，有点懒，有时候会缩头晒太阳。"

王棣："点点比花花大一点。"

心语："不对，我看是一样大的呀。"

霆轩："可以用尺子量一下，看看谁大。"

　　从孩子们的谈话中发现，他们对乌龟表现出浓浓的关切之心（怕乌龟被人踩、怕争抢乌龟时弄疼它），并在教师的提醒下（那谁带它去？），提出轮流带乌龟，说明孩子们把规则（轮流）已经内化于心；在活动中，孩子们对两只乌龟爬行的动作、速度、不同的喜好（翻跟头、晒太阳、趴着）等，每个细微之处都观察得很仔细并进行对比。观察中孩子们对"哪个乌龟比较大"的问题有争议，由此引发了如何比较乌龟大小的探究。

活动4：测量、比一比乌龟的大小

　　在散步时，孩子们发现乌龟的个头不一样大，引发了测量乌龟的兴趣。霆轩说："可以用尺子量一下，看看谁大。"大家在操场的"科学探索箱"里找来了软尺，给点点和花花测量它们的乌龟壳有多长，孩子们对测量方法已经有了前期的经验。

　　在测量时，老师便问道："你们知道怎么用软尺测量吗？"

　　王棣："知道呀。"

　　心语："要拿着尺子的边对准乌龟的头。"

　　老师："为什么要拿着尺子的边，不从中间开始？"

　　心语："因为要从有个1的地方开始，1就是尺子的边，这样从1开始，到2，到3，一直看下去，到数字几就是几。"

　　暄怡："要一只手按着尺子开始的地方，要直直的。"

　　培原："对呀，尺子不能歪了，要不然就不准了。"

　　老师："原来是这样啊！软尺上面有很多标准数值的数字，可以在比较过程中让我们清楚看到被测量的东西有多长。看来你们已经学会测量了。"

　　蔚晨："嗯，因为我们经常量幼儿园的树。"

　　老师："如果没有软尺，怎么量？"

　　凌霄："哈哈，可以用眼睛看。"

　　老师："嗯，可以用目测的办法。"

　　蔚晨："还可以用手，看看比手大还是比手小。"

　　老师："这是对比的测量。看来你们懂的测量方法真多啊！我们来量量点点和花花谁大吧。"

　　大家经过测量，发现点点的龟壳是13厘米，花花的龟壳是11厘米；还发现点点和花花白白的肚子上有黑点花纹；花花肚皮脱了薄薄的一层皮。

　　渝然："你们看，我敢抓乌龟哦。"

图2-2-15　轩轩与暄怡测量花花的长度　　图2-2-16　轩轩与梓涵测量点点的长度　　图2-2-17　独自给点点测量

培原："我也敢啊。"

浩恩："老师，我不敢抓乌龟，我怕它咬我。"

老师："如果你怕，就不抓它；如果你想抓它，就注意抓的时候把手离它头的位置稍微远一点，别让它碰到你的手！"

过了一会儿，浩恩高兴地说："老师，你看我敢抓乌龟了，我想和乌龟照相。"

培原："我敢抓乌龟把它放在水里游泳哦！游泳的时候四只腿像我游泳一样要张开的。"

浩恩："是这样的吗？"（用手学乌龟游泳的样子）

老师："下一次，我们可以让乌龟游泳哦，看看它是怎么游泳的？会不会和培原说的一样，好吗？"

活动小结

孩子们已经掌握了软尺的作用及测量的方法，还能够想到用目测和参照物对比的方式进行测量，对测量有较好的经验基础，并且在测量时懂得分工合作（按乌龟、按软尺、看数字）。在活动过程中，个别孩子表示害怕接触乌龟，教师并不是单纯地鼓励不要害怕，而是给出了两个合理的建议供孩子做选择，体现了教师对孩子行为和感受的尊重、理解；在测量的过程，孩子们对乌龟怎样游泳很感兴趣，接下来，我们要往乌龟的习性方面继续探究下去。

活动5：乌龟游泳的发现

餐后，孩子们高兴地说想带点点和花花去游泳，于是，几个小伙伴把小乌龟带到了后面花园的草地上，先给它们冲了澡，然后装半盆水给乌龟游泳。小伙伴们趴在草地上看点点和花花游泳的时候，突然有很多新的发现。

奕辰："先给它们冲凉。"

浩恩："是呀，去游泳的时候先冲凉，再游泳。"

浩恩："看，花花会潜水，像爬着一样游泳。"

滕楠："点点在踢花花啦，点点要游过来，它要爬上去。"

翎之："花花在下面摸草地，点点浮起来。"

骏烨："花花的头探出来了，伸出来看到了上面。"

晓彤："它用手和脚一起游泳。"

图2-2-18　凌霄帮乌龟冲水

图2-2-19　凌霄和培原一起给乌龟洗澡

图2-2-20　小朋友们帮乌龟换水游泳

图2-2-21　小朋友们坐在草地上观察水中游泳的乌龟

图2-2-22　小朋友们观察乌龟游泳

梓溪："点点在花花的身上，把它压下去了。"

凌霄："它们像搭楼梯一样。"

奕辰："它们趴在一起，就是抱在一起啦，刚刚是点点抱花花，现在是花花抱点点。"

滕楠："花花推着点点走。"

凌霄："点点在漂浮游泳，花花是沉下去游泳。"

活动小结

在活动中，孩子们按照自己去游泳馆的经验先给乌龟冲凉，换水后再让乌龟游泳，这是一种经验的迁移；观察乌龟在水里游泳过程的各种动态和变化，对乌龟的游泳的形态描述得很清楚，从中总结出乌龟游泳的特点，并会用生动的词汇表述，如"漂浮""沉下去""探头""推"等。我们接下来顺着孩子们的思路，引导孩子进一步了解乌龟的种类和生活习性。

活动6：乌龟的种类与习性

晓彤："老师，我家里有乌龟哦，它是很小的。脸上还有红红的，但是我不知道它叫什么乌龟。"

培原："我也有乌龟啊，幼儿园那两只乌龟就是我的，它叫草龟，它吃棕色的食料。"

蔚晨："我见过不一样的乌龟，乌龟还有别的颜色的？"

老师："乌龟有很多种呢，我也知道有巴西龟、金钱龟等。"

心语："哇！好想看一下。"

云溪："我在动物园也见过草龟。"

老师："草龟是我们经常看到的，还有一些乌龟是我们很少看到的，那乌龟到底有多少种呢？"

培原："去网上查找资料。"

浩恩："回家问问爸爸妈妈。"

云溪："可以去动物园看看。"

老师："小朋友们想了这么多方法，有上网查的，有问爸爸妈妈的，有查书的，我觉得想的办法都很好。那大家回家

图2-2-23　和爸爸妈妈查找的资料

用你的办法找找答案，周一晨谈的时候，我们一起来分享你们查到的资料。"

周一时，老师组织小朋友围绕乌龟的种类及习性等问题进行分享。

骏烨："在网上查到了乌龟有260多种。有的生活在陆地上，有的生活在海里。"

浩恩："原来有这么多种呀。"

培原："对呀，我跟爸爸查了资料，草龟只是其中的一种，还有很多其他种类的乌龟。"

蔚晨："它喜欢吃小鱼、小虾，遇到惊吓会把尾巴和头缩进去。"

心语："我们班的乌龟确实是草龟，不能每天都喂食，给它喂食以后，要经常换水的。"

宸宸："还不能长时间浸泡在水里，每天需要换一次水。"

云溪："是的，乌龟不能一直在水里游泳，它会很累，会淹死的。"

滕楠："乌龟喜欢晒太阳。"

老师："我现在知道了乌龟分很多种，我们班的乌龟是草龟，它喜欢晒太阳，不能一直待在水里；要经常换水，而且乌龟背上容易有细菌，最好每天给它清洗。"

图2-2-24　认识乌龟的种类

图2-2-25　认识乌龟的生活习性

活动小结

　　通过与家长一起收集资料、实地参访动物园、来自教师的帮助等多种途径，孩子们了解了乌龟的知识和相关资料，如乌龟的种类、乌龟的喂食、乌龟的习性等图片和资料，孩子们更直观、较全面了解认识了乌龟。通过学习认识乌龟的种类和生活习性，孩子们懂得了乌龟是水陆两栖动物。乌龟属杂食性动物，喜欢吃小鱼、虾、蚯蚓以及动物尸体等。孩子们知道班级里养的乌龟的种类（属于草龟）以及换水的频率。教师把乌龟的相关资料放到了科学和语言区，以方便孩子们查看。

活动7：乌龟的诞生

这两天孩子们非常喜欢在班级阅读区看一本《乌龟的诞生》的书。在餐后活动中，孩子们提出："老师，乌龟是怎样生出来的？"为了帮助孩子们解决疑问，我们开展了一次科学活动"乌龟的诞生"。老师把书中的信息提取出来，做成了PPT给孩子们讲解，孩子们在活动中了解到下面的内容。

奕辰："只有雌龟会下蛋，它会找一个安全的地方，然后拉尿尿，土软了就趴着下蛋。"

骏烨："乌龟下蛋是从屁股的地方下出来的。"

云溪："乌龟最喜欢游泳，它的脚很有力气。"

蔚晨："乌龟和我们一样也会拉粑粑。"

老师："它的粑粑是什么颜色的呀？"

骏烨："各种颜色，吃什么就拉什么？嘿嘿！好臭。"说完捂着嘴巴笑了起来。

心语："哈哈！乌龟还喜欢晒太阳，它爬得更好。"

宸宸："乌龟会冬眠，它像木头人一样不会动的，到春天它就动起来。"

凌霄："乌龟能活很长很长，能活15年、30年。"

王棣："乌龟的龟蛋直径4厘米，就是这么长。"

暄怡："我知道乌龟是卵生的。"

老师："卵生？你们听说过吗？"

凌霄："我知道，就是乌龟妈妈先生一个蛋，乌龟宝宝再从蛋里出来。"

老师："原来卵生就是动物妈妈用产卵方式来繁殖的动物。还有哪些是卵生动物？"

梓溪："小鸟。"

骏烨："恐龙。"

图2-2-26　乌龟是这样诞生的

图2-2-27　骏烨回答蛋黄的作用

滕楠："蛇。"

老师："看来小朋友了解到的卵生动物很多啊。"

心语："还有小鸡。"

老师："是啊，还有青蛙、蝴蝶都是卵生动物。"

活动小结

孩子们对乌龟的诞生有着浓厚的兴趣，教师及时捕捉孩子们的兴趣并进一步延伸和拓展，通过阅读绘本进一步提升了孩子们对乌龟出生的整个变化和乌龟的生长过程的感知，并能够根据图画用简单的语言表述出来；加深了孩子们对乌龟的认知经验，还衍生出"卵生"这一概念，丰富了孩子们的知识经验。

四、活动解析

"班有萌龟"活动是一个在幼儿的兴趣支持下逐渐生成的活动。在活动过程中，教师将幼儿零散的经验整合，支持幼儿持续、延伸地探索；在饲养过程中，幼儿通过对乌龟的观察、尝试、总结、调整等方式，一步步拉近和乌龟的距离；通过亲身体验、借助网络、实地参访、家长与老师帮助、阅读绘本等多种途径，幼儿逐渐了解乌龟的生活习性和外形特征，知道乌龟的喜好和特点，学会照顾乌龟的方法，培养幼儿喜欢小动物的情感。

参与活动中，幼儿在不断地提出问题、发现问题、解决问题，通过亲身的体验丰富自己的经验，如测量乌龟大小，掌握获取信息的方法（参观动物园、网络、多媒体、绘本等方式），认识乌龟（种类、生活习性、外形特征、饲养小知识）。

在活动中，教师善于捕捉幼儿的兴趣点和抓住教育的契机，如"乌龟越狱""乌龟的诞生"，教师能从幼儿的对话中分析出他们对乌龟的认识水平。教师仔细倾听和观察幼儿的一言一行，从中获取幼儿的兴趣点和求知欲望；创造条件，让幼儿与乌龟近距离接触，激发幼儿对乌龟的探究欲望，"带乌龟散步""带乌龟游泳"，帮助幼儿解决了一个又一个问题。

彩　虹

执教老师：钟海媚　杨娣
指导老师：梁雪莲　蔡莉

一、活动来源

一场阵雨过后，雨过天晴，孩子们发现天空中出现了一道美丽的彩虹，他们对彩虹的出现产生了极大的兴趣，热烈地谈论起雨后的彩虹来。

琳琳："我见过彩虹。"

小情："我也见过，是在老家看到的!"

璟璟："彩虹是在下雨后才会出现的，太阳出来就不见了!"

薰薰："看，今天下雨了，有彩虹啊!"

琦琦："咦，彩虹躲起来了吗?"

小美："我看到了它有很多种颜色，红、橙、黄……"

琳琳："我只在电视上看到过，没有见过真的彩虹耶!"

……

孩子们对雨后出现的彩虹表现出极大的探究欲望，他们对彩虹的出现有许多的疑问，每个孩子都有着不同的想法。彩虹的出现激发了孩子们想了解大自然、探索大自然奥秘的兴趣。因此，老师决定与孩子们一起探索"彩虹"，一起寻找其中的奥秘。

二、活动期望

"彩虹"这一自然现象的出现，正好激发幼儿的探究兴趣。我们期望通过观察对比、实验验证、记录等多种方式，让幼儿了解彩虹是七种颜色顺序排列的色光、彩虹的形成现象、色彩与光之间的关系，激发幼儿持续探究的兴趣，并且感受大自然的美和自然界奇妙的现象。

三、活动过程

活动1：谈话活动——我知道的彩虹

孩子们对"彩虹是什么样的？为什么会产生彩虹？"等存在很多疑问，老师就这些疑问，组织了一次了解幼儿对彩虹的已有经验的谈话活动。

园园："彩虹是在天上的！"

小玉："彩虹是弯弯的，有很多种颜色！"

小宇："我知道！彩虹有七种颜色！"

任任："对，彩虹就是一座天上的七彩桥，可美啦！"

菲菲："我好想从彩虹上滑下来，就像滑滑梯一样！"

古古："下雨后才会有彩虹出现！"

园园："对！有一次我回老家就是在下雨过后看到彩虹的，而且是双彩虹！"

老师："为什么下雨过后才会有彩虹？"

轩轩："太阳出来了，温度升高了，彩虹就出现了。"

依依："那今天太阳也出来了，为什么没有彩虹？"

（幼儿都在思考，但没有人能回答这个问题）

老师："这是一个好问题，究竟为什么会产生彩虹呢？"

（幼儿也纷纷提出自己的疑问）

心心："彩虹是怎么形成的？"

琴琴："彩虹有哪几种颜色？"

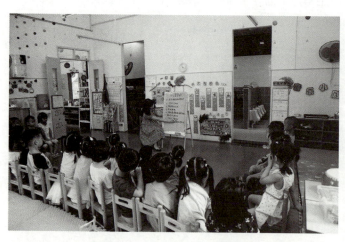

图2-3-1　谈话活动"什么是彩虹"

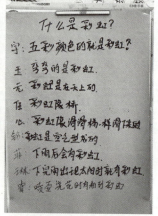

图2-3-2　"什么是彩虹"
谈话记录

佳佳："我们在哪里能看到彩虹?"

小雅："为什么彩虹的颜色不会混在一起?"

老师："小朋友们提了这么多问题,我们可以用什么办法才能找到答案呢?"

(看书、回家问爸爸妈妈、到电脑上去找……)

老师："大家想到了这么多找寻答案的方法,那晚上回家就试试吧,明天早上把答案带到幼儿园跟大家分享。"

活动小结

从谈话过程中可以看出,孩子们对较容易直接感知的问题,如彩虹在雨后出现、彩虹的颜色、彩虹的形状等具备了一定的生活经验,但对于较为准确的颜色描述及彩虹形成的原理等问题,孩子们的经验明显不足。教师提出"为什么会产生彩虹?"以鼓励孩子们大胆猜测并提出自己的疑问,根据孩子们的经验,他们提出了查找书籍、网上搜索、寻求父母帮助等方式解决这些疑问,教师鼓励幼儿用自己的方法找寻问题的答案并分享。

活动2:观看《彩虹的形成》视频

第二天,幼儿带来了许多关于彩虹的绘本、图片、视频等资料并分享,教师发现幼儿对轩轩带来的《彩虹的形成》视频更为感兴趣,于是教师组织幼儿一同观看视频《彩虹的形成》。

观看视频的过程中,孩子们边看边讨论。

琴琴："彩虹真的有七种颜色,好漂亮呀!"

小雨："我想天天都看到彩虹。"

光光："那岂不天天都下雨?"

当视频播放到"彩虹"形成需要满足哪些条件时,孩子们又开始了讨论。

然然："哇,原来彩虹是这样形成的!"

晶晶："空气中要有足够的水分。"

心心："还要有阳光的照射。"

轩轩："对,彩虹实际上是太阳光在空气中的小水滴中发生的折射。"

幼儿在视频中找到了问题的答案,同时根据自己的已有经验提出了新的问题。

元元："彩虹太漂亮了,我真的很想天天都能看到。"

莉莉："泡泡上面也会有彩虹。"

阳阳："还有光碟[①]上也会有!"

---

① 　光碟,又称光盘。本书为了尊重当地人们的语言习惯,统一使用光碟。

图2-3-3 观看《彩虹的形成》视频　　　图2-3-4 观看《彩虹的形成》视频后讨论

欢欢："在三棱镜中能看到彩虹。"

俊俊："真的吗？我现在就想去看看，科学区有三棱镜。"

老师："其实我们的生活中也有很多的彩虹，你们能把它找出来吗？"

　　教师利用视频这一媒介，将彩虹形成的科学原理直观形象地展示出来，丰富了幼儿的经验，也在潜移默化中让孩子们体会到收集信息的重要性。当元元提出"想每天都能看到彩虹后"，孩子们结合视频中原理的介绍联系自己的生活经验，提出利用泡泡、光碟、三棱镜等寻找彩虹，教师及时抓住孩子们的这一猜想，鼓励他们利用材料验证自己的猜想。

活动3：寻找彩虹

　　在"寻找彩虹"活动开展前，老师根据幼儿的已有经验，提供了泡泡水、三棱镜、光碟等材料供幼儿探究。孩子们对几种制作彩虹的方法进行了投票，最后决定组织开展一次分组探索活动。孩子们根据自己的兴趣，分为三棱镜组、光碟组、泡泡组。

图2-3-5 寻找彩虹活动前期　　图2-3-6 寻找彩虹活动前期　　图2-3-7 寻找彩虹活动前期
　　　　　谈论现场（1）　　　　　　　　谈论现场（2）　　　　　　　　谈论现场（3）

分好组的孩子们拿着本组的工具，激动地出发啦！

1. 三棱镜组

孩子们带着三棱镜去到幼儿园的室内、室外，以及光线较暗的地方。孩子们发现从三棱镜的三个面看到的现象都不一样，在不同光线下看到的也不一样。

仔仔："在房子上看到了五颜六色的光，滑滑梯上也变成了彩虹的颜色。"

小桃："我看到钟老师身上也有彩虹。"

晨晨："透过三棱镜看，有时候看的东西会倒过来。"

琳琳："房子周围都是彩虹，暗的地方看到彩虹有黑黑的感觉，亮的地方彩虹很鲜艳。"

晴晴："我没有看到彩虹，头会晕晕的。"

老师："你们透过三棱镜看到的五颜六色的光就是彩虹，通过三棱镜时，各单色光的偏折角不同。"

图2-3-8　用三棱镜在室外寻找彩虹

图2-3-9　用三棱镜在室内寻找彩虹

图2-3-10　用三棱镜在较暗的地方寻找彩虹

图2-3-11　观察——三棱镜、光制作的彩虹（1）

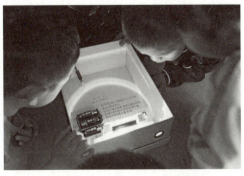

图2-3-12　观察——三棱镜、光制作的彩虹（2）

通过观察，孩子们知道了三棱镜会将各单色光分开，形成红、橙、黄、绿、青、蓝、紫七种色光，折射出了"彩虹"。

图2-3-13　把三棱镜上看到的彩虹用绘画表征

2. 光碟组

为了让光碟组的孩子们更好更全面地以多种形式去寻找彩虹，教师收集了大大小小不同的光碟提供给这一组的孩子们。

老师："（室内）仔细看看你手上的光碟是什么样子的，待会我们一起去室外再看一看你手中的光碟有什么变化！"

骏骏："在太阳下我在光碟上看到了彩虹，没有在太阳下也能看到彩虹。"

毅毅："在强烈的太阳光下看到的彩

图2-3-14　用光碟在阳光下寻找彩虹（1）

图2-3-15　用光碟在阳光下寻找彩虹（2）

图2-3-16　把光碟放地面上寻找彩虹

虹会看不清楚，太亮了。"

童童："彩虹会不断地转动，有时候还会消失。"

婷婷："我的光碟上有一圈圈的彩色，很漂亮。"

豆豆："我发现了很多彩虹在我的光碟上！你看！"

图2-3-17 把光碟上看到的彩虹用绘画表征

光碟组的幼儿拿着光碟，一边走一边不断地调整光碟的角度，发现随着光碟角度的变化会出现不同的颜色。彩虹会不停地晃动，观察的角度不一样，彩虹的投影也不一样。

3. 泡泡组

幼儿对制作泡泡水有了前期的经验，在教师支持和鼓励下，孩子们很快就做好泡泡水，一起来到操场。

翰翰："泡泡水上有彩虹。"

小欧："彩虹在泡泡上会不停地转动。"

图2-3-18 制作泡泡水

图2-3-19 吹泡泡

图2-3-20　观察泡泡上的彩虹（1）　　　　图2-3-21　观察泡泡上的彩虹（2）

琴琴："泡泡上的彩虹也会不断变换颜色。"

小宝："有太阳的地方，泡泡彩虹会更漂亮。"

桐桐："泡泡落到地面上，泡泡没破，彩虹也还是在。"

马马："你看，我的泡泡破开的时候，我看见了一条'小彩虹'。"

图2-3-22　把泡泡上看到的彩虹绘画表征

　　泡泡组的孩子通过观察了解到不管是在半空中还是在地面上，泡泡上面都会晃动着彩虹。吹泡泡时，吹出来的泡泡是一个球体的表面，这个表面上的每一个点和人眼的距离及角度都不一样。

活动小结

　　寻找彩虹的过程中，孩子们根据自己的兴趣分成三组，运用不同的方式寻找彩虹。根据观察，孩子们获得了不同的经验。尽管三组都有不同的收获，但都有一个共同的问题出现："天上的彩虹跟我们找到的彩虹不一样，能不能做出天上的彩虹？"因此，教师根据孩子们提出的新问题，决定引导他们用实验方法制作"天上的彩虹"。教师在孩子们探索的过程中，既为孩子们提供精神上的支持，也为他们提供物质上的条件。

活动4：实验——制作彩虹

老师："小朋友还记得彩虹是怎么形成的吗？"

宸宸："记得，视频里介绍了，太阳光照射到空气中的水滴的时候，有光线反射出来，就可以在天空上变出彩虹。"

老师："你的意思是说当太阳光照射到空气中的水滴时，光线被折射及反射，在天空上形成拱形的彩虹是吗？"

宸宸点点头，其他小朋友也纷纷点头。

小宝："但是天上的彩虹跟我们找到的彩虹不一样，能不能做出天上的彩虹？"

老师："那怎么做出彩虹来呢？"

翰翰："要在空气中加水，让空气中有小水滴。"

宸宸："难道要用水管浇水吗？"

轩轩："像下雨一样浇水。"

心心："可以用手泼水。"

丽丽："还可以用喷壶。"

老师："那我们在哪里实验好一些？"

翰翰："当然要在阳光底下呀！"

莉莉："那我们一起去操场试试吧。"

于是，老师为孩子们准备了水桶、水管、喷壶等材料来到操场上，孩子们根据自己的喜好选择了不同材料进行实验探索。

墨墨拿起了水桶泼水时发现："我只看到了水花，没有看到彩虹。"

茜茜拿起了水管说："我往天上喷，也往地上喷，都没有看到彩虹。"

宝宝想了想说："可能是因为太阳不够亮，所以我们看不到彩虹吗？"

冰冰沮丧地说："我的水都要喷完了，彩虹没有看到啊。"

肖肖拿着喷壶说："太阳躲起来了，

图2-3-23 室外寻找彩虹（用喷壶）

图2-3-24　室外寻找彩虹（用喷壶往上喷）

图2-3-25　室外寻找彩虹（用喷壶往下喷）

不见了，所以我看不到彩虹吗？"

仔仔："那我们就等太阳出来吧！"

实验操作时，太阳被云遮住了，孩子们第一次探索未发现彩虹，都觉得有些失望。经过短时间等待后，太阳从云层里出来了。孩子们兴奋地拿起实验材料再一次进行探索。

拿着水管的林林着急地问伙伴们："可是我还是没有看见彩虹，你们有没有？"

拿着水桶的宝宝说："我也没有！"

这时宸宸大叫了起来："我看见彩虹啦，我用喷壶做出了真正的彩虹。"

大家全都围过来，兴奋地说："原来喷壶可以喷出真正的彩虹！"

经过实验，孩子们发现，太阳猛烈的时候能看到彩虹，太阳不够猛烈的时候看不到。

活动小结

在制作彩虹的实验过程中，孩子们运用多种材料进行实验验证，发现当太阳猛烈的时候，在空中用喷壶喷洒水雾，可以人工制造出彩虹，了解到这是因为喷壶喷出的水跟雨过天晴后空气中的小水滴接近，因此能够在太阳光的折射下出现彩虹。孩子们能够在本次实验过程中尝试运用不同的方法去解决问题，这正是他们探究能力提升的表现。教师在整个"制作彩虹"实验探究活动中，创造条件让孩子们参加探究，为孩子们提供多种探究工具，引导他们在实验中动手、动脑积累经验，提高了探究能力。

四、活动解析

"彩虹"活动源于幼儿对大自然现象中"彩虹"这一现象的好奇，正是由于这种好奇心，幼儿对彩虹这一现象的出现产生了很多的疑问，如"为什么会产生彩虹？彩虹是怎么形成的?"等。在教师的支持下,幼儿经过谈话讨论提出疑惑、观看视频直接感知彩虹形成的原因、亲身体验寻找生活中彩虹的乐趣、通过实验操作感知彩虹的形成;幼儿了解了彩虹产生的原理,并在潜移默化中提升了自己探究自然现象的能力。

整个活动中,教师用敏锐的洞察力去捕捉、拓展和利用幼儿对彩虹这一现象的兴趣,通过谈话活动了解幼儿对彩虹的理解,借助多媒体让幼儿形象地感知彩虹形成的原因,提供多种材料(光碟、泡泡水、三棱镜)帮助幼儿寻找生活中的彩虹,最后通过制作彩虹的实验亲身感受彩虹的形成,一步一步引导幼儿发现问题、分析问题和解决问题。在探究过程中,当幼儿遇到问题、产生疑惑时,教师不是简单、直接地给出答案,而是鼓励幼儿通过自己收集信息的方法找寻问题的答案,体验成功与满足。

在活动中,幼儿围绕"为什么会产生彩虹?"这一问题,使用上网找资料、和爸爸妈妈一起讨论、和伙伴分享经验等方式有意识地收集相关信息。在寻找生活中的"彩虹"过程中,幼儿能够使用图画、符号等表征方式表达对"彩虹"的理解,通过分享活动回顾自己在寻找彩虹过程中的发现,大胆提出自己的见解。它既是幼儿对探究过程和结果、结论的表达,也是同伴分享、倾听同伴意见、达成初步共识的过程。这是一个需要思维和语言高度参与的过程,这也将为幼儿以后的探究活动提供有益的经验。

风 来 了

执教老师:王丽敏 刘玉 陈雅琳
指导老师:李秋 董萌诗

一、活动来源

在操场午后锻炼的时候,突然刮过来一阵风,吹得头上的雨棚哗啦啦地响。孩子们一下子就兴奋起来了。

浩浩:"老师你看,风来了!"

小晴:"老师,风从我的手指里面(指缝)吹过去了!"

老师:"风在哪儿呢?"

浩浩:"风在雨棚上,哗啦啦地响。"

锟锟:"老师,风在我脸上,好凉快啊。"

乔乔:"老师,风是空气,我们看不见,抓不到的。"

曦曦:"老师,我们可以用袋子把风抓住呀!"

老师："也许我们可以试一试。"

幼儿："耶！太好了。"

孩子们天然就是亲近自然，喜欢探究的，对生活中常见的事物和自然现象的接触能够帮助他们积累有益的直接经验和感性认识，我们可以通过一些活动和孩子们一起去感受和了解。

二、活动期望

风是我们生活中常见的一种自然现象，它对孩子们来说是有趣的，也是不可捉摸的，如何去探究看不见、摸不到的东西对中班孩子来说是一个富有挑战的问题。通过活动开展的契机，我们希望孩子们能够利用身边的材料和自己的身体去感受风，了解风产生的原理；能结合自身的生活经验说出风的作用，初步了解风与人们生活的关系，并知道要保护环境；在活动中发展孩子们的观察力和感知能力，培养孩子们积极主动、敢于探索和尝试、乐于想象的学习品质。

三、活动过程

活动1：风来了

后操场上。

老师："风在哪里呢？你们是怎么知道的？"

晨晨："风在沫沫的头发上，她的头发在飞。"

羽羽："风在我脚上，脚很凉快。"

小宇："风在树叶上，树叶在摇晃。"

琪琪："风在裙子上，裙子在飞。"

奕奕："风在眼睛里，眼睛睁不开了。"

乔乔："老师，风是空气，我们看不见，抓不到的。"

曦曦："我们可以用袋子把风抓住呀！"

老师："好吧，那我们试试吧！"

孩子们迅速回到教室，开始找可以抓住风的材料，5分钟以后。

琪琪："老师，只有几个袋子，美工区有很多报纸，要不我们用报纸去抓风吧！"

晴晴："不行的，报纸不是袋子，抓不了风的。"

老师："要不我们带着报纸去试试吧。"

图2-4-1 报纸飘起来了　　　　　　　　图2-4-2 会飞的报纸

于是，有人拿袋子，有人拿报纸，一起来到后操场。

晨晨："风在报纸上。哇，我的报纸飘起来了！"

沫沫："我的报纸好像一张会飞的魔毯。"

奕奕："风在我的袋子里，我觉得我的袋子像个大飞船。"

羽羽："我的飞得越来越高了。"

小宇："啊！我的被风吹走了。"

老师："你们的报纸可以抓到风吗？"

琪琪："不行，报纸都被刮飞了。"

小雅："报纸平平的，不是袋子，装不住的。"

奇奇："就是，报纸不能封住口，到处漏气。"

晓晓："我也觉得不行，报纸都被吹破了。"

老师："哦，那看来报纸是抓不到风的。那拿袋子的小朋友抓到风了吗？"

奕奕："抓到了，看。"

小美："抓到的都不是风，它都不会吹来吹去。"

乔乔："袋子装不了风，抓到的都是空气，装起来它就不会吹了。"

老师："乔乔说得很好，风是空气流动才产生的一种自然现象，我们拿袋子是装不了的，被我们装进袋子里的实际上就只是空气。"

活动小结

　　一个偶然的声响，来去无踪影的风引起了孩子们的好奇和关注。风来了，风在哪儿？它看不见也摸不着，但又好像无处不在。我们的身体却知道它在哪儿，它像一位神奇的隐形朋友。孩子们用身体部位感知风的去向，直白的语言描述风带来的感觉，非常有趣。好奇心引发了孩子们的思考：风吹来吹去的，应该是可以抓到的一个东西，怎么才能抓到风呢？生活经验的迁移，让孩子们以为装东西的袋子可以抓到风。老师并未提出异议，并以此为契机，让孩子们在实际操作中思考，袋子抓到的是不是风呢？老师没有直接告诉孩子们空气流动产生风的原理，在对话中有孩子提到关于风的产生和空气的话题，可是并未引起孩子们的兴趣，此时孩子们的关注点依然还在与风的游戏中。

活动2：风和报纸玩游戏

旦旦的报纸脱手了，被风吹着往前飞，贴在了陶陶的身上，被贴的陶陶看看自己手里的报纸又看看自己身上的报纸，兴奋地向我喊了起来："老师，你快看，这报纸自己贴在了我的身上。"其他小朋友听了，纷纷围了过来。"是哦！怎么才能让报纸贴在身上呢？"孩子们开始了尝试。

小雪："哇！好神奇，我不用手也不会掉下来耶！"

彤彤："我知道，是风把报纸贴在了我们的身上。"

旦旦："哈哈！老师，风把报纸贴在我的身上了。"

过了一会，风（阵风）停了，报纸纷纷从身上掉了下来。

老师："报纸为什么掉下来了呢？"

乔乔："没有风了，报纸就掉了。"

奕奕："风停了，报纸就粘不住了。"

老师："有没有办法让报纸不掉下来呢？"

亮亮："用嘴巴吹，嘴巴可以吹出风来。"

彤彤："嘴巴吹的风太小了，报纸还是会掉下来的。"

铠铠："老师，我们可以用风扇吹，那就有风了。"

曦曦："不行不行，操场又没有风扇，吹不了的。"

乔乔："老师，我们可以跑步呀，跑步就有风了。"

图2-4-3　不用手也不会掉的报纸

图2-4-4　哈哈！成功啦！

于是，孩子们把报纸放在身上，奔跑起来。

孩子们："哈哈！老师，你看，我们成功了。"

活动小结

孩子们的已有经验让他们知道嘴巴可以吹风、风扇有风、跑起来也会有风，孩子们在探索中切身感受到风的形成后，教师用简单的语言给他们小结了一下风的形成原理，让孩子们对风的形成有了更深一步的认知。

活动3：顺风和逆风

在奔跑的过程中，有部分孩子的报纸不小心弄破了，为了便于收拾，整理场地时，老师就让孩子们把报纸团在一起变成一个个的纸球。有的孩子把报纸团成纸球后就学着平时投掷的样子投了起来，其他孩子也纷纷效仿。我正想阻止，突然发现孩子们由于投的方向不同，纸球投出的距离也不同。仔细一看，原来是有的顺着风投，有的逆着风投。我决定静观其变，看

图2-4-5　顺风的纸球

看孩子们能否发现这其中的秘密，于是也跟着他们玩起了投纸球的游戏。

多多："老师，这边（逆风）丢得好近。"

曦曦："哇！老师快看，这边（顺风）丢得好远。"

老师："那为什么会一边近一边远呢？"

乔乔："风是有力量的，力量把有的球推得远一点，有的会近一点。"

浩浩："我知道，往舞台那边（逆风）的时候，风是把球推回来，所以就近了。"

奕奕："对呀！往大玩具那边（顺风）的时候，风把球推出去了，所以球就可以丢得很远。"

老师："是的，往舞台那边是逆风，逆风就是你迎着风跟风是反方向，会有反推力往后推，所以纸球会丢得比较近；往大玩具那边是顺风，顺风就是你跟风是同一个方向，风力会帮助你把纸球往前推，所以纸球会丢得比较远。"

活动小结

从活动中可以看出，孩子们对顺风和逆风这种现象是有基本认识的，但是不知道

这种现象是叫"顺风"和"逆风"。通过活动，孩子们对"顺风"和"逆风"有了更全面的认知。

活动4：风的作用

老师："我们跟风玩了很好玩的游戏，它是我们的好朋友，那风对于我们有什么作用呢？"

文文："风可以把云朵吹过来挡太阳。"

童童："热的时候，风可以让我们很凉快，能把我们的汗水吹干。"

小语："风可以让树摇摆起来。"

君君："风可以把树上的虫子吹走，不咬人类。"

洋洋："老师，风还可以放风筝，可以飞得很高很高的。"

果果："风还可以让风车转起来。"

阳阳："风还可以发电，我去旅游的时候看到山上有很大的风车，我爸爸说那是风力发电的，风越大发的电越多。"

奕奕："老师，风太大了也不好。"

老师："哦？那你们来说说，为什么不好呢？"

奕奕："风很大的时候会有台风，它会把树给吹倒。"

浩浩："台风来了，有可能会毁掉船，船里的油会掉到海里面，把海洋生物给杀死。"

诗诗："还会有龙卷风，会卷走动物、人和房子。"

晨晨："龙卷风是从天上慢慢地掉下来，越卷越大。"

旦旦："是的，我在电视上看到美国有很多龙卷风。"

曦曦："我知道在海上也会有龙卷风，会把海边的房子给淹掉。"

乔乔："老师，我跟妈妈在书上看到，说很大的台风就变成飓风了。"

铠铠："我在电视上看到过飓风，它很恐怖，很多房子都被吹倒了，车子也被吹飞了。"

老师："太大的风会给我们人类带来灾害，那为了防止风给我们带来灾害，我们可以怎么做呢？"

彤彤："可以种树，很多很多的树可以挡住风。"

沫沫："我们要爱护环境，不乱丢垃圾。"

晴晴："还要保护小花小草，不能随便去踩它们、摘它们。"

予予："保护地球，不能像光头强那样把树都砍掉。"

活动小结

在活动中，孩子们能结合自身的生活经验，说出风的作用，初步了解风与人们生活的关系，知道风给我们生活带来的利与弊，在说到风的坏处之后，进而知道要保护环境。

四、活动解析

《3—6岁儿童学习与发展指南》指出，探究既是儿童科学学习的目的，也是儿童科学学习的方法。"风来了"是幼儿在户外活动中感受到风而引发的探究活动，教师顺应了幼儿的兴趣并了解其中所蕴含的价值。仅使用了报纸这一种材料，便能够引导幼儿通过观察报纸的不同形态来感受风，如何用自己的身体去产生风，了解顺风、逆风的现象及风对我们生活的影响。教师并没有用复杂的设计和丰富的材料来完成整个活动，但是过程中幼儿的欢笑和探究时的认真让我们看到了简单的魅力。

在探究风的过程中，幼儿通过和风玩游戏感受风的存在，通过观察报纸贴在身上的现象了解到风力及如何产生风，通过抛纸球了解顺风和逆风的概念。幼儿在游戏中亲身体验和实际操作，提升着自己的经验。在活动中，幼儿积极主动、敢于探索和尝试，提升了其观察能力以及感知能力。

奇妙的声音

执教老师：程碧棠

指导老师：何燕杏

一、活动来源

户外体育活动结束，孩子们在喝水、休息、聊天。

晧晧："好累呀！"

涵涵："我也是，我跑最快！"

妍妍："我跑快的时候，觉得心脏怦怦怦跳得好快！"

轩轩："我也是，你看，手放在这里就能感觉到心脏跳起来了。"

莹莹："我怎么没有？"

轩轩："那是你才来幼儿园，没有跑。"

晧晧："就是，你跑就感觉到了。"

莹莹："真的耶！我一跑就感觉到了。"

妍妍："我来听听，碧莹的很小声。"

晧晧："当然啦！那是她跑得慢。"

涵涵："我听到了咚咚咚咚的声音。"

莹莹："为什么心跳声音能听得到呢？"

老师："是啊，我也听到了妍妍的心跳声，原来心跳声音是'咚咚咚咚'的。那生活当中你们还听过哪些声音呢？"

二、活动期望

声音与大自然、人们的生活息息相关。在户外体育活动中，心跳声让幼儿对声音产生了兴趣，他们关注到了"心跳声音的发生和传播"，提出了"为什么？"的疑问。《3—6岁儿童学习与发展指南》中指出，大自然和生活中真实的事物与现象是幼儿科学探究的生动内容，激发探究兴趣，体验探究过程，发展幼儿初步的探究能力是幼儿科学学习的核心。因此，"声音"的活动具有探究的意义和生活的教育价值。教师希望幼儿通过直接感知、亲身体验、实际操作能够获得有关声音产生、传播等初步的科学认知经验，同时感受声音在生活中的作用。

三、活动过程

活动1：我听过的声音

老师："生活中你还听过哪些声音？是怎么样的？"

轩轩："开水的声音，是哗哗哗的。"

樵樵："放烟花的声音，是砰砰砰的。"

淇淇："哨子的声音，是呜呜呜的声音。"

奕奕："架子鼓的声音，是咚咚锵、咚咚锵这样。"

好好："下雨的声音，是哗啦啦响，好大雨。"

图2-5-1　谈话活动

图2-5-2　谈话记录

希希："电视的声音，是唱歌的声音。"

乐乐："打雷的声音，是轰隆隆的声音，好响，好吓人。"

涵涵："汪汪汪，这是狗叫的声音。"

皓皓："我回老家，听到牛是哞哞哞叫的，哈哈哈！"

妍妍："我听过青蛙是呱呱呱这样叫的。"

老师："小朋友都听过很多声音，下雨、打雷是大自然的声音，有动物的叫声，有敲打乐器的声音，还有生活当中各种物品发出来的各种声音。这些东西发出来的声音都是不一样的，真神奇！那我们在幼儿园找找还有哪些声音？"

活动小结

老师提出问题"你还听过哪些声音？是怎么样的？"试图了解孩子们对声音的已有认知经验。从回答中看出，孩子们在生活中对声音有着丰富的体验，并能用语言描述各种不同的声音。老师在倾听孩子们讨论的同时，帮助大家记录声音产生的来源，既顺应了他们对话题的兴趣，又能帮助他们提升经验，引发了孩子们对"声音"展开更多的探讨。这为后续他们自主探究、寻找声音做了经验铺垫。

活动2：寻找幼儿园里的声音

1. 寻找声音

"寻找声音"的活动一开始，孩子们就在班级里、幼儿园里寻找和"记录"各种声音。小美走出班级门口，就听到户外音乐响了起来；阿宝和乐乐拿起积木敲了起来；圳圳把气球吹得鼓鼓的，再拉紧气球口慢慢放气；天天和小玉几个一起玩起了操作区的决明子……原来教室里有这么多"声音"！

图2-5-3　找声音活动（1）

图2-5-4　找声音活动（2）

图2-5-5　找声音活动（3）

图2-5-6　找声音活动（4）

图2-5-7　找声音活动（5）

图2-5-8　找声音活动（6）

图2-5-9　找声音活动（7）

2. 讨论分享

老师："你们找到了哪些声音呢？"

小美："我听到了户外音响的声音。"

凡凡："我听到了表演区乐器的声音。"

轩轩："我听到了操场上小朋友们的说话声。"

皓皓："我在操作区跳跳跳，床就发出了'砰砰砰'的声音。"

小宝："我们在积木区敲一敲，像打鼓的声音'咚咚咚'。"

圳圳："抓住气球的嘴巴，把空气发出来有'咻咻咻'的声音。"

菲菲："画画的纸抖一抖有'沙沙沙'的声音。"

心心："滚珠滚下来的声音。"

图2-5-10　谈话记录

樵樵："我在游乐场拍一拍那个棕色的像楼梯一样的东西，它发出好像放屁'噗噗'的声音。"

希希："决明子放在盒子里摇一摇，发出'沙沙沙'的声音。"

天天："敲决明子的声音会跳来跳去。"

茵茵："两个大玻璃珠子，敲一敲有'滋滋滋'的声音，好像玻璃打碎了。"

小玉："我用海螺放在耳朵听到海浪的声音。"

圳圳："我先打气，然后抓住气球的嘴巴，把空气放出来发出'咻——'的声音。"

樵樵："我在游乐场也拍了棕色的梯子，用力拍会发出大声的'噗噗'的声音，轻轻拍会发出小声的'噗噗'的声音。"

老师："原来大家都找到了各种各样的声音，请你们把找到的声音记录下来。"

3. 画声音

孩子们带着好奇，在敲、拍、滚、摇、抖、跳中再一次感受声音的产生，并在记录声音的过程中对各种不同声音有了进一步的认识。

小玉："这是我听到的消防警报的声音。声音一会儿尖尖的，一会又小小的，我画

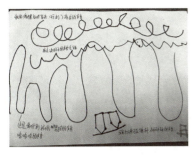

图2-5-11　幼儿记录（1）

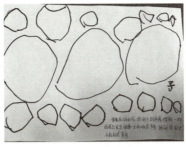

图2-5-12　幼儿记录（2）

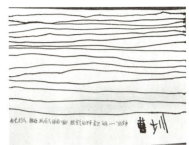

图2-5-13　幼儿记录（3）

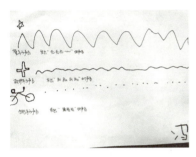

图2-5-14　幼儿记录（4）

图2-5-15　幼儿记录（5）

图2-5-16　幼儿记录（6）

个波浪线吧。还有海螺里面听到的海浪声也是，一会儿大，一会儿小。"

月月："我画的是五星红旗被风吹起碰到旗杆发出'砰砰'的声音，很响亮的。"

冯冯："救护车发出'哔不哔不'的声音，一直都这么大声；自行车的声音发出'丁零零'的声音，像豆子一颗颗掉下来的声音。"

樵樵："我用大圈圈表示大声的'噗噗'声，小圆圈表示小声的'噗噗'声。"

仔仔："对，就用大大的圆圈表示声音很大，小的圈圈表示声音很小。"

铖铖："自行车响一下就点一个点。"

圳圳："气球放气的声音没有断开，所以我用直线表示。"

老师："哦，看了你们的记录，原来小朋友发现声音有大，有小；有断断续续响的，有断开的；有快的，有慢的；有的声音很清脆，有的声音很低沉。这个发现真有趣。"

活动小结

通过寻找声音、讨论分享结果和记录声音三个过程，孩子们对声音有了更多的认识，他们发现了平常生活中没有留意的声音，如谈话声、玩具碰撞声、红旗杆碰撞声等。通过有目的的探索，孩子们对声音的观察更加细致和敏锐。从"记录"所呈现的内容来看，他们不仅能够用语言来形容和描述声音，还能用绘画的形式将声音的特点表现得淋漓尽致。他们不仅知道了声音的发生和物体的振动有关，还知道了不同材质的物体发出的声音不同，用不同的力度敲打物体发出的声音也不同。从一张张"看得见"的声音记录表来看，孩子们对声音特点的感受非常丰富。

活动3：噪声的影响

接下来的几天时间，孩子们对制造各种声音并记录的活动表现出了极大的兴趣。一时间，教室里充斥着各种各样的声音，原本有序安静的教室变得更像一个声音制造工厂。有的孩子开始找老师投诉，原来持续制造声音的活动让孩子们有了新的感受。

月月："老师，他们积木区敲来敲去的声音好吵啊！"

小玉："是啊，还有表演区，我们说话都听不见了。"

铖铖："老师，吵得我头疼，我们都不能好好看书了。"

老师："对啊，老师也觉得这几天教室里确实很吵啊，怎么办呢？"

月月："老师，你用手机把他们拍下来，分区活动结束放给他们看。"

铖铖："对，我们可以定一个规则，让他们不要这么吵。"

区域活动结束后，老师决定组织孩子们来讨论如何解决教室里的噪声问题。

老师："今天老师收到了好几个投诉，有的小朋友觉得大家在教室里敲敲打打发出很吵的声音，非常不舒服，你们是怎么想的呢？"

樵樵："我们在找声音啊，不是乱敲的。"

小美："是啊，我们在演奏啊，又不是乱敲的。"

月月："那也不能敲那么大声啊，吵到我们说话都听不见了。"

铖铖："我妈妈说，声音太大了，耳朵会聋的。"

老师："是啊，声音太大太杂了会让我们不舒服，那我们教室里哪些声音是让我们不舒服的声音呢？"

仔仔："在积木区搭房子，推倒的时候很吵。"

多多："哭声会让别人不开心。"

菲菲："音乐太大声会刺耳。"

峰峰："就是啊，轰轰轰的声音听了心里很烦。"

心心："我们在教室里搬凳子时，凳子摔倒发出'咚'的响声，好可怕！"

宇宇："在教室里突然大声尖叫，好不舒服。"

小美："说话太大声，耳朵会不舒服的。"

奇奇："很多很多声音，耳朵也会不舒服的。"

老师："是的，这种让大家觉得不舒服的声音就是'噪声'。噪声会损伤我们的听

图2-5-17 谈话活动

图2-5-18 谈话记录

图2-5-19 同伴之间小声交流

图2-5-20 说悄悄话

图2-5-21 提醒同伴轻声说话

图2-5-22 轻轻搬动椅子

力，会使人感到头昏、恶心、疲劳、心情烦躁等，对我们的人体造成一定的伤害。我们应该怎么做可以较少或者不制造噪声呢?"

泽泽:"分区时不能在床上跳。"

铖铖:"说话时轮流说，不要大家一起说。"

茵茵："在教室不能大声尖叫。"

信信："轻轻地搬椅子，放椅子。"

淇淇："在积木区收玩具时不能推，要从上往下收。"

菲菲："在表演区的音乐不要开太大声。"

心心："敲乐器的时候不要那么大力敲。"

活动小结

在寻找声音时，敲敲打打引起了孩子们的兴趣，他们乐此不疲地"探索着"。教室里的噪声问题已经成为老师想要解决的重要问题。当月月、铖铖、小玉过来"投诉"时，教师巧妙地利用投诉契机，组织全班孩子讨论解决问题。孩子们总是能从群体力量中找到问题的原因和解决办法。通过讨论，他们发现原来教室里寻找声音的活动已经给大家造成了很大的困扰，知道了"让人不舒服的声音"其实是噪声。于是，这场讨论引发了大家关于噪声对周围环境及日常生活影响的思考。可以看到，孩子们已经开始将"减少噪声"的新经验迁移到生活中，营造一个舒适的生活、学习环境。

活动4：声音接收器——耳朵

关于噪声的讨论之后，孩子们在很长一段时间里变得特别自律。教室里吵闹嘈杂的现象得到了很大的改善，甚至有的孩子在交流时说起了耳语。

老师："鹏鹏、轩轩，你们在说悄悄话吗？"

鹏鹏："是啊，上次铖铖说他妈妈说声音太大了，耳朵会聋的。"

轩轩："我妈妈也是这样说的，老师，耳朵为什么会聋呢？聋了就听不到声音了吧？"

老师："这个问题啊，我也想知道答案，分区结束后我们问问其他小朋友吧！"

老师："最近我们的教室变得安静多了，老师觉得特别舒服，小朋友们做到了不制造噪声，非常了不起，今天有小朋友问声音是怎么传到耳朵里的呢？耳朵聋了为什么听不到声音了呢？你们谁知道答案？"

铖铖："我知道，我妈妈说的，耳朵聋了就听不到声音了，我妈妈是医生。"

信信："耳朵就是可以听到声音的，它本来就是这样的。"

宇宇："是'咚咚咚'的声音自己跑到耳朵里面的。"

涵涵："耳朵里有一个洞，声音从洞里进去的。"

铖铖："它是从耳朵的洞洞传到耳朵管道，然后就能听见声音了。"

老师："请小朋友们跟爸爸妈妈一起来找答案吧！"

果然，第二天入园，孩子们带来了各种和爸爸妈妈一起找到的资料跟小朋友一起

图2-5-23 谈话活动

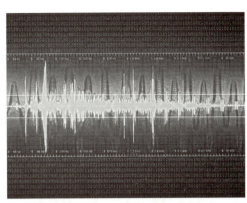

图2-5-24 欣赏声波

图2-5-25 我们是怎么听到声音的

图2-5-26 区域交流

分享。铖铖妈妈还画了一张简单的耳朵结构图和一张声音传入耳朵的过程图。月月带来了一张声波图。

老师："原来我们的耳朵由外耳、中耳、内耳三个部分组成。声音是从我们的耳郭经过外耳道再传到我们的鼓膜，再从鼓膜经过听小骨，最后传到我们的耳蜗，我们才能听到声音。如果声音太大，会对鼓膜造成伤害，从而影响我们的听力。"

铖铖："所以我们要保护自己的耳朵，不要对着耳朵大声说话。"

月月："耳朵真是太神奇了，让我们听到好多好听的声音。"

活动小结

从悄悄话到声音的接收器——耳朵的讨论，孩子们初步了解了耳朵作为声音接收器官的基本结构，对于我们"为什么能够听到声音"有了大概的感知。铖铖的妈妈是医生，所以铖铖对人体结构的认识比其他孩子要更丰富些。此时，老师决定发动孩子们回家和爸爸妈妈一起了解耳朵的相关知识，一是可以丰富孩子们的认知经验；二是充分发挥家长资源的作用，让活动分享的经验更加丰富起来，弥补了老师对于生理结构知识的不完整带来的局限。此时，家长的作用无疑是巨大的，他们来自各行各业，用自己的经验帮助孩子们拓展关于声音的认知。"声音是怎样传播到耳朵里的呢？"问题提出的目的是进一步拓展孩子们的思考，并引导他们通过不同的途径继续探究声音的秘密。

活动5：声音的传播

户外活动时间，孩子们在玩大型器械传声筒的活动中，又有了新发现。

仔仔："我在这边说话，鹏鹏在那边能听到我说话，哈哈哈。"

多多："老师，我发现对着这个管子说话，里面的声音变了。"

菲菲："我和琴琴在打电话呢！"

峰峰："管子里的声音嗡嗡嗡的。"

心心："老师，为什么我在这边说话，会传到那么远呢？"

宇宇："声音可以传得很远啊，哈哈哈。"

老师："你们真是小发明家啊！这些问题我也很想知道答案，怎么办呢？"

月月："我们可以一起上网找找答案。"

老师："不错的办法，那我们一起查一下吧！"

老师和孩子们一起回到了教室，打开电脑网页搜索。

老师："网上的资料说，声音是通过空气、水、金属、绳子等一些东西传播的，那么你们觉得幼儿园的传声筒玩具是靠什么来传播声音的呢？"

西西："我觉得是管子。"

涵涵："我也觉得是管子。"

茵茵："那管子是空的，里面什么都没有，怎么传？"

铖铖："不对，管子里有空气，是靠空气传声音的。"

心心："空气都看不见，真的能传播声音吗？"

老师："要不我们试一试，看空气能不能传播声音。"

于是老师和孩子们一起做了一次有趣的实验。老师站在教室门外，用正常音量大小的声音跟孩子们打了个招呼，然后关上门，再次用同样音量大小的声音跟孩子们打招呼。

铖铖："关门之后的声音比没关时小声！"

月月："是的呢！开着门我们听到的声音更大声。"

其他孩子纷纷表示，门关上之后声音变小了。

老师："为什么门关上之后，你们听到的声音变小声了呢？"

涵涵："肯定是因为门把你的声音挡住了。"

心心："门开着的时候没有东西挡着，就比较大声。"

老师："是的，关上门之后，门把空气流动阻挡了，所以我们听到的声音就比开着门的小声。所以空气是可以传播声音的。"

铖铖："老师，用水管说话，声音会变得很大声呢！"

老师："铖铖的发现很有意思，我也很想知道答案。有什么物品是可能让声音变大声的呢？我们再继续研究一下。放学之后，你们也可以回家向爸爸妈妈请教一下。"

孩子们带着问题又继续讨论起来。第二天来园，他们又从家里带来了各种不同的物品：土电话、纸巾筒、硬纸壳做的喇叭、小话筒……新的探索又开始了。

活动小结

传声筒游戏让孩子们对声音的传播产生了极大的兴趣。当孩子们提出疑问和困惑时，老师没有立即给予答案和解释，而是反问应该如何知道答案。月月提出上网查找答案，老师给予了肯定和认同，并带领孩子们一起查找答案。查阅资料，往往能在孩子们面对陌生知识时起到很好的启发作用。老师将所查资料念给孩子们听，他们立即对"空气能传播声音"产生了极大的好奇心。老师用情景模拟的方式，让孩子们直观地感知了空气对声音的传播作用，并用孩子们能理解和体验的方式解释了声音的传播原理。当铖铖提出"用水管说话声音会变大"时，老师决定支持孩子们自主探索，从第二天来园孩子们带来的各种材料来看，他们又即将开始一次有意思的探究。

四、活动解析

"奇妙的声音"这一活动中，活动的生成、开展都源于幼儿的兴趣和发现。"声音"贴近幼儿的日常生活经验，但也是容易被幼儿忽视的现象。教师根据中班幼儿的年龄特点，抓住幼儿自发探究的兴趣点，提出探究问题（你听过的声音、声音在哪里……），激发幼儿对声音的自主探究。通过"找声音""画声音""噪声讨论""耳朵""声音的传播"的探究，幼儿对声音的产生、声音的传播、不同声音的特征以及声音对生活的影响有了更加清晰的认知。

教师在整个活动中，遵循幼儿探究在前、教师支持在后的原则，根据幼儿探究活动发展的情况，层层递进地抛出问题，把声音的探究过程简单化、具体化，易于幼儿理解，激发幼儿对声音产生持续探究的兴趣；适时地以肯定的态度、期待的话语，帮助幼儿完整、有逻辑地表达观点和提出疑问；并通过抛问题、适当反问，促进幼儿不断思考与探索，以维持有意义的学习情境。

有趣的光

执教老师：刘洋 李秀娟 林小妹

指导老师：徐爱华

一、活动来源

在晨谈点名的过程中，怀谨忽然指着墙面说："你们看！墙壁亮亮的，变成镜子了。"孩子们都顺着他手指的方向看过去。原来是太阳光照射在墙面上。于是今天的晨谈话题变成了"太阳光"。

春霖："光在我身后的柜子上。"

楚锋："我也找到啦，在窗帘上！"

杨鸿："老师，你快来看。光在我的脸上我都不敢动了"！

楚妍："光在积木上。"

怀谨："光照在地板上那里，像有水一样，闪闪的。"

祖维："光在泡沫地垫上。"

习之："在安全帽上。"

静静："哇，太阳光又跑到老师的身上了！"

春霖："这些光都是从哪里来的？"

怀瑾："这些都是太阳光。是太阳照进来的。"

光天天伴随我们，却往往被忽略，怀瑾的发现让大家产生了探索"光"的兴趣。

二、活动期望

光的各种现象是幼儿几乎每天都能见到的，光现象的变化时常引起幼儿强烈的好奇心和探究欲望。探索光现象的秘密的最好方法就是让幼儿亲自去看一看、玩一玩、做一做。《幼儿园教育指导纲要（试行）》中提出"幼儿的科学教育是科学启蒙教育，重在激发幼儿的认识兴趣和探索欲望"。教师期望幼儿通过自己的直接感知、亲身体验和实际操作，用自己的肢体、用各种工具，探索和发现光的各种秘密，如光的作用、光和影的关系等，感受科学探究的乐趣。

三、活动过程

活动1：我知道的光

老师："光在我们的生活中无处不在，你知道的光有哪些？"

子纯："萤火虫屁股会发光。"

习之："金龟子身上会发光，它的壳上有彩色的光。"

春霖："地铁车灯也会发光呢，穿过黑黑的隧道时就能看见路了。"

楚妍："我在电视上看到大灰狼的眼睛在夜晚会发光。"

怀谨："闪电光，有时下雨打雷的时候就能看见，白色的还发出吡吡的声音。"

祖维："蜡烛燃烧时有光。"

文灏："水母会发光，水晶球转起来也有光。"

希言："在很黑的地方，突然有光，就会有一个黑黑的影子。"

杨鸿："手挡住阳光会出现一个和手一模一样的影子。"

子纯："把脚伸出来挡住阳光，就出现黑色的影子。"

老师："光可以制造影子啊，好神奇，我们在哪里可以找到影子呢？"

杨鸿："操场上啊，有太阳的地方就可以找到。"

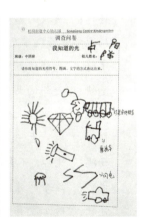

图2-6-1 谈话"我知道的光"　　　图2-6-2 "我知道的光"
记录单

活动小结

"你知道的光有哪些？"提出这样的问题是为了把"光"的话题讨论引入有目的的学习活动中，引导孩子们通过对周围事物的观察去寻找答案。我们可以了解到，孩子们对日常中所见过的光有一定的认识与了解，他们对光的认知有"自然光"，也有"人造光"。当希言提出"黑黑的影子"时，话题一下就被打开了。从杨鸿和子纯的对话中得知他们知道有光就会有影子，可是对影子的形成及光和影的关系还是不清晰的，但孩子们对影子又充满了兴趣与好奇。因此我们希望到户外，让孩子们用自己的身体、用各种工具，玩一玩"找影子"的游戏，来探索和发现有趣的光和影的秘密。

活动2：找影子

今天阳光明媚，孩子们来到户外找影子。

子纯："快看，地板上有好多黑格子和白格子。"

习之："这是遮阳棚的影子。影子是黑色的。"

怀瑾："我再去找找看哪里还有影子。"

文灏："这个树叶的影子好像螃蟹的大钳子。"

杨鸿："你们看，我的影子好像一只青蛙。"杨鸿举起双手，张开十指，做成青蛙的样子。大家纷纷看去，哇，他的影子看起来真像一只青蛙呢。看到杨鸿的"青蛙"影子，其他孩子纷纷用自己的动作学了起来。

怀瑾："我的小兔子竖起长长的耳朵。"

祖维："小鸟在我的头上飞。"

楚锋："看我的影子像大怪兽，好凶猛。"

杨鸿学青蛙跳了几步："我走的时候，影子也会走呢！"

宇轩："我帮你把影子画下来吧？"宇轩拿起纸和笔，把杨鸿的影子画了下来。

楚妍："走到这里（树荫下）没有影子。"

子纯："你要过来我这里，这里有太阳，要有太阳才会有影子。"

怀瑾："对，太阳光照到你，你的影子就会在地上了。"

杨鸿："老师，不管白天还是晚上，影子都会一直跟着我们吗？"杨鸿走过来疑惑地问道。

老师："这个问题我也不太确定。你们有谁知道答案吗？"

怀瑾："晚上没有太阳，我们是没有影子的。"

春霖："我和楚锋坐在大伞里面，影子就不见了。"

楚妍："大报纸把我的影子藏起来了。"

楚锋："我盖着大花桌布影子也不见了。"

宇轩："我和子纯站在阴影的地方也看不见我们的影子。"

祖维："在有太阳光照射的地方才会看见影子，阳光被遮住的地方影子也会一起藏起来的，所以一定要有太阳光。"

子纯："不是，晚上有灯，我们的影子也会出现的。"

图2-6-3　看！遮阳棚的影子

图2-6-4　树叶的影子像螃蟹的大钳子

图2-6-5　你的影子像青蛙，我要画下来

图2-6-6　踩影子游戏

老师："站在太阳下我们的影子就会出来，这个我们都知道了。那晚上没有太阳的时候，我们怎么才能找到影子呢？要不我们去试一试看能不能制造影子？"

孩子们听了，纷纷聚集过来："怎么试？我也想试一试！"

子纯看了看，说道："我们可以去音乐室拉上窗帘，黑黑的，太阳光就进不来了！"

老师："不错的主意，我们去试一试。"

活动小结

"找影子"让孩子们初步感知了光和影子的密切关系。在直接感知与亲身体验的过程中，孩子们知道需要阳光及不透光的遮挡物才能形成影子。杨鸿发现当人走动，影子也会跟着时，引发出画影子、踩影子的游戏。在踩影子的游戏中，楚妍发现站在阴影的地方影子就会消失。对光和影的认知，在"找、玩、说、画"中层层深入，他们不断探究和发现影子的秘密。经过观察，老师看到孩子们都能找到影子，都说影子是黑色的，看来孩子们通过视觉感知和肢体探究，已经获得了"影子"的基本经验。当孩子们对只有太阳光才能形成影子存在疑惑时，老师决定引导孩子们开始动手探究影子是如何形成的。

活动3：制造影子

来到音乐室，孩子们纷纷去帮忙拉上窗帘。老师还拿来了很多材料，有手电筒、小玩具、矿泉水瓶、小积木等物品。

子纯："老师，还是有点儿亮，太阳光还是跑进来了，怎么办？"

老师："我来看一下。哦！你们还没有把窗帘的遮光帘拉上。"

老师："你们知道制造影子需要什么东西吗？"

老师和孩子们一起把遮光帘拉上后，音乐室果然暗了许多。孩子们在黑房子里面感到很新鲜，并没有害怕的表现。听到老师的问题后，他们更是兴致盎然，纷纷拿起各种材料开始探索。有些孩子拿起手电筒往墙上打光；有些孩子拿起手电筒往小玩具上照；有些孩子拿手电筒照地上，看到地上的光和没照到的地方出现界限，说："这就是影子。"

春霖指着地上的光圈："这就是影子，你们看！"

子纯："这不是影子，影子要照个东西才会出现，你都没有照。"

怀瑾："是啊，你说的地方是没有照到光的地方。"

老师："嗯，子纯和怀瑾说得对。"

泽瑞："老师，你看，我把手放过去，手电筒就有手的影子了。"

雅婧迫不及待地用手做了蝴蝶的样子："看我的大蝴蝶飞过来了。"

杨鸿："我把白纸放到手电筒面前怎么没有影子呢？"

春霖："纸太薄了！"

楚妍："要照积木，纸太薄了，要厚一点的。"

祖维："有亮光照射的地方才会有影子，还要有东西挡住（光）。"

老师："那你们能让影子出现在墙上吗？"

春霖、子纯、怀瑾、泽瑞立马说道："我可以、我可以！"他们纷纷把手电筒的光打在墙上，杨鸿、子纯和怀瑾拿了一些小玩具放在光线面前，果然墙上出现了小玩具的影子。

楚锋："影子真好玩，就像捉迷藏一样。"

子纯："你们看，红色亮片的影子还有点红色呢。"

老师："所以形成影子需要什么条件呢？"

子纯："要有阳光。"

杨鸿："要有遮挡光的东西。"

老师："你们说得对。影子的产生有两个条件，要有光和不透光的遮挡物。光照在不透光的物体上，就会出现影子。"

怀瑾："太好玩了。我要把影子画下来。"

宇轩："我也要画，我刚刚在操场的时候也画了。"

孩子们回到班级，艺术作坊小组的孩子们开始动笔画了起来。

怀瑾："这个胖胖的是我，我在打篮球，我的影子也在打篮球。"

楚妍："我画了我自己的影子，还有太阳、苹果和叶子的影子。"

卓阳："我画我的影子在喂小兔子吃胡萝卜。"

雅婧："我先画了自己的影子，再用黑色卡纸和双面胶贴我自己的影子。"

……

活动小结

在音乐厅布置成的实验室进行"制造影子"的实验时，老师以"制造影子需要什么东西"引发了孩子们的探究和思考。在制造影子时，我们看到了不同孩子对"光和影"的不同经验：春霖认为手电筒照射在地上的光圈之外的黑暗地方都是影子；杨鸿发现白纸没有影子，经过探究明确了"遮挡物"的概念；楚妍、泽瑞和雅婧知道影子形成需要遮挡光线；子纯对影子形成的条件和概念比较明确，她还能关注到颜色不同的遮挡物的影子颜色也会有变化。而其他孩子都没有关注到这一现象。在亲身体验完制造影子之后，孩子们产生了主动表征的意愿。从他们的作品来看，他们对"影子"的特征（黑黑的形状和遮挡物一样）有了进一步的了解，还有的孩子能生动地还原人、光、影子的位置关系。可见，通过探索，他们对光和影的了解更深刻了。

活动4：太阳光与生活的关系

户外活动结束之后，孩子们回到班上换起了干爽的衣服。换衣服、喝水时，孩子们聊了起来。

泽瑞："老师，好热呀，太阳都把我晒黑了。"

习之："你看，我的衣服全湿了。"

孩子们听到也一起附和起来："刚刚在外面找影子的时候好热！晒得好口渴呀！太阳光太猛烈了！太晒了！"

老师："是啊，太阳光可以制造影子，给我们带来很有趣的游戏，但是暴晒在太阳光下，我们的身体也会有不舒服的反应，那你们知道太阳光对我们的生活有哪些作用

图2-6-7　查找太阳光的秘密（1）　　　　　图2-6-8　查找太阳光的秘密（2）

和影响吗？请大家跟爸爸妈妈一起找答案，明天我们再来一起分享。"

第二天早上来园，孩子们把在家里和爸爸妈妈找到的资料带了过来。晨谈活动，大家纷纷拿出了自己的"劳动成果"分享交流起来。

楚锋："太阳光可以让我看见东西，能晒干衣服。"

静静："太阳光可以让小朋友长高，太阳光里面还有紫外线，可以帮我们杀死细菌。"

泽瑞："小树长大必须要晒太阳，不然它的叶子就不能呼吸。"

祖维："我爸爸说太阳光是一种能量，可以用来发电，还可以用来充电呢。"

习之："我爸爸说在华侨城的路灯底下有太阳板，太阳光照在太阳板上可以发电，让路灯亮起来。"

……

老师："你们找到的答案非常多！太阳光是生命生长需要的条件之一，现在的科学技术还能把太阳光转化成太阳能发电，太阳光可以为我们的生活提供帮助。"

春霖："但是我妈妈说人晒太阳太久了会中暑的。"

宇轩："太阳光的紫外线还会把人晒黑、晒伤。"

希言："太阳光太强烈的话，会影响爸爸妈妈开车。"

老师："太阳光不仅给我们的生活提供帮助，也会影响我们的生活。如果不科学利用它，也会给我们带来一些不便和伤害，这时候我们该怎么办啊？"

楚妍："所以我们出门的时候要带太阳伞。"

宇轩："我妈妈出门还要戴墨镜和擦防晒霜。"

景琦："中午太晒的时候不能出门，太热了。"

子纯："我们去户外活动的时候要在阴凉的地方玩。"

图2-6-9 "光的作用"亲子作业表（1）

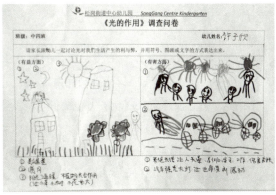

图2-6-10 "光的作用"亲子作业表（2）

楚锋："我哥哥说在太阳光下，用一个放大镜就能把报纸烧个洞呢！"

怀瑾："还有我昨天看到一个视频，矿泉水瓶晒久了还会把森林烧了。"

子纯："我也看了，用太阳光可以烧东西。"

宇轩："太阳光不会烧东西，那我们晒了怎么没有被烧。"

子纯："用一个放大镜就可以了，我昨天看的，真的烧了。"

祖维："放大镜哪有这么厉害？放大镜只能把小的东西放大。"

子纯："不信我们去试试。"

老师："太阳光透过放大镜到底能不能燃烧东西，你们去试一试吧！"

孩子们雀跃起来："耶！我也要去！我们又可以做实验了！"

活动小结

在亲子调查前，孩子们对"太阳光的作用"几乎局限在"晒久了很热""会出汗""晒黑了"上，太阳光对生活的其他影响几乎一无所知。此时，老师意识到继续谈论下去的意义也不大，于是巧妙地布置了"家庭作业"，让孩子们回家和爸爸妈妈一起查找资料。果然，孩子们从家里带来了各种不同的知识，通过分享和交流，孩子们对太阳光的影响和作用有了更深入的认知，知道了太阳光能给我们的生活带来许多好处，但也会带来一些困扰。可见，家长的配合是开展教育活动的重要支持。当楚锋、子纯、怀瑾提出"太阳光可以让物品燃烧"时，大家对这一现象充满了好奇，老师建议试一试，又鼓励孩子们通过亲手操作来验证自己的猜测。

活动5：神奇的燃烧实验

孩子们拿起放大镜、记录表和各自所需的材料来到操场上。楚妍、希言、习之和宇轩选择了干燥的树叶；静静、杨鸿、怀谨和祖维选择了彩纸；文灏和春霖选择了小木块；子纯选择了纸巾筒……

楚妍把树叶放在地上，把放大镜伸到树叶上方，太阳光透过放大镜后树叶上出现了一个小小的亮点："哇！树叶上的亮点能变大也能变小呢！"

祖维："我这里也有！我把放大镜放低点亮点就变大了，我的手抬高了亮点就变小了。"

希言："不是的，你看我偏左一点它就变大了，偏右一点它就变小了。"

杨鸿横举着放大镜，细声地问旁边的怀谨："怀谨，你说放大镜真的会把纸烧出洞吗？"

怀谨："我觉得肯定可以，你再等一等。"

文灏："老师，怎么我的木块还烧不着呢？"

宇轩："对呀，我的树枝也烧不着。"

宇轩刚刚说完，文杰这边就开心地呼喊起来，原来他的树叶真的燃烧了！

文杰："我的树叶冒烟啦！哇，真的烧了一个洞洞。"

孩子们围过来："真的耶！你是怎样做到的？"

文杰："大的亮点是烧不着的，我的是小亮点所以烧着了。"

老师："那我们也来试试吧。"看到文杰成功地把树叶点燃，大家信心倍增，纷纷回去调整好放大镜的位置，继续等待。

静静："快看！我的纸也冒烟了！要把小亮点弄成最小才会烧着。"

希言："我的也冒烟了！"

习之："我的也冒烟了！"

怀谨："我好像看到了彩虹的颜色。"

操场上出现了孩子们忙碌又认真的身影，每当他们听到身边的伙伴成功时，总会投去羡慕的眼光。还没成功的孩子继续安静地等待，有的还会问上一问："可以教教我

图2-6-11　亮点能变大也能变小

图2-6-12　放大镜燃烧实验

吗?"还有的孩子怀疑是自己拿的放大镜"坏掉了",便找成功的小伙伴借用放大镜。最后,除了文灏和春霖的小木块没有被点着,其他孩子拿的东西都成功被点着了。

子纯:"是不是你的木块太大了?"

春霖:"可能是木块太大了,我试一下烧纸。"

文灏和春霖放弃了小木块,拿来纸片和树叶再次尝试,果然可以成功燃烧。

回到教室后小结,孩子们分享起各自的实验成果。

文杰:"开始点着冒烟时我很害怕,怕真的着火,后来我才发现没有真的着火,只会烧焦,会有烟。"

杨鸿:"我第一次没有成功。"

老师:"为什么没有成功呢?你找到原因了吗?"

静静:"他的放大镜动来动去,亮点跑来跑去就烧不着了。"

杨鸿:"后来我定住之后就可以烧了。"

静静:"而且要那个亮点调到最小的时候,才容易烧起来。"

老师:"噢,原来用放大镜燃烧东西的时候,要固定位置,把太阳光聚焦到一个小亮点,才容易燃烧东西。"

文灏:"我的木头没烧着,我换了叶子。我把叶子烧成了破烂的房子。"

楚妍:"我的烧成了蝴蝶。"

静静:"我把纸烧出了毛毛虫的样子。"

怀谨:"我的纸没有烧出洞洞的时候,我好像看见了彩虹的颜色。"

楚锋:"我好像也看到了。"

子纯、楚妍、静静:"我们也看到了呢!老师,那是不是太阳光的颜色?"

老师:"太阳光的颜色到底是不是像彩虹的颜色一样呢?我也很想知道答案,不如大家一起回去查找资料吧!"

图2-6-13　燃烧"成果"

图2-6-14　看我烧的毛毛虫

在实验中，孩子们根据自己的需要选择了操作材料，在操作的过程中懂得向旁边成功的伙伴学习，并不断调整操作方法，从而获得成功。静静善于观察和分析，发现"太阳光聚焦点越小越容易燃烧"，并把自己的发现分享给大家。在分享交流环节，老师引导孩子们总结放大镜燃烧的原理。孩子们有了亲身体验，就更容易理解了。当怀瑾分享自己做实验时看到好像有彩虹的颜色时，孩子们都纷纷表示自己也有同样的经验，也"好像"见过这些彩虹一样的颜色。于是寻找太阳光的颜色探索就自然而然地产生了。

活动6：太阳光的颜色

老师："你们查了资料，知道太阳光是什么颜色了吗？"

春霖："跟彩虹的颜色是一样的。"

杨鸿："有红色、黄色、橙色、蓝色、绿色、紫色、青色。彩虹的颜色是太阳光给的。"

习之："杨鸿，你是怎么知道的呀？"

杨鸿："我们查资料的时候看到的。"

宇轩："我见过彩虹，我从彩虹上看见过这些颜色。"

老师："还有很多方法可以看到太阳光的颜色，让我们一起来找找太阳光的颜色吧！"

老师给孩子们提供了泡沫水、多棱面万花球、放大镜、白纸、透明薄膜、光碟等，让他们对太阳光的颜色进行观察、探究。

图2-6-15　和妈妈去图书馆查资料

图2-6-16　爸爸告诉我彩虹的秘密

图2-6-17　彩虹出现了

图2-6-18 纸上出现了光的颜色

图2-6-19 吹泡泡发现光的颜色

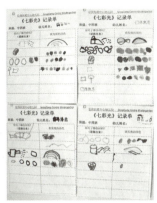
图2-6-20 "七彩光"记录表

老师："说说你们都发现了什么有趣的现象。"

楚锋："把泡沫水吹成大泡泡，太阳光照到的泡泡就变成五彩的泡泡了。"

杨鸿："如果泡泡在阳光底下，还会出现一个会旋转的彩虹呢。"

春霖："老师的水壶对着阳光一直喷，就看见彩虹了，我还伸手摸了。"

静静："喷在植物上的水珠照到太阳，水珠上会出现彩虹的颜色，是太阳光的颜色。"

子纯："放大镜照到白纸上，也会有细细的彩虹的颜色呢。"

文灏："我们放音乐的碟子上照到光也有很多颜色！"

老师："彩虹是由红、橙、黄、绿、蓝、靛、紫七种颜色组成的，我们看到的这些色彩都是太阳光照射在空气中的水滴上反射出来的。"

怀瑾："太神奇了！"

活动小结

材料是激发和维持孩子们探索兴趣的最好诱因。有了探索太阳光颜色的材料，孩子们更愿意去探索和尝试。在寻找太阳光颜色的过程中，孩子们能细心观察，知道彩虹的颜色是由红、橙、黄、绿、蓝、靛、紫七种光组成的。太阳光颜色的显现引起了所有孩子的高度关注，但他们并没有关注颜色出现的原因。由于孩子们认知的局限，老师关注和引导着孩子们观察和分析，并适时地告知他们彩虹形成的基本原理，让孩子们有了初步的感知和理解。

四、活动解析

"有趣的光"以生活中不可缺少的太阳光引发的各种现象为主线，贯穿整个生成活动。在活动中，幼儿经历了我知道的光、找影子、制造影子、太阳光与生活的联系、神奇的燃烧实验、太阳光的颜色六个活动。幼儿对"太阳光"的认知和理解从一开始的无心发现，到光影形成条件、光的作用、聚光作用、太阳光的颜色（反射现象），有了初步的理解和认知。通过实验、记录、操作、体验，幼儿可初步感知科学探究的严谨和乐趣。

从引导幼儿找影子、制造影子开始，教师的观察和反思，以及准确判断幼儿的兴趣和经验水平起了重要的支架作用。当幼儿对"影子形成"经验和概念还未明确，教师提供了"制造影子"的机会，让幼儿在亲自探究中对光和影的现象有了进一步的认知。教师在活动中作为孩子学习的支持者、合作者和引导者，当幼儿提出问题时，教师并不急于提供答案，而是提供熟悉的材料给幼儿去亲自验证，把握时机、积极引导，拓展了幼儿的观察能力和思维能力。注重家长资源的利用，也是探究活动得以顺利开展的重要原因。

在探究中，幼儿始终是学习的主人，有了熟悉的材料、宽松的环境，他们从发现问题到解决问题，充分运用观察比较、查找资料、讨论交流、实验操作、记录分享等方式进行探究实践。他们表现出的积极主动、敢于尝试、乐于想象和创造的良好学习品质让人惊叹。当然，在本活动中还有一些未解决的问题可以作为延伸活动，如物体的透光性探索、影子大小的变化与光线照射角度的关系、影子的颜色变化等。我们期待在接下来的活动中，幼儿对光的探究又能有新的发现。

行走的线条

执教老师：王蔚　龚进玲　蔡泳贤
指导老师：徐爱华

一、活动来源

户外活动时，孩子们兴高采烈地玩着沙包，时而向上抛，时而向下抛，时而向前抛，时而向后抛，大家玩得不亦乐乎。他们一边抛，一边说着。

尊尊："我的沙包这样落下来（他一边说，一边做了一个开汽车的动作）。"

莹莹："我的沙包跟他落下来的不一样。"

辰辰："我的沙包飞得更高，也是这样落下来的。"

邦邦："我的沙包掉下来，还滚了这么远才停下来。"

由于每个人抛的方式不一样，沙包掉下来的结果也不一样。孩子们好奇地再次向上抛起了沙包，有说有笑地议论起沙包落下来的样子。

二、活动期望

兴趣是活动最好的切入口，教师应及时捕捉幼儿在生活中的兴趣点，把握偶发事件中所隐含的教育价值，积极引导幼儿的科学探究活动。看到幼儿对沙包落下来的现象非常感兴趣，教师决定投放一些不同的材料，期待幼儿通过直接感知、亲身体验和实际操作来观察、比较、感知物体下落的轨迹；并学习用适当的方式记录、表达和交流探究的过程与结果，从中体验到科学探究的乐趣。

三、活动过程

活动1：沙包掉落时的现象

户外活动时，孩子们看见投掷区新投放的各种材料后都兴奋极了，尊尊、邦邦、辰辰和几个小朋友纷纷选择了一种玩具，并将其抛向空中，观察其落下来的样子。

尊尊："我的沙包重重地落下来了！"

茹茹："毛毛球轻轻地落下来了。"

辰辰："尊尊，你看我抛的羽毛它飘下来了。"

莹莹："我的沙包也是直直地掉下来了，差点砸到我自己了呢。"

君君："我的沙包是直着落下来的（做了一个跳起来、蹲下的动作）。"

宽宽："我的树叶太轻了，它们也是飘下来的。"

骞骞："老师，降落伞飘了好远才落下来了。"

琳琳："我玩毽子时，毽子翻了个跟头掉下来（双手做翻转状），它会弹起来；后来，我又抛气球，气球是慢慢飘下来的（边说身体边摇晃）。"

欣欣："重的东西就会直直地掉下来，轻的就不会，要飘着掉下来。"

尊尊："是的呢！沙包比树叶重，它是很快地掉下来的。"

户外活动结束喝水时，孩子们都争先恐后地说着物体下落的不同现象：有直直地落下来的，有慢慢地飘下来的，有转着落下来的……他们一边说还一边用肢体动作描述物体掉落的过程。

老师："嗯！你们的发现太有趣了，你们可以把发现的不同物体掉下来的路线记录下来。"

图2-7-1　探索物体下落时的路线（1）

图2-7-2　探索物体下落时的路线（2）

图2-7-3　做记录

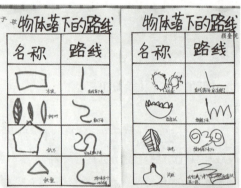

图2-7-4　记录物体掉落时的现象

活动小结

　　当发现孩子们对"抛、投"物体落下的轨迹感兴趣时，教师及时提供和调整户外抛投区的操作材料（质量不同的材料、相应的记录表），让孩子们能自主选择材料、自发交流体验结果，在观察和对比中发现不同质量的物体落下的路线不一样：重的物品会直线快速落下；轻的物品会缓慢飘落。从孩子们的操作和对话中可以发现，他们不仅能用肢体动作、语言描述物品落下的路线，还能用线条的方式表征出来，并且能根据不同的现象用不同的线条表征（用直线表示物体直直地落下；用连续的波浪线表示物体在滚动；用锯齿纹表示物体在跳动；用断断续续的波浪线表示物体在飘动等）。

活动2：我抛的方法不一样

　　老师："为什么你们都抛了沙包和羽毛，怎么记录的路线不一样呢？"

图2-7-5　羽毛向上抛

图2-7-6　网球向前抛

辉辉："我刚刚在抛的时候，我是向上面扔，它（羽毛）一直旋转下来，像龙卷风一样。"

邦邦："我拿羽毛的时候，我是放在手里直接让它掉下来的，所以画得有点儿直。"

霖霖："我丢沙包的时候，我是用力向前丢的，所以我画的比充充的远很多。"

充充："是啊，他（霖霖）是向前面扔的，我的沙包向后扔，像坐滑滑梯一样，'咻'地滑下去了。比他的短一点。"

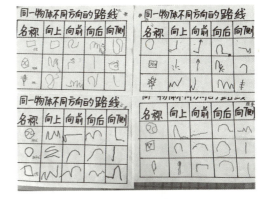

图2-7-7　行走的路线

老师："哦！原来你们抛的动作不一样。有什么不一样的发现吗？"

小白："我们抛沙包，都是一个向上，一个向前和一个向后扔的。"

老师："你向后扔，没看见沙包落下来；你是怎么记录的？"

小白："我记得是莹莹扔的，她记得是我扔的。我们相互记。"

莹莹："是的，我还发现我记录的沙包向前和向后扔是一样的，都是先飞得很高，然后才掉下来的。向上面扔是直接掉下来的。"

小白："但是它们的路线是一样的，只是向上扔要高一些。"

充充："抛羽毛最难了，用很大力气都抛不远呢。"

辰辰："我也是，所以我最喜欢抛网球和海洋球，能抛很远。"

邦邦："我发现网球和海洋球抛出去都会滚好几下，沙包不会。"

充充："向前抛最远，向上抛能抛最高呢。"

老师："你们的发现都非常棒，而且还观察得很仔细，都发现了抛的方式不一样，沙包、网球、海洋球、羽毛掉下来的路线也不一样了。那如果是一张白纸呢？你们能不能找到它不一样的下落路线呢？"

活动小结

教师从孩子们的记录中发现同一个材料，记录的方式不同，于是提出问题："为什么同样的材料记录的路线不一样？"他们在讨论和交流中，关于"物体落下路线"与"抛物方式"之间的关系也在不断地一步步澄清：向前、向后抛会有抛物弧度，因此以抛物线的形式记录；向上抛是直线，所以用箭头代表了物体运动的方向；向前抛比向后抛更远，因为"向前抛好用力"；网球、海洋球掉到地上还会弹起来滚几下而沙包不会，羽毛因为太轻，所以总会在空中飘落下来……记录的线条生动地还原了抛物的现象，再结合他们的描述我们可以知道，他们已经获得了新的经验。

活动3：白纸落下来的秘密

辉辉把白纸往上用力抛起来，白纸左右摇摆飘了下来。于是，他用波浪线记录了白纸飘落的过程。充充走过来，看到记录后说道："不是这样的，我的白纸是飞起来的。"他边说边用手比画。

辉辉："不是，你看，它就是这样飘下来的。"辉辉又拿起白纸展示了一遍给充充看。

充充着急地说："不对，我的白纸落下来的比你的快。不信我们比一比。"

辉辉："比就比！"

辉辉和充充分别拿了一张白纸，开始较量谁的白纸先落地。

辉辉的纸先着地。充充有点不甘心，他想了想，说："我有办法比你更快更高。"说完，他拿起白纸折成纸飞机的样子。果然，纸飞机一扔出去，往上飞了一会就落到更远的地上。

尊尊："噢，我也来试试。"

看到充充把白纸折成飞机的样子，旁边的孩子也纷纷学了起来。

老师："我这里有两张一样大的纸，除了折成飞机的样子，你们还有什么办法让它们落下的路线不一样呢？"

莹莹："我来试试，一张用力向上抛，一张轻轻地丢，肯定不一样。"

莹莹尝试着用不同的力度抛白纸，但两张纸都是摇摇摆摆地飘落下来。充充和辉辉看到，说："我们刚刚试过了，这样扔只是一个快一个慢。"

孩子们拿起纸，开始尝试起各种不同的方法。

小白："我猜应该是折小的这张会直直落下，因为我折过飞机，就是直直飞下去的。"

图2-7-8　看看一样大的纸谁先落地

图2-7-9　讨论：怎么让一样的白纸落下的方式不一样？

辰辰："我把纸对折了，落下来还拐了一个弯。"

乐乐："舒宇横着放，我竖着放，我的比他的快呢！"乐乐说完，一手拿一张纸，左手的纸横着、右手的纸竖着，两手同时放开，果然右手的纸先飘到了地上。

小宇："我把纸撕成碎片，纸片是摇摇摆摆地落下来的，纸片飘到东、飘到西的。但都是好难捡回来哦！"

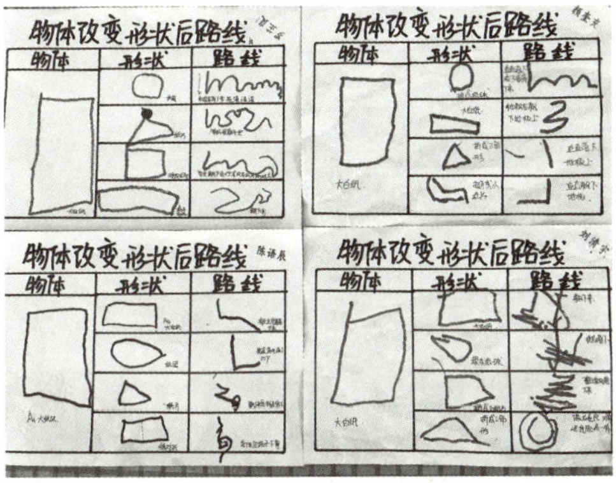

充充把纸揉成一团，用力往上抛："你们看！我把纸揉成一个纸团是直直落下来的。"

岚岚马上模仿起来，把手上的纸也揉成了团："它直直落下来还在地上滚。"

老师："你们想的办法都非常有创意。原来你把纸的形状改变了之后，落下来的路线也不一样了。"

充充："对啊，我把纸揉成一团之后，它才会直直地掉下来。"

岚岚："对的，一张纸太轻了，它会飘起来。"

尊尊："辰辰撕碎的纸飞得到处都是呢。"

老师："老师这里还有一些材料，你们也都试试看，它们能不能也有不一样的落下路线。"

图2-7-10　记录我们的尝试

活动小结

充充和辉辉的一次小"较量"，在教师的引导下，变成了小组的共同探究问题：同一张白纸，怎么探索出不同的落下路线？前期"抛"和"扔"的经验是孩子们共同的新经验，莹莹将这种经验迁移到探索纸的落下方式中，企图用不同的抛、扔力度探索出不同的下落路线；乐乐和舒宇发现纸张横、竖摆放落下的路线也不一样；小宇还想到了把纸撕碎来减少受力面的办法；充充、辰辰和小白则不约而同地尝试改变纸的形状来改变纸落下的路线（辰辰、小白把纸对折，充充把纸揉团）……他们都在积极主动地调动自己的经验和认知，创造性地解决问题。其中，从充充的操作中可以看出他正机智地将生活经验运用到探究中：折纸飞机、揉成纸团。无疑，改变纸的形状能导致纸落下来的路线发生改变。用同样的材料（纸张）来做比较，既给探究增添了对比的趣味，也增加了孩子们的探究兴趣。教师根据观察，继续提出了具有探究意义且能激发孩子们兴趣的问题，活动又向前进了一步。

活动4：气球充气之后

接下来，老师提供了一些相同材质、大小不一的气球，请孩子们吹成大小不一的气球，再次进行实验。

尊尊："老师，我的气球口没有扎紧。我一放手，气球'咻'地就飞出去掉下来了。"

充充："我的气球吹得特别大，但是好像也飞不太高呢。"

邦邦："不吹气的气球都不会飞，吹的气多的才会被风刮走。"

玮玮："扁的气球不好玩，抛起来都不会跳，就掉下来。"

焓焓："我吹了一个气球，抛出去时，像放屁一样'噗'一下，转个弯落下来。"

尊尊："扁扁的气球是直直地落下来的，和有气的气球不一样。"

莹莹："充气很多的气球先是直直地落下，然后还弹起来，然后就滚到玩具车那里了。"

充充："没气的气球也是直直地落下，有气的气球是飘来飘去的。"

辉辉："充充，我在想如果我往气球里面装水会发生什么情况？"辉辉说完决定给气球装上水试一试："我给气球里面装了水，它就直接掉下来砸到地上了。"

充充发现篮球筐旁边有一个瘪了气的篮球，兴致勃勃地去拿过来，还顺便带过来一个充气完好的篮球。"你们看，这两个篮球就像我们玩的气球一样！"他边跑过来边喊道。

充充跑到小组中间，说道："我猜没有气的篮球肯定是直直地掉下来的。"说完，他一松手，瘪了气的篮球果然直直地掉在地上，还发出了一声闷响。

玮玮："我知道，这个有气的篮球肯定会弹起来，我们平时玩篮球都弹起来才能拍的。"玮玮指着充满气的篮球有信心地说道。

焓焓和尊尊也表示认同地点了点头："是的，我也见过，我还玩过。"

充充松手，充满气的篮球果然掉落到地上后又弹起来了几下，然后滚到了台阶边上。

充充："嗯，有气的球都会弹起来或者飞起来，没气的球都是直接掉到地上的。"

图2-7-11　你来抛，我来记录

图2-7-12　扁扁的篮球

图2-7-13　分享和讨论

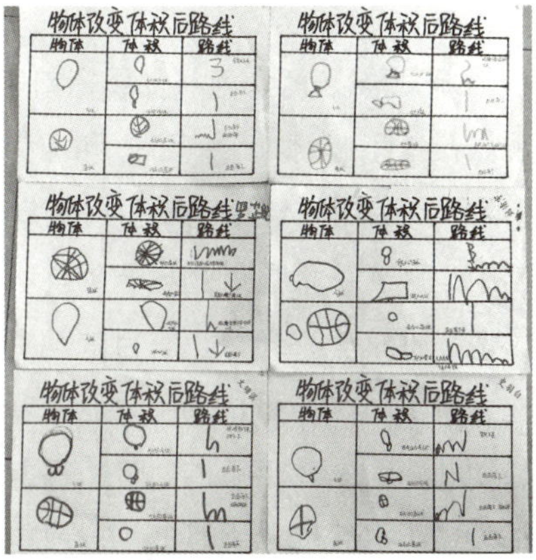

图2-7-14　我们的记录

尊尊："篮球在草地上也弹不起来的。我们去试一试，看看哪一个球落下来更快。"

于是，尊尊、充充、焓焓和玮玮捡起了篮球和气球，决定去草地上再试一试。

活动小结

当教师把各种气球拿出来时，孩子们的兴趣再一次被激发出来。气球是幼儿园平时常见的材料，但多数是装饰材料或科学区的探索材料。在户外，孩子们并没有太多机会这么"自由地"玩气球。尊尊、焓焓把气球充满气再直接松开手，气球便飞了出去，他们初步感知了气和气球之间的关系；玮玮、邦邦只关注了气球落下的路线；充充则注重研究"充气多少"和"飞得多高"之间的关系；辉辉为了让气球更快落下，还给气球加了水，增加了质量，果然落下的速度更快了。到后来，"有气"和"没气"变成了孩子们共同关注的点。充充此时发现了充满气的篮球和瘪气的篮球，由气球的探索经验，他开始猜测篮球的落下路线和充气有关。果然，通过他们的记录我们可以看出，经过一番探索，他们关于气球和篮球的落下轨迹与"球内气体多少"之间的认知更加明确了。

四、活动解析

"行走的线条"是一次幼儿对生活中常见现象（掉落轨迹）的感知与探索。活动内容主要来自幼儿生活中常见的事物和现象。活动中，幼儿探索了关于物体的掉落轨迹的四个方面：轻重不一的物品（沙包、羽毛等）、抛物方式不一（向前、向后、向上、用力或不用力）、改变形状（纸张揉成团或撕碎）、改变气体的量（气球和篮球气体多、少）的探索。通过操作、观察、对比，幼儿获得了大量关于物体落下轨迹的感性经验和艺术表征经验。

《3—6岁儿童学习与发展指南解读》中提出，大自然以及周围生活中的各种事物与现象最能引起幼儿的好奇心和探究兴趣，也是幼儿发现事物特征，概况、分类和寻求事物间关系等思维活动发生得最集中的领域。"物体掉落"是幼儿生活中常见的现象，其中也蕴含了大量的物理原理。教师根据个别幼儿对沙包掉落现象的描述和关注，及时地抓住这一兴趣点，有目的地提供了大量适合探索物体落下轨迹的材料，支持幼儿在探索的过程中积极动手动脑来观察和分析问题、寻求答案。同时，教师有意识地引导幼儿观察物体落下的轨迹（提醒幼儿注意抛物动作与落下路线的关系，同一材料的不同落下路线的原因等），并提供支持幼儿记录的材料（笔、物体落下轨迹记录表），培养幼儿的观察和分析能力；对幼儿自发的观察活动和发现表示赞赏。

当幼儿在探究纸张和气球、篮球的落下路线时，幼儿的表述显示出他们在活动中对科学原则和方法的运用是如此自然，如"我在想如果这样做的话会发生什么呢？""它们好像是一样的，但是又有点不一样，有一个会滚得更远。""我们两种方法都试一试，看看哪个会更快。"……即使在没有意识到的情况下，他们也能自信地运用已有的知识和技能进行科学思考和活动。因此，我们会思考，幼儿的科学教育应该如何开展——基于生活，来源于生活。

纸的作用大

执教老师：江梦娇

指导老师：陈笑民

一、活动来源

餐后阅读时间，乐乐跑过来大声地对老师说了下面的话。

乐乐："老师，这本书被撕坏了。"

小雨："怎么撕坏的？"

乐乐："这书是纸做的。"

向向："对呀，很容易被撕烂的。"

小鱼："上次我把钱给撕坏了，妈妈说钱也是纸做的。"

昊昊："纸也可以做钱呀？"

育霖："我妈妈说我家的台灯也是纸做的。"

图2-8-1 发现书被撕坏了

当当："台灯也是纸做的？不是吧？我家的台灯不是纸做的。"

天天："我知道我妈妈的扇子是纸做的。"

……

老师："原来你们知道生活中有这么多东西都是纸做的。还有哪些东西也是纸做的呢？回家请你和爸爸妈妈一起找一找。"

纸的种类繁多，每种纸的特性都不同，生活中有各种各样的纸制品。从孩子们的谈话中，我们了解到孩子们对纸的特性有一定的认识，他们知道书是用纸做的、钱是用纸做的。同时，他们对纸容易被撕碎的特征也有了一定的经验与认识。

二、活动期望

《3—6岁儿童学习与发展指南》提出，幼儿的思维特点是以具体形象思维为主，在探究的过程中让幼儿感受科学探究的过程和方法，体验发现的乐趣。教师期待幼儿在实验中通过亲身观察、比较分析等方法，了解纸的特性，学习发现问题、分析问题和解决问题，对探究活动感兴趣。同时通过这样的活动，幼儿能初步了解人们的生活与纸的关系。

三、活动过程

活动1：生活中的纸制品

第二天，孩子们迫不及待地拿着各种收集来的纸制品，分享各自的发现。

当当："牙膏盒是纸做的，牛奶盒也是纸做的。"

向向："补品外面的包装盒是纸做的。"

梓桐："图书、写字本是纸做的。"

唯唯："方便面桶是纸做的。"

……

老师："刚才大家分享了很多在家里发现的纸制品，现在请你们仔细找找，教室里都有哪些纸制品？"

小鱼指着墙上的区域牌，像发现新大陆般高兴地说："这个也是纸做的，我家里有很多。"

苗苗走到美工区的回收箱，仔细地看薯片筒，她疑惑地问我："老师，这个是不是纸做的？"

老师："是哟，这是不是纸做的呢？"

灏灏在写作区找到了一张复写纸："老师，这个薄薄的，它是纸做的吗？"

老师："这叫复写纸。"

加豪："我也来摸摸，复写纸蓝蓝的，我见过白纸。"

希希："我见过彩纸，它的颜色很漂亮。"

彤彤："我在美术班里看到，有一种纸白白的，它不是白纸，叫宣纸。"

……

老师："原来你们还认识这么多不同种类的纸，还有的小朋友提出了疑问，请大家各自查找关于纸的资料，收集各种各样的纸，带来和大家一起分享。"

活动当天，在班级的展示角里，展示着孩子们收集来的各种纸制品。

活动小结

日常生活中有很多东西都是用纸做出来的，老师鼓励孩子们探索发现各种各样的纸制品，引导他们关注身边的事物。复写纸并不是孩子们生活中经常接触到的东西，当灏灏质疑复写纸是不是纸的时候，老师及时告知他"这是复写纸"，孩子们由此又获得了一种新的经验，认识了一种新的纸制品。这也引起了他们从"什么是纸做的"转向对"纸的种类"的好奇。老师在准确地判断孩子们经验水平的基础上，与孩子们一起讨论各种各样的纸，并发动家长搜集各类纸。

活动2：各种各样的纸

老师："孩子们，我们一起来分享你们带来的各种纸吧！"

乐乐："我带的是写字用的白纸，我妈妈说和用来打印的纸是一样的。"

桐桐："这是彩纸，可以拿来折纸飞机的，还可以折圣诞树呢。"

皓皓："我带来的是磨砂纸，它摸上去是很粗糙的。"

小雨："我带来的报纸软软的，很容易撕烂。你们拿的时候要轻一点。"

唯唯："我带的这种纸可结实了！"

老师："能告诉我们它的名字吗？"

唯唯："牛皮纸！"

当当："这是我妈妈出汗时擦汗用的纸巾。它可以吸汗。"

唯唯："我的牛皮纸不能擦汗。"

皓皓："我的磨砂纸也不可以，很扎人！"

小雨："报纸会湿的，下雨的时候，我拿来挡雨，它都湿透了。"

……

老师："大家今天带来了白纸、纸巾、磨砂纸、牛皮纸、报纸、彩纸。原来纸的种类还可以分很多，每一种纸都有不一样的特点。有的纸是很容易撕烂的，有的纸很结实，有的纸表面很粗糙，还有的纸是可以吸水的。"

图2-8-2 集体介绍各种纸　　　　　图2-8-3 孩子介绍带来的纸

活动小结

孩子们在收集纸的同时，了解了生活中常见纸的种类，通过观察、触摸，初步感受到不同材质纸的不同特性。谈论中，纸的吸水性又成了孩子们新的关注点。

活动3：纸的吸水性

老师："晨会的时候，当当说纸巾是可以吸汗的，小雨说报纸遇到水会湿。你们猜一猜，还有哪些纸能吸水呢？"

当当："纸巾放到水里也会湿。"

唯唯："它们会吸水，把它们捞起来就会有很多水。"

小麦："我觉得所有的纸都能吸水。"

乐乐："我也觉得，广告纸也能吸水呢。"

老师："哦，那是不是所有的纸都能吸水呢？"

唯唯："我觉得我的卡纸不会，它很厚！"

皓皓："我带来的磨砂纸可能也不能吸水，太硬了。"

老师："你们说得好像都有道理。今天老师给大家准备了大小一样的纸巾、报纸、白纸、卡纸和磨砂纸，一会儿你们都去试试看它们能不能吸水，然后把你们的发现告诉我。"

孩子们各自拿起自己的纸，乐乐拿起塑料盒到卫生间装了半盒水。他们的第一次实验准备开始啦。向向、靖靖和当当拿了纸巾放进水里，诺希、小语和桐桐放了卡纸，皓皓放了磨砂纸，唯唯则放了报纸。他们围起来观察纸在水里的变化。

靖靖："老师，我的纸巾烂掉了。"

小语："我的卡纸浮起来了。"

当当："纸巾吸了很多水，所以烂掉了。"

轩轩："纸会吸水的。"

乐乐："桐桐的卡纸也湿了呢！"

向向把卫生纸放入水中，大声叫起来："老师，纸巾吸水很快，一下就湿了，好像有点烂，拿不起来了。"

唯唯："我的报纸吸水也挺快的，它都变黑了，快看！"

诺希："卡纸怎么这么久呀？"

皓皓："我的磨砂纸可能真的不吸水，它只是湿了一点点。"

向向："你的纸那么硬，要软软的才好吸水。"

靖靖、向向和当当又拿来几张纸巾反复尝试了几遍，结果还是很快吸满水，于是开心地说："看来我们的纸巾最快，最能吸水。"

皓皓："我的（磨砂）纸太硬了，吸不进去。"

老师："原来不同的纸吸水的速度是不一样的。在这几种纸里面，纸巾的吸水性最好，磨砂纸最差；磨砂纸硬，纸巾软。"

图2-8-4　观察纸的变化　　　　　　　图2-8-5　讨论哪种纸吸水性好

活动小结

老师在材料提供上选择吸水性对比明显的纸（纸巾、报纸、卡纸、磨砂纸），便于孩子们观察与发现。孩子们能仔细观察纸的变化，还能用语言描述纸的变化，如"我的纸一会就烂掉了""我的卡纸竟然浮起来了"……还有的孩子发现了纸蘸水后颜色、沉浮等的变化。纸巾和磨砂纸的不同吸水速度的对比，引发了孩子们浓厚的兴趣，尤其是当他们发现纸巾由于吸水过多"快要烂了"，而磨砂纸依然没有太大变化时，进一步激起了他们的好奇心和探索欲望。于是他们反复拿纸巾尝试了几次，在反复操作中，他们发现纸的材质不同，其吸水速度也不同。这个活动的重点不在于孩子们是否能正确地比较出各种纸吸水性的快慢，而在于在实验过程中发展了孩子们的观察、思维、表征等各种能力。在纸的吸水性的实验中，他们对纸的软硬度产生了新的好奇。

活动4：纸是大力士

老师："昨天的实验大家还发现纸的软硬度不一样，纸巾很软，卡纸会硬一些。"

雨馨："是呀，纸巾很软，我经常用它来擦汗。"

怡君："卡纸不可以擦汗，它很硬。"

老师出示了纸箱壳子。

老师："那你们认为这种纸适合做什么？"

唯唯："寄快递！这种纸可以装东西。"

小鱼："我们积木区有这种纸板，可以搭房子用。"

老师："纸的软硬度不一样，承重力不一样，用途也会不一样。老师在积木区投放了各种各样的纸，你们看能不能在搭房子的时候用上。"

积木区里，唯唯、彦庭要搭建一个游乐场；乐乐、君君和怡君准备搭一个停车场。乐乐和君君用积木块把停车场一层围合好之后，用小方块隔成了一个一个的小车位。怡君打算建一个二层的停车场，她先用四个柱形积木搭了四个柱子，再从老师投放的各种纸里面找出来一张大卡纸，放在四根柱子上面，完成了停车场二层的搭建。乐乐和君君把一层没放下的"小汽车"都摆上了二层的车位。

老师看见，走过来问："哇，你们的停车场真大，你是怎么搭起来二层的？"

怡君："我用了四个柱子，用卡纸做成了二楼的地。"

老师："为什么你会选择用卡纸，不用白纸呢？白纸也很大呀！"

怡君和乐乐同时回答道："白纸有点软，放不住那么多车，会塌的。"

老师："噢！原来是这样！"

唯唯和彦庭看到，也想搭建一个两层的游乐场。他们学着怡君把四边柱子立好之后，走过来问能不能把卡纸借给他们用一下，怡君和乐乐拒绝了，表示他们还没有搭完。彦庭在装纸的篮子里面找了一下，最大的只有一张白纸了。

彦庭："白纸怎么弄？肯定会塌的。我也想要卡纸。"

老师："你们有没有好的办法帮助白纸也能扛起积木，不让它掉下去呢？试一试吧。"

唯唯："好难啊，你看它（白纸上的积木）总是掉下去。"

怡君看到，走过来主动帮忙。

怡君拿起纸马上卷起来："我把纸卷起来试试。"

坐在旁边的小叶看见了也开始卷起纸来说："我觉得要卷长条的圆形。"

唯唯自己小心翼翼地用一正一反折叠的方法将纸折了三下，轻轻地放在柱子上，再把积木小心地放在上面，积木没有立即掉下来，她高兴地说："你们看，我的纸把积木扛起来了。"

大家都围过来看，突然白纸又塌了下去，积木掉了下来。大家开始议论起来。

小鱼："是不是这个积木太重了？"

君君："有可能这纸太薄了。"

老师："刚刚唯唯用什么方法让积木立起来的？"

怡君："她把纸折成了一把扇子一样。"

老师："噢！她把纸折叠之后，积木成功地放上去没有掉，可一会儿就塌下去了。可能是纸的承重能力还不够大。大家再想想，怎么把纸变得更有力气呢？"

彦庭："是不是唯唯放积木时力气太大了？要轻轻地放才行。"

乐乐："是不是要多折几下才行？"

乐乐说完，小鱼开始动手起来，他折一次、折两次……折成扇子形状，这次折的比唯唯折的次数多了好几次，折好后他将积木轻轻放上去，这次积木稳稳地，再也没

图2-8-6 纸的承重性实验(1)　　　　　　图2-8-7 纸的承重性实验(2)

有掉下来。

老师:"你们发现了什么? 为什么小鱼折的白纸没有塌下来呢?"

彦庭:"这次折得比较细了。"

怡君:"我也发现了,小鱼这次折的扇子比较小了。"

小鱼:"我反复折了很多次。"

老师:"噢! 原来纸经过这样折叠,承重能力就增加了,请你们把刚才的实验分享给大家吧。"

接下来的几天时间里,孩子们运用这个经验进行不同的尝试,有了更多新的发现:卡纸经过折叠后,可以承重更多的积木;白纸经过折叠后,可以承受小汽车、小积木的重量;纸巾经过搓条之后,不容易撕烂,还可以用来绑东西;绉纸经过搓条后,可以当绳子用。孩子们的脑洞打开了。

活动小结

老师发现孩子们已经关注到不同纸张的硬度不同,当了解到积木区孩子的搭建计划后,老师及时调整了积木区的辅助材料。孩子们在游戏中感知不同硬度的纸的承重性也不同。怡君用卡纸成功地托起了两块小积木后,唯唯和彦庭立即效仿。当他们只能选择用白纸实现游戏效果时,"如何增加白纸的承重能力"成了完成搭建任务的关键问题。白纸是日常生活中孩子们经常接触到的一种纸,用白纸扛起积木对他们来说是"不可能的"。老师鼓励的语气让他们决定试一试。怡君和小叶选择把纸"卷起来"显然不适用(作为地面应该要平铺);唯唯想到了"折叠"的办法,果然奏效。白纸再次塌下,小鱼增加了纸的折叠次数,优化了纸的承重能力,最后问题得以解决。通过操作和尝试,孩子们显然已经抓住了"折叠纸张能增加纸的承重能力"这一重要的关键经验。在后续的活动中,孩子们运用实验所获得的经验,迁移到更多的尝试中,拓展了更多新的经验。

四、活动解析

对于科学活动来说，幼儿感兴趣、愿意做的，能让幼儿真正体验到探索乐趣的就是成功的科学活动。在"纸的作用大"有关纸的系列探索活动中，幼儿通过讨论、观察、实验，了解了纸的种类、不同种类纸的基本特性（吸水性、软硬程度）以及如何增加纸的承重能力。

在餐后偶然的谈话中，幼儿对纸的关注和讨论引起了教师的重视。教师敏锐地抓住幼儿的兴趣点，及时了解幼儿对纸的已有经验；同时从生活中的纸制品入手，选取贴近幼儿生活的材料，引导幼儿通过一系列有趣的实验，帮助他们进一步拓展对纸的认知和经验。从活动中我们可以看到，教师在材料上做了很多的思考。例如，选择了对比度明显的实验材料（纸巾、磨砂纸、卡纸的吸水性探究）以便于中班幼儿观察和比较，调整辅助材料投放以引发幼儿探究问题（投放纸的材料时，考虑了种类和数量，便于引发"矛盾"）。

对于中班幼儿来说，科学探究应更多地注重操作和体验，注重幼儿探究兴趣的培养。从教师与幼儿的互动和提问中，我们发现教师更多的是引导幼儿探究兴趣的生成，让幼儿对实验和操作保持好奇，并愿意亲自体验。例如，鼓励幼儿猜测实验结果、有目的地更换材料引入新的活动、对幼儿的发现给予适度的解释、必要时提供指导和点拨等，这些对幼儿来说都是有效支持的策略。因此，在引导幼儿生成活动时，作为教师，我们必须准确把握该年龄段幼儿的关键经验，必须清楚应该把幼儿引向何方，把幼儿"应该知道的知识"变成"想要知道的知识"。

每日烧烤屋

执教老师：郑婷玉　曾雅芷　吴苏苏

指导老师：黄展萍　邓焕坚

一、活动来源

经过一个学期的熟悉后，孩子们对角色区扮家家游戏的兴趣逐渐减弱，因此，老师利用晨谈时间和孩子们讨论他们感兴趣的角色，角色区是不是可以加入这些角色。

老师："你们最喜欢在角色区扮演什么角色啊？"

好好："我最喜欢扮演妈妈了，妈妈煮饭的时候很好玩。"

东东："妈妈做饭很好吃，以前她跟爸爸说想开一家餐厅。"

萌萌："我昨天和爸爸去吃了木屋烧烤，烤香肠太美味了！"

悦悦："我们可以玩餐厅的游戏，我也喜欢做饭。"

瑶瑶："餐厅要有营业执照和卫生许可证，不然会被警察抓走的。"

升升："老师，我们玩餐厅的游戏吧，我也会做好吃的。"

小贝："老师，我们的角色区能开餐厅吗？"

老师："看来你们对餐厅都很感兴趣，那我们就一起在角色区开一家餐厅吧！"

原本预设在角色区增加一些孩子们感兴趣的角色，但是在讨论过程中我们发现孩子们对"开一家餐厅"产生了浓厚的兴趣。餐厅是常见的社会场所之一，从谈话中也发现孩子们有较丰富的生活经验，因此我们决定将班级角色区更改为餐厅类主题。

二、活动期望

《3—6岁儿童学习与发展指南》中指出，社会学习具有潜移默化的特点，尤其是社会态度和情感的学习，往往不是教师直接"教"的结果，而是幼儿主要通过在实际生活和活动中积累有关的经验和体验而学习的。如何开一家餐厅？开餐厅需要哪些准备工作？餐厅里的人会做些什么？这些问题都需要幼儿能够关注生活中的相似环境，也对幼儿观察和探索能力提出了较高的要求。教师期望在主题探究的过程中，幼儿能够通过亲身体验、仔细观察了解餐厅员工及不同职业的人们的劳动，体会这些角色所表现的行为和他们之间交往的关系。在角色扮演游戏的过程中，模仿使幼儿的社会交往能力、语言表达能力及冲突解决能力得到提升。通过和教师一起创设角色区，幼儿在绘画、手工制作等方面的表征能力有所提升。

三、活动过程

从谈话中我们了解到，孩子们关于餐厅的经验来自亲身体验。经验是零散的，如何支持孩子们的兴趣，开设餐厅游戏区？事先了解孩子们的已有经验，捕捉感兴趣的话题是保持兴趣和支持探究的基础。围绕着餐厅的谈话活动开始了……

活动1：开一家什么餐厅？

1. 开什么餐厅？

老师："你们想要开一家什么餐厅呢？"

昕昕："我想要开一家早餐店，可以卖些肠粉、包子！"

好好："我也喜欢早餐店，但是我喜欢吃面条。"

斯斯："我想开一家蛋糕店，我和妈妈一起烤过蛋糕。"

东东："我想开一家烧烤店，我和爸爸妈妈去露营的时候有自己烤过。"

想想："我也烤过，就是把肉串翻来翻去不停地刷油和辣椒粉！"

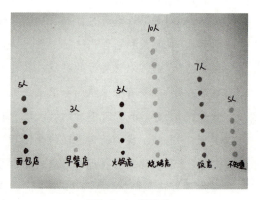

图2-9-1　统计表

瑶瑶："我也喜欢烧烤，烤鸡翅超级好吃，我可以吃100个！"

一番热烈的讨论，孩子们各抒己见。有的孩子提出可以用举手投票决定到底开一家什么样的餐厅，在孩子们的投票下他们选出了最感兴趣的"烧烤店"。开什么餐厅的问题解决了，可是孩子们了解烧烤屋吗？怎么开一家烧烤屋呢？

2. 我去过的烧烤屋

老师："我们投票决定了要在角色区开一家烧烤屋，那要开什么样的烧烤屋呢？你去过的烧烤屋是怎么样的？"

辰辰："烧烤屋里有很多好吃的。"

繁繁："有架子，有肉串，还有菜。"

小禧："烧烤屋里还有服务员，会帮我们烤好。"

小杰："我没去过，我不知道。"

晓晓："我很久之前去过，都忘记了。"

安安："有厨师，但是他们都不出来，在里面的。"

石头："桌子上还有油，妈妈说小朋友不能动，会受伤。"

老师："大家已经了解了烧烤屋里不仅有肉串、菜，有服务员、厨师，还有调料、油这么多东西，有的小朋友没有去过，我们周末的时候和爸爸妈妈一起去找一家烧烤屋看一看会不会有新发现。"

活动小结

"开一家什么餐厅？""我去过的烧烤屋？"围绕问题开展谈话活动，目的都是了解幼儿的生活经验。从孩子们的表述中发现他们的经验差别较大，有的孩子能够结合社会体验清晰地描述出制作烧烤时的基本步骤，有的孩子对烧烤屋却是零感知。如何吸引这部分孩子的兴趣是支持活动开展的重要基础，此时利用家长资源，周末进行一次亲子实地探访烧烤屋活动，点燃孩子们对烧烤屋的兴趣，为后续的活动提供支持，是个很有效的策略。

活动2：参访烧烤屋

老师："周末去过餐厅、烧烤屋考察了，你们有什么新发现呢?"

悦悦："吃完饭，服务员叔叔会帮忙清理桌子。"

升升："服务员，我需要一份土豆丝，谢谢你!"

萌萌："在等待的时候，服务员姐姐会笑眯眯地给我们拿好吃的。"

宸暤："黑色衣服的是老板，他会问我们菜的味道好不好吃。"

辰辰："我和姐姐做饭之前会去洗手，戴上围裙不弄脏衣服!"

孩子们通过实地考察，在原有的基础上进一步加深了对烧烤店的了解，知道不同的角色需要做不同的事情，因此，对角色的工作内容进行整理，为后续开展游戏积累更多的经验，是接下来需要解决的问题，为此我们开展了相关的谈话。

安安："服务员阿姨她们会在门口接客人。"

桥桥："客人坐下来，服务员会拿水给我们喝。"

恩恩："他们会说欢迎光临，你好!"

萌萌："服务员总在笑，她们走过来和客人聊天。"

州铭："服务员会拿菜单来给客人点菜。"

晓晓："我们家去餐厅吃饭，服务员会拿宝宝凳给弟弟坐。"

小杰："还要帮助客人买单，客人走了要马上收拾桌子。"

石头："就像我们吃完午餐自己收拾桌子那样。"

涵涵："厨师做饭之前要穿上厨师的衣服、戴帽子。"

图2-9-2　服务员点菜　　　　图2-9-3　收拾餐桌　　　　图2-9-4　微笑的服务员

图2-9-5 关心客人评价

图2-9-6 做菜戴围裙

图2-9-7 谈话活动

辰辰："厨师做饭之前一定要用泡泡洗手。"

繁繁："厨师不会随便在餐厅走来走去，服务员会。"

悦悦："客人可以先自拍一下，然后刷一下微信！"

小禧："客人在吃饭前要先拍照，我妈妈就是这么做的。"

东东："也可以看一下餐厅的杂志，和一起来的朋友聊聊天。"

于是我们将孩子们在活动中提到的服务员、厨师工作事项记录下来。

厨师工作：洗手、穿工作服、戴厨师帽、炒菜、叫服务员上菜、打扫厨房。

服务员工作：洗手、穿工作服、接客人、微笑、点菜、上菜、买单、送客人、打扫餐桌。

客人活动：看杂志、照顾宝宝、聊天、点菜、吃饭、结账。

活动小结

我们惊喜地发现，通过实地考察孩子们对于餐厅内的角色关注点不只是停留在厨师上，大部分孩子能够说出服务员的工作内容，以及客人会出现的行为。从萌萌的描述中可以看出，她对"微笑"和"情绪感受"之间的联系又有了一定的认知。宸宸和涵涵发现厨师在触碰食物之前还需要做一些准备工作，个人卫生和食品安全问题也存在着重要的联系。大部分孩子都提到一家餐厅中除了有角色，餐厅的其他物品也是不可或缺的。如此大的信息量，孩子们需要做一次梳理，为下一步开设烧烤店做好准备。

活动3：烧烤屋营业准备

1. 烧烤屋需要哪些设备和餐具？

老师："开烧烤屋需要准备哪些设备和餐具呢？"

升升："老师，餐厅要有营业执照、卫生许可证，不然会被警察抓起来。"

小禧："老师，妈妈去餐厅吃饭都会给菜拍照，我们客人要有手机。"

宸曜："餐厅的碗是用透明的纸（消毒碗筷）包起来的！"

泓泓："老师，我们做烧烤要用很多调料。"

萌萌："餐厅吃饭服务员会拿菜单让客人选菜。"

恩恩："烧烤要有烤炉，还要放些炭来烧。"

晓晓："需要有彩色的灯，我和爸爸妈妈去餐厅都有漂亮的灯。"

小贝："要有菜单，还有手机，会有一些客人打电话叫外卖。"

曦曦："要有好吃的菜，很多肉。"

梓宸："肉要串成串摆好，放在盘子里。"

乐乐："要有一个盘子（托盘），用来给客人上菜。"

升升："我妈妈以前想要开餐厅，爸爸说办工商执照、卫生许可证、健康证很麻烦的。"

悦悦："我们的食物还要标好价钱，这样吃完了才能结账。"

老师将孩子们提出的物品——记录下来。

厨具、餐具：烧烤架、消毒柜、炭、抹布两张、烧烤屋招牌、消毒柜。

其他物品：手机、钱、小桌子、付款二维码、营业执照、卫生许可证、健康证、卫生检查表、彩色的灯、菜单、保险箱（收钱）、铃铛（叫服务员）、花（装饰）、厨师衣服、服务员衣服等。

食物：菜、肉、烤串。

2. 烧烤屋菜品有哪些？价钱是多少？

老师："我们的烧烤屋会卖什么食物呢？卖多少钱合适？"

涵涵："我最喜欢吃牛肉丸，还有海带丝。"

果果："番茄炒蛋有营养又美味。"

图2-9-8　物品清单　　　　　　　　　　　　　图2-9-9　决定价格

卓泓："妈妈说去吃饭一定要点青菜。"

小贝："我上次去吃烧烤，妈妈给我点了香肠、牛肉串！"

家好："我最喜欢吃面条了，还有汤圆。"

州铭："可以卖烤螃蟹和虾。"

桥桥："卖一些饮料呀，可乐、雪碧、橙汁、椰汁。"

萌萌："老师，妈妈说肉比较贵，所以我们的肉可以比青菜贵。"

乐乐："一串肉卖100块钱，青菜不要钱！"

老师："大家觉得这样收费可以吗？"

晓晓："老师我觉得不可以，如果有客人只点青菜怎么办？"

石头："我也觉得不行，肉也太贵了！100块钱可以买好多东西。"

繁繁："肉串卖5块钱，青菜卖1块钱。"

老师将孩子们讨论的结果制作成菜单。

3. 烧烤屋的名字

老师："餐厅都有自己的名字和意义，我们的烧烤店叫什么好呢？"

宸曜："叫'超级烧烤'，代表超级好吃！"

梓晨："'好吃烧烤'告诉所有人我们的烧烤最好吃！"

贝贝："我想叫'蝴蝶烧烤'，因为蝴蝶很漂亮。"

桥桥："我想叫'美食烧烤'。"

小杰："叫'螃蟹烧烤'，我喜欢吃螃蟹！"

晓晓："'烤摊烤店'这样所有人都知道这里是卖烧烤的。"

升升："'每日烧烤'代表每天都要吃烧烤的意思！"

最终我们决定用投票的方式来决定烧烤店铺的名字。

宸曜——超级烧烤 7票；梓晨——好吃烧烤 3票；

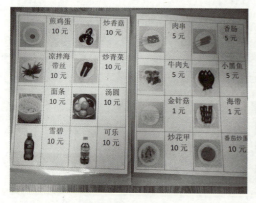

图2-9-10 菜单

图2-9-11 店铺名称

桥桥——美食烧烤 1票；卓泓——谢谢烧烤 2票；

小杰——螃蟹烧烤 5票；贝贝——蝴蝶烧烤 7票；

晓晓——烤摊烤店 4票；升升——每日烧烤 11票；

"每日烧烤"票数最高。

活动小结

孩子们的已有经验是丰富且杂乱的，在这些经验的基础上开展"烧烤屋开业准备活动"对他们来说是有挑战的，此时需要引导孩子们进行分类、有序地解决问题。师生一起将谈话中提到的准备材料进行分类，将准备活动分解为设备（包括餐具）、菜品及定价、店铺取名三个小活动进行讨论。孩子们不仅知道了要有序地解决问题，过程中涉及菜品定价、确定店铺名字等实际问题时，还学会了利用数概念、统计的方式解决，对餐厅名字及含义的思考，也加深了孩子们的社会理解。

活动4：分组筹备

"开店"需要准备的东西很多，全部由老师完成不仅需要花费大量的时间、精力，而且孩子们也缺少了运用自己经验的机会，可不可以发动孩子们参与到准备中来呢？

老师："我们开设烧烤屋要准备很多的东西，怎么办呢？"

卓泓："我们可以帮忙，大家分组准备，就很快了。"

悦悦："我也可以帮忙，我可以用轻黏土做肉串。"

安安："我来做菜，我可以用美工区的材料。"

小贝："我想做我们的招牌，我们还要挂招牌呢，要写上'每日烧烤屋'。"

老师："嗯，每个人想帮忙做的东西也不一样。"

乐乐："那我们可以分开，想做菜的一起，做招牌的一起。"

宸曜："我想准备花，让烧烤屋更漂亮。"

果果："我和你一起，我也会做花，我们可以用美工区的卡纸。"

老师："你们想到了很好的解决办法，那我们就分成小组，一起准备吧！"

经过大家的讨论，我们决定分成招牌设计小组、食物小组和装饰小组。烧烤屋需要的锅、烤架、餐具使用班级角色区现有的材料，老师负责和孩子们一起调整好位置。

1. 招牌设计小组

孩子们在教室的美工区找到了制作招牌的材料：硬盒子、牛皮纸、丙烯颜料、轻黏土、纽扣、豆子（小灯泡），通过孩子们的创意、动手操作，美观又有创意的"每日烧烤屋"招牌完成了。

图2-9-12　制作招牌

图2-9-13　完成啦

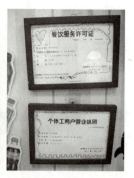

图2-9-14　合法经营

图2-9-15　装饰边框

招牌设计小组很快完成了自己的工作，结束自己工作的升升告诉我："老师，我们做完了，但是我们都没有营业执照和许可证，有这些才能开餐厅的。"升升的爸爸妈妈之前准备开餐厅，所以他一直记得爸爸妈妈说的话，对这些证件"念念不忘"。我告诉他："糟糕！老师忘记了这么重要的事情了，你可以帮忙准备营业执照吗？"升升开心地答应了下来，立刻和身边招牌小组的同伴分享了这个消息。

通过讨论、查阅资料，他们发现证件上需要有名称、地址、经营人（老板）、发证单位。于是我协助他们整理了营业执照上的文字，他们还对营业执照精心装饰了一番呢！

2. 食物小组

食物小组的孩子们发挥想象和创意，利用各种材料制作出"烧烤屋"里的各种"食材"，每一样食材都非常精美，让人"食欲大增"。桥桥、乐乐利用美工区内丰富的材料制作"烧烤屋"需要的"烤串"。小禧、小杰选择了和海带丝颜色相近的材料，一盘

图2-9-16　串串做好了

图2-9-17　海带制作中

图2-9-18　制作调料

美味的辣海带就制作好了！细心的涵涵发现烧烤时需要撒上一些"小粉末"才会有味道，于是涵涵将白色小纸片剪碎装入小瓶子内代表咸咸的盐。

3. 装饰小组

装饰小组的孩子们认为装饰要能够体现"烧烤屋"的特点，让客人们一看就想进来吃东西或坐坐。晓晓提出餐厅都有挂漂亮的吊灯，我们的烧烤屋也需要有。昕昕把从家里带来的饼干盒盖子当作餐厅的托盘，大小刚好合适。他们还细心地在烧烤屋的所有盘子上画上了漂亮的花边。

图2-9-19　装饰灯

图2-9-20　漂亮的彩灯

活动小结

当老师提出需要孩子们一起帮忙想办法怎么快点准备好材料、早点开业时，孩子们提出"一起帮忙""分组准备"，让老师非常惊喜。从他们的积极参与、他们的共同分担中可以看到，孩子们在迁移自己解决问题的经验。孩子们都是通过实际操作和亲身体验来加深理解、丰富自己的经验的，小组分工为他们提供了良好的机会。准备工作结束了，我们的"每日烧烤屋"终于可以开张了！

活动5："每日烧烤屋"开张了

经过一段时间的试营业，孩子们已经能够熟练地将自己带入"每日烧烤屋"的角色中。一天早上，辰辰说："老师，我好想让小二班诺诺来我们店吃烧烤呀！"于是孩子们就像炸开了锅似的纷纷说："我也想邀请妈妈来""我想让弟弟来吃""我想让幼儿园厨师叔叔来吃"……有什么方法可以让别人知道我们开了一家烧烤屋呢？你们是通过什么途径认识一家新的店铺的呢？

1. 讨论谈话——开业宣传

老师："怎么让我们想邀请的人知道我们的烧烤屋开业了呢？"

袁袁："我见过马路上有人会发传单。"

小贝："我和妈妈去逛壹方城的时候，路过新开的店就会去吃。"

斯斯："把店铺弄得香一点，大家闻到味道就会来。"

卓泓："炒菜的时候大声一点，别人听到声音就知道这里有家店。"

乐乐："我看到iPad上会放餐厅的广告。"

安安："站在教室门口告诉路过的小朋友。"

老师："如果用宣传单的方式，宣传单上可以画些什么呢？"

庆庆："写上下周一开业了，还有店铺的名字。"

悦悦："店铺开张会发一些优惠券，吃饭可以便宜！"

小贝："是的，我们要写上宝安机关幼儿园中一班。"

瑶瑶："不行，有两个宝安机关幼儿园（总园和分园），我们要写分园中一班，不然客人会走错！"

升升："麦当劳的纸会画汉堡、薯条，我们就画烤串。"

通过讨论，孩子们决定用派发宣传单的方式，告诉大家我们店铺开业的好消息。

2. 宣传单制作

老师："宣传单上有什么呢？"

州铭："有店铺的名字。"

卓泓："要有电话号码，不然客人怎么找啊？"

悦悦："写上地址就不会找错啦。"

根据孩子们的要求，老师初步设计了宣传单的样式，空白的部分需要孩子们自由

图2-9-21　怎么设计

图2-9-22　"五折"等于一半

图2-9-23 设计宣传单

图2-9-24 我设计的宣传单

填充。老师帮忙在孩子们的传单上写上邀请人的名字。我们还通过实物操作的方式一起了解了"五折"的意义。

安安:"原来就是付一半的钱!"

昕昕:"我要画一个笑眯眯吃烤串的人,代表烧烤很好吃!"

曦曦:"我画了我自己在烤烧烤,我是厨师!"

小贝:"我要画一个美女明星吃烧烤,哈哈。"

3. 派发宣传单

"出发!我们去发宣传单啦。我要请厨师叔叔来,他每天都做饭给我们吃!"

"我要请邓老师来吃烧烤,她早上会在幼儿园门口和我打招呼。"

"大家都喜欢上西瓜老师的体育课,西瓜老师你一定要来哦。"

"小二班的罗老师很漂亮,我也很喜欢她。"

"大一班的翰翰是我们小区的朋友,我想做烧烤请他。"

图2-9-25 厨师叔叔

图2-9-26 邓老师

图2-9-27 西瓜老师

图2-9-28 大一班的翰翰

4. 客人来了

餐厅还没有开门，客人需要先在门外等候，服务员和厨师穿戴好工作服去洗手。

服务员："您好！客人请进，请问需要点什么呢？"

服务员："厨师，客人点了这些菜。"

厨师："好的，没问题！"

厨师还在烤串串，服务员先给客人上一些凉菜和饮料。

客人："我先拍些照片发朋友圈，然后玩一会儿手机等上菜。"

服务员："您的菜上齐了，请慢用哦！"

客人："服务员买单，一共多少钱呢？"

服务员："一起58元，您是现金还是微信支付？"

客人："我们微信扫码付钱。"

服务员收拾桌子、洗碗，厨师整理厨房。

今天的营业结束了，让我们一起来看看今天店铺的收入吧！

图2-9-29 认真洗手的厨师

图2-9-30 点餐

图2-9-31 烤串马上就好

图2-9-32 开动啦

图2-9-33 扫码支付

图2-9-34 收拾餐桌

活动小结

　　开业宣传、制作宣传单、派发宣传单、客人来了，在这一系列的活动中，孩子们为了送给自己喜欢的人，画传单的时候特别认真仔细，像是每一笔都经过精心的思考。这一次派传单活动不仅是将传单派发给别人，更是将自己的心意传达给喜欢的老师或者朋友。在这次正式营业的时候，曾经讨论研究过的每一个活动流程，孩子们都能清晰地回忆起来并能够和其他孩子进行良好的互动，小客人们还突发奇想地给厨师或服务员出一些小难题呢！

四、活动解析

　　因为调整角色区的契机，教师发现了幼儿开一家餐厅的兴趣，并就此引导幼儿进行主题探究活动。在整个活动过程中，幼儿真正成为班级环境的主人，不断丰富完善自己的活动区域，环境、材料不仅丰富了区域也体现了幼儿的参与和能力。

　　追随幼儿，成就幼儿，教师尊重幼儿的想法及时将"增加角色区角色"的想法调整为"开一家餐厅"。开什么餐厅？取什么名字？准备什么东西？邀请谁？教师不断将问题抛给幼儿，并适时地给予支持和建议，引导探究的不断深入，体现了教师观察和对幼儿特点把握的专业能力。教师能够根据菜品定价、分组筹备、制作传单等不同活动的特点灵活选择集体、分组和个别指导的方式来支持幼儿经验的发展，尤其是活动中的小组活动，让幼儿自由选择自己感兴趣的小组，发挥自己的专长，尊重了幼儿的自主性和个体差异。

　　每一次的主题活动，幼儿都能够投入地去探索，去发现更多关于"每日烧烤屋"衍生的小疑问。　通过这次活动，幼儿不仅对"烧烤屋"有了概念，还丰富了他们对餐饮行业的认识，提高了他们对角色区的兴趣，了解了不同行业的人工作的特点，促进了幼儿社会适应和人际交往的发展。在不断完善"烧烤屋"的过程中，幼儿或绘画，或做手工，越来越形象的作品表现了幼儿表征能力的不断提高。

香　蕉

执教老师：关金娇 薛馥馨
指导老师：张秀丽

一、活动来源

大班户外半日活动，孩子们在幼儿园的花果山玩耍时，发现山坡上的香蕉树上挂着一大串香蕉，纷纷议论起来。

黄黄："哇！这里有好大一串香蕉，好像还没熟，是绿色的。"

浩浩："什么时候结了这么一大串，之前怎么没有发现呢？"

陈见："香蕉原来这么一大串在一起呢？"

大王："这里怎么会有香蕉树呢？"

豪豪："它怎么会长在山坡上？简直太神奇了！"

乔乔："老师，这香蕉可不可以吃了？"

老师："我也不知道呢。"

文文："现在肯定不能吃，是绿的，香蕉要黄了才可以吃。"

杜杜："对的，我们吃的都是黄色的。"

孩子们对香蕉树上长出的一梭绿绿的香蕉好奇极了。他们的议论引起了老师的注意。每次孩子们从花果山带回来的发现可不少，内容大多是他们感兴趣的、想了解的新鲜事。树上的香蕉是不是可以摘了？如果他们对香蕉如何成熟有亲身

图3-1-1　发现香蕉

的认识和体验，可能可以帮助他们更深刻地了解香蕉的生长。这一次偶然的"遇见"，使我们展开了关于香蕉的探究之旅。

二、活动期望

香蕉是幼儿生活中常见、常吃的一种水果，他们对香蕉并不陌生。但是长在香蕉树上的"绿香蕉"，让他们充满疑惑。教师期望幼儿在探究香蕉成熟的活动中，通过观察讨论、资料分享、操作实验，了解香蕉的生长特点、成熟特征等，学会发现问题、寻找办法、解决问题。

三、活动过程

活动1：我认识的香蕉

老师："昨天上午小朋友们在花果山上发现了香蕉，你们都看到了吗？跟我们平时吃的香蕉有什么不一样吗？"

浩浩："我看见了，很大一串。"

黄黄："我也看到了，绿色的。"

其他几个孩子纷纷兴奋地表示都看到了山上的香蕉。

豪豪："可是它跟我们平时吃的不一样。"

乔乔："我看到它们有的是裂开了呢。"

老师："那平时我们吃的香蕉是怎么样的？"

辰辰："香蕉的外皮颜色应该是黄色的。"

金金："香蕉闻起来香香的，很好闻。"

袁袁："我很喜欢吃香蕉，甜甜的。"

罗罗："香蕉皮不能吃，要剥掉丢到垃圾桶，不然会摔跤。"

陈见："我在春游时看见过香蕉树，香蕉是长在树上的，而且一大串在一起。"

杨杨："我妈妈说过香蕉放冰箱里会变成黑色。"

正李："我老家就有香蕉树，叶子大大的。"

杜杜："有很多好吃的，是香蕉味的。"

大王："它的皮是绿的。"

臻臻："平时看到的香蕉是几条一起，幼儿园的是一大串挂在树上。"

文文："跟我们平时吃的香蕉颜色不一样。"

杜杜："好像没有闻到味道。"

萱萱："好想再去看看。"

老师："那我们一起去看看，你们可以带上纸和笔把你们的发现记录下来。"

"你看到的香蕉和平时的有什么不一样"，问题的抛出，既可以让教师及时了解孩子目前对香蕉的已有经验，又可以重新唤起他们的好奇和想要探究的欲望。香蕉是日常比较常见、常吃的水果。从孩子的回答中可以发现，他们对香蕉的颜色、味道等都比较熟悉。由于长在香蕉树上的香蕉比较陌生，他们只是对可观察到的表现（如颜色、多少等）有简单的发现。"绿香蕉"是偶然所见，为了让孩子们进一步仔细观察，教师鼓励他们再次零距离地接触香蕉和香蕉树，有目的的观察活动即将开始。

活动2：观察记录幼儿园的香蕉

来到香蕉树下，孩子们的各种问题就来了。

苏苏："哇，这边好像还有香蕉树呢！"

小余："我想知道这棵香蕉树有多高啊？我去找把尺子量一量。"

张张："我想知道这棵香蕉树树干有多粗？"

辰辰："我发现它们的叶子好大好大，我想画下来。"

大王："是呀，我也觉得叶子跟别的叶子不一样，超级大！我要量一下！"

平常户外活动的测量习惯、记录习惯已经养成，孩子们开始把自己感兴趣的问题——探索。有的拿起尺子量一量香蕉树有多高，有的测量了香蕉树干的粗细，有的画

图3-1-2　量一量香蕉树有多高　　图3-1-3　量一量香蕉叶有多大　　图3-1-4　观察香蕉

起了香蕉树大大的叶子。花果山变得忙碌起来！

琪琪看见香蕉树上长的一大串香蕉，惊奇地喊道：它是怎么长出这么大一串的啊，我要好好观察一下。

陈见："我想数数有多少根香蕉？"

瑶瑶指着长长的香蕉把："原来香蕉是被这根大柱子连起来的呀。"

璐璐发现了一根皮已经开裂的香蕉："你们快看，这根香蕉怎么裂开了？"

其他几个孩子听到，纷纷凑过来看。

臻臻："香蕉怎么裂开了，被虫子吃了？"

辰辰："好像被刀割伤了。"

涵涵："它自己爆炸了吧，香蕉会爆炸吗？"

罗罗："它可能腐烂了，这是伤口。"

吴吴："可是香蕉皮还是绿的呢。"

诸诸："这香蕉还能吃吗？我们快救救它们！"

老师："你们有什么好办法吗？"

小宇："我们可以去网上查查资料，看看这个伤口是不是说明香蕉坏了。"

莹莹："要不我们问问杨叔（幼儿园花工）？"

看到香蕉树上绿油油、有些皮已经开口的香蕉，孩子们既好奇，又担心：香蕉到底是熟了，还是坏了？为了弄清楚这个问题，他们决定去找幼儿园的花工杨叔请教。

林林："杨叔，这里为什么会有香蕉树呢？"

杨叔："这是以前大班的孩子种下的。"

莫莫："为什么香蕉会裂开呢？还变黑了。"

吴吴："这香蕉还能吃吗？"

文文："杨叔，有什么办法能救救它吗？"

图3-1-5 发现皮开裂的香蕉　　　　图3-1-6 杨叔叔帮忙砍下的香蕉　　　　图3-1-7 "围观"香蕉

大王："这香蕉好可怜啊，是被虫子吃了吗？"

武武："杨叔，你救救它吧。"

杨叔："香蕉长大了，成熟了，里面的果肉把香蕉皮撑破了，这时候我们要把它割下来了，再想办法捂熟，不然香蕉就会在树上坏掉、腐烂不能吃了。"

莫莫："哦！它的皮裂开了就是它长大了！"

文文："杨叔，这串香蕉可以摘了吗？"

杨叔："可以啊！它已经长到可以摘了。但是摘下来还要捂熟才能吃。"

孩子们听到，高兴地表示："那我们赶紧把香蕉砍下来吧，再来想办法捂熟它们。"

知道香蕉已经可以摘了，孩子们高兴极了，在杨叔的帮助下一起把这一大串香蕉砍了下来。绿绿的香蕉被砍下来，孩子们纷纷围上去观察这串"奇怪的香蕉"。

活动小结

日常测量的经验让孩子们在遇到想了解的问题（香蕉树多高、叶子多宽）时，能够主动操作获取答案。随手可取的测量工具，是鼓励孩子们在真实的情境中做深入探究的重要材料。当璐璐发现"开裂的香蕉"，再次引起孩子们的疑虑：香蕉到底是坏了，还是只是长大了？为什么会裂开？裂开了还能吃吗？……亲临现场，让他们有更真实、直观的观察和探索，问题便随之而来。面对大家的疑惑，教师以问题（"你们有什么办法吗？"）引导孩子们思考，"上网查资料"和"寻求帮助"的经验随之被唤起。花工杨叔负责幼儿园的花花草草的养护，可见孩子们对杨叔的工作内容有一定的认知。当知道香蕉采摘下来还需要捂熟才能吃，孩子们又有了新的任务。

活动3：尝一尝、闻一闻

孩子们齐心协力抬着一大串香蕉回到班级。乔乔忍不住想掰一个香蕉下来尝一尝，文文看到，连忙制止。

文文："这个不能吃！"

乔乔："杨叔说这香蕉熟了，为什么不能吃了？"

文文："因为没有变黄呀！杨叔说还要弄熟才能（吃）！"

大王："是的！绿色的香蕉不能吃的。"

杜杜："老师，我们可以尝一下吗？"

陈见："我觉得不好吃，（闻起来）都没有香蕉的味道。"

吴吴："老师，让我们尝一下吧？"

看到有的孩子着急地想尝一尝香蕉，老师决定摘下一根香蕉切成小段，请几个想

图3-1-8 尝尝"绿香蕉"的味道（1）　　　　图3-1-9 尝尝"绿香蕉"的味道（2）

尝一尝"绿香蕉"味道的孩子来尝尝，让他们把自己尝到的味道告诉大家。

　　老师："你觉得这个味道怎么样？"

　　敏儿："这个香蕉味道不对，怎么跟我吃的不一样。"

　　涵涵："怎么一股黄瓜的味道啊，香蕉都是香香的啊？"

　　豪豪："还有一点薄荷的味道呢！"

　　晨晨："绿色的香蕉吃起来涩涩的、苦苦的。"

　　罗罗："不好吃，绿皮的香蕉不能吃的。"

　　乔乔："有点硬，咬不动。"

　　敏儿："还是黄色的香蕉好吃。"

　　老师："还真是这样，那我们怎么把香蕉变成黄色呢？"

　　林林："我回家问问奶奶，她一定知道。"

　　辰辰："可以回去上网找找资料。"

　　老师："好，那我们今天回家都找找捂熟香蕉的办法，明天再来分享。"

活动小结

　　看到"绿香蕉"，乔乔忍不住要尝一尝，老师给予了支持和鼓励。通过看、闻、尝，孩子们对还没捂熟的香蕉有了更直接的感知。同时，"怎么捂熟香蕉"成了他们迫切想知道的答案。"绿香蕉"的苦涩味，让孩子们开始期待"黄香蕉"的香甜味，捂熟香蕉势在必行。

活动4：香蕉捂熟大作战

　　第二天，孩子们从家里找来捂熟香蕉的各种办法，忍不住分享起来。

　　老师："昨晚你们回家有找到捂熟香蕉的办法吗？请分享一下。"

小仪："妈妈说把香蕉在阳光下放几天，香蕉自己就会变黄了。"

乔乔："姥姥说用袋子把香蕉套起来，然后放到有阳光的地方，香蕉就会变黄。"

敏儿："用袋子把香蕉装起来再放到一个桶里，放到没有阳光的地方。"

黄黄："我妈妈告诉我用香能把香蕉熏熟。"

张张："不是，直接把香蕉放在阳光下它自己会慢慢变熟的。"

青青："用布把香蕉包起来放一段时间就变黄了。"

砚砚："我上网查了，香蕉和苹果放在一起，香蕉就会变熟。"

乐乐："在袋子里放点水，再把香蕉放进去，香蕉会熟的，它需要水和阳光。"

……

老师："大家都提出了捂熟香蕉的办法，你们觉得哪些方法最适合我们？"

大王："我觉得给香蕉晒太阳这个方法很简单，适合我们。"

辰辰："晒太阳要用布包着吧！"

林林："我觉得熏香的太难了，很容易烫伤，还是选择其他方法吧。"

涵涵："我觉得跟苹果放在一起可以。"

罗罗："用袋子装着晒太阳也不错，我们放在走廊就可以晒到。"

经过讨论，孩子们觉得用熏香来尝试捂熟香蕉太麻烦，他们认为直接晒太阳、把苹果和香蕉放在一起、把香蕉装进袋子里晒太阳这几种方法都能把香蕉捂熟，而且方便。

老师："我们可以每一种办法都试一试。你认为哪种方法好，和你的小伙伴一起试一试，看能不能真的捂熟香蕉，看哪种方法能最快地把香蕉捂熟。"

孩子们按照自己的想法，分成了六个实验小组，于是"香蕉捂熟实验"开始啦！第一组选择了用布把香蕉包起来拿去晒太阳；第二组选择了把香蕉和苹果装在一起，放在教室里；第三组把香蕉装进密封袋，并拿到室外晒太阳；第四组坚持认为要给香蕉加点水，他们把香蕉放进喷了水的袋子再拿出去晒太阳；第五组直接把香蕉放在太阳下晒；第六组把香蕉直接放进桶里。

活动小结

在讨论捂熟香蕉的方法时，老师对孩子们提出的各种方法保持中立，不给孩子们提供统一的实验方法，也不限制孩子们的实验猜想，同时通过"设疑"（哪些方法可能有效？哪些方法适合我们）让孩子们自行排除不适当的操作（如熏香），鼓励他们对实验结果进行猜想。在讨论出确定实施的六种方法后，孩子们根据自己的猜测自由选择实验方案，这样既给孩子们自由选择的权利，明确了自己的实验方法；组别对比的产生，也能促使他们认真完成实验观察。

活动5：香蕉的变化

捂熟香蕉的实验开始了。孩子们每天都会去观察自己的香蕉有没有变化。

第一天，每个小组的香蕉还是绿绿的没有任何变化。

第二天，每个小组的香蕉依然没有变化。有的孩子显得有点儿"担心"。

豪豪："这些方法是不是不行啊？"

涵涵："对啊！怎么还没变黄呢？"

建琴："是不是我们弄错了？"

砚砚："是不是要很长时间才熟？"

图3-1-10　第一天各组香蕉的观察记录（1）　　图3-1-11　第一天各组香蕉的观察记录（2）

老师："我们再等两天看看吧。看看到底哪一种方法能让香蕉熟得最快、哪一种最慢呢？"

第三天，和苹果在一起的香蕉几乎全部都变成了黄色。第二组的孩子们兴奋地跑过去告诉老师。第一组用布包起来晒的香蕉也有一根变黄了。其他小组的孩子看到后，都信心大增，认为自己的香蕉也一定能被捂熟。

敏儿（第二组）："我们的香蕉熟得最快！"

辰辰（第一组）："我们的也快熟了。你们看，都有一根是黄色的了！"

乔乔、林林、陈见："我们的也一定会变黄的，可能明天就黄了呢！"

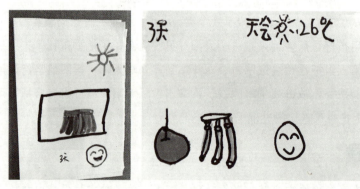

图3-1-12　第三天变黄的香蕉（1）　　　图3-1-13　第三天变黄的香蕉（2）

第四天，第五组（直接晒太阳）的香蕉全部变黄了！第一组（用布包着晒）的香蕉又熟了几根，还有两三根有点儿绿；第三组（用袋子装着晒的香蕉）和第一组一样，大部分都变黄了；而第六组放在桶里没有晒太阳的香蕉只熟了一根。第四组喷了水的

  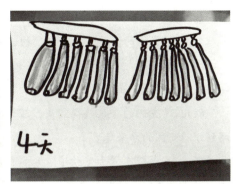

图3-1-14 第四天变黄的 图3-1-15 第四天变黄的 图3-1-16 第四天变黄的香蕉（第五组）（3）
香蕉（第一组、第三组、 香蕉（第一组、第三组、
第五组）（1） 第五组）（2）

香蕉一根都没有变黄，装香蕉的袋子上多了很多小水珠，但香蕉还是绿绿的。

第五天，除了第四组，其他香蕉全部变黄了。孩子们高兴地欢呼起来："太厉害了！我们把香蕉捂熟了！"第五组（直接晒）的孩子还发现他们的香蕉皮上长出了一些斑点。第四组喷了水的香蕉有点变黑了，而且还有点儿难闻的味道。

图3-1-17 第四天没有太 图3-1-18 第四天没有太
大变化的香蕉（第四组、 大变化的香蕉（第四组、
第六组）（1） 第六组）（2）

  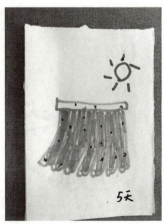

图3-1-19 第五天变黄的香蕉 图3-1-20 第五天变黄的香蕉 图3-1-21 第五天变黄的香蕉
（第三组、第五组、第六组）（1） （第三组、第五组、第六组）（2） （第三组、第五组、第六组）（3）

老师："请每个小组来分享你们的实验结果。"

文文："我们的香蕉是用布包住的，第四天才变黄。"

臻臻："我们把香蕉放在袋子里然后让它晒太阳，过了四天就变黄了，味道很好闻，我们还在袋子上发现了小水珠。"

敏儿："我们的香蕉熟得最快，我们把香蕉和苹果放在一起，第三天就熟了，而且闻到了很好闻的水果味。"

砚砚："我们在袋子里放了点儿水，再给它晒太阳，香蕉一直都是绿的，而且硬硬的，第五天我们看的时候发现香蕉变黑了，而且很难闻。"

罗罗："我们直接给香蕉晒太阳，第四天就变黄了，第五天香蕉皮上还长出了斑点，不过味道很好闻，原来香蕉变黄才有好闻的味道。"

辰辰："在桶里闷着的香蕉熟得慢，第五天才变黄，身上还有一点绿色。"

心怡："和苹果装在一起最快！三天就熟了！"

乐乐："用桶装的最慢！最后一天还有绿的。"

嘉嘉："晒太阳也比较慢。"

布布："不能喷水，喷了水的香蕉都变臭了。"

老师："噢！原来把香蕉和苹果装在一起可以更快地捂熟香蕉，晒太阳也可以捂熟香蕉，密封了放桶里不晒太阳也可以捂熟香蕉，但是会比较慢。喷了水不但不能捂熟香蕉，还会让香蕉变坏。你们亲自捂熟的香蕉，想不想尝一尝？"

孩子们异口同声地说："想！"

终于要品尝自己亲自捂熟的香蕉了，孩子们特别兴奋。值日生们还主动地给全班小朋友洗香蕉、切香蕉。吃着自己亲自摘下、亲自捂熟的香蕉，他们得意地聊了起来。

图3-1-22　第五天变黄的香蕉
　　　　　（第四组）（1）

图3-1-23　第五天变黄的香蕉（第四组）（2）

文文：“我们组的香蕉最好吃！”

敏儿：“我们组的是第一个熟的！”

臻臻：“我们的虽然有一点儿慢，但是都熟了，闻起来好香啊！”

砚砚：“我们的坏掉了。原来我们的方法不管用呢！”

敏儿、豪豪、辰辰安慰道：“没关系，我们一起吃啊！”

罗罗：“老师，我觉得我们自己捂熟的香蕉最好吃！”

大王：“捂熟的香蕉吃起来软软的、甜甜的，真好吃！”

老师：“绿香蕉和熟的香蕉尝起来有什么不一样吗？”

依依：“绿香蕉很硬，根本咬不动。”

瑶瑶：“我喜欢成熟的香蕉，很好吃，绿香蕉不好吃。”

晨晨：“成熟的香蕉的果肉是米白色的，而没成熟的香蕉的果肉是白色的。”

小宇：“熟了的香蕉一下子就可以剥开，绿香蕉可不能，皮很硬。”

张张：“绿香蕉可以放好几天，黄色的香蕉不行，会烂掉。”

豪豪：“对哦！不能放太久，不然香蕉皮会长斑的！像我们晒太阳的香蕉一样，已经有斑了！”

文文：“老师，我们吃不完的香蕉，可以分给其他大班的小朋友吗？”

乔乔：“我也觉得熟了的香蕉可以给幼儿园的伙伴们分享。”

吴吴：“他们一定也想吃幼儿园的香蕉。”

老师：“当然可以！可是，我们的香蕉不多，那你们可要好好想一想怎么和其他大班的小朋友分享。”

……

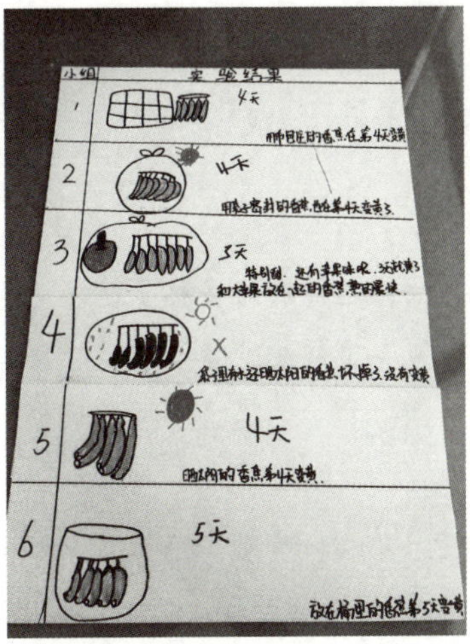

图3-1-24　捂熟香蕉的方法比较

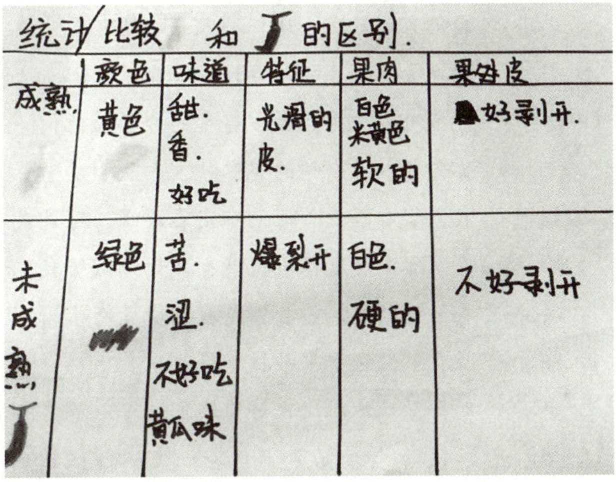

图3-1-25　“绿香蕉”和“黄香蕉”口感比较

在等待香蕉变黄的过程中，孩子们每天都会细心观察香蕉的变化。由于不知道香蕉要多久才变熟，他们第二天就变得很焦虑。此时，教师"再等两天"的建议，让他们重拾耐心。当他们看到自己的香蕉开始变黄时，满满的成就感溢于言表。教师知道在实验中有两个孩子们最感兴趣的问题：哪种方法最快？哪种方法最慢？为了支持他们寻求答案，老师特意区分了记录香蕉变化的材料（绿色和黄色的笔）。每天的记录和表征，可以直观地对比出来每一种方法的实验结果，将要学习的技能（记录、统计、分析）转化为孩子们的需求（我自己的香蕉每天的变化是怎样的）。"绿香蕉"和捂熟的香蕉口感有什么不同？抛出这一问题，又为同伴间的交流、分享搭建了合适的阶梯。当有孩子提出要"分享成果"时，教师提出"有限的香蕉和众多的人数"的问题，给了孩子们新的思考方向。

活动6：香蕉美味分享

1. 讨论：香蕉怎么分

老师："你们想跟所有大班的小朋友一起分享，还是只跟一个班的小朋友分享我们的香蕉呢？"

余余："我觉得要跟所有的大班小朋友分享，因为我们经常都在大草地见面。"

大王："对啊，我们可以把香蕉都分给他们啊。"

妃妃："可是香蕉没那么多啊。"

老师："我们幼儿园还有6个大班，180多位小朋友呢！这点儿香蕉要怎么分呢？"

琪琪："我们可以切成小块！一人一小块！"

若若："那也太麻烦了吧！要切好久呢！"

小宇："我们可以把香蕉做成好吃的分享给他们。"

老师："你们想做什么吃的呢？"

耀耀："我觉得香蕉奶昔他们一定喜欢喝，可是我不会做，还得有好多杯子。"

婷婷："香蕉冰激凌也很好吃哦，我妈妈做给我吃过，她弄了好久。"

洪洪："香蕉酸奶也不错，但是我们班没有冰箱。"

蔡蔡："我在家做过水果沙拉，很简单。"

小宇："对！做成沙拉比较好！我们还可以加其他水果，可以加苹果，葡萄。"

其他孩子听了，觉得做成沙拉这个想法可行。他们纷纷赞成了蔡蔡和小宇的提议。

老师："制作水果沙拉还要用到哪些材料呢？"

金金："要多一些水果吧，香蕉不够吃。"

张张："我家做的沙拉里面就有苹果、火龙果、梨、香蕉、哈密瓜。"

小宇："园医阿姨可以帮我们买这些水果。"

莹莹："还要沙拉酱。"

敏敏："要一些小碟子、叉子。"

老师："去哪里弄这些材料？"

萱萱："可以去找厨房叔叔去要碟子和碗，还有沙拉。"

杨杨："我明天也可以带沙拉来，还有水果。"

经过大家的商量，孩子们决定把家里能用来做沙拉的水果和材料带一些来幼儿园。他们还请园医阿姨帮忙买了水果。第二天早上，沙拉制作开始了！洗水果、削皮、切水果、拌沙拉，在孩子们的分工合作中，香蕉沙拉完成了！

2. 商量人员分工

美味的香蕉沙拉制作成功后，孩子们迫不及待地想要将美食分享给幼儿园的伙伴，每个人都争着要亲手送出自己制作的沙拉。

老师："我们班有46个小朋友，有六个大班，那要怎么安排大家去分享呢？"

褚褚："我们可以分小组去啊！"

图3-1-26 香蕉沙拉制作（1）

图3-1-27 香蕉沙拉制作（2）

图3-1-28 香蕉沙拉制作（3）

图3-1-29 香蕉沙拉制作（4）

敏儿："有六个班我们可以分成六组，每个组送一个班。"

老师："这是个好办法，46个小朋友怎么分成6组呢？"

小宇："10个人一组呗！"

张张："不行，我们只有46个人。"

睿睿："对，多了好几个呢！"

洵洵："那要不我们五个五个分吧（五人一组）。"

老师："那多出来的人呢？"

瑶瑶："多出来再每个人选一个班，这样就好了。"

老师："也可以，那你们自己分一下组吧！"

孩子们迅速五五抱成团。剩下的孩子们也纷纷加到各组去。只剩下了浩浩和小钰。

浩浩："老师，我没有组！"

小钰："我也没有组。他们都是7个人。"

老师："那怎么办呢？"

辰辰："小钰，你来我们这组吧！浩浩，你去张宇轩那组。这样就可以啦！"

分组完毕，孩子们分别拿着自己亲手制作的沙拉出发了！他们在分享沙拉的时候，还不忘记给其他的小伙伴和老师介绍香蕉是怎么捂熟的。

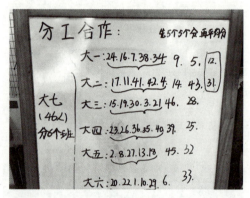

图3-1-30　香蕉沙拉分享小组

活动小结

香蕉不够给全部大班的小朋友分享怎么办？问题一提出，孩子们纷纷提出了自己的解决办法：加入其他佐料，把香蕉做成一道美味——这个提议得到了所有人的认可。在生活中，他们有很多这样的动手机会，所以制作沙拉并不是一件困难的事情。从他们自主分工、有条理地开始制作沙拉可以猜测，他们平时也是这样相互协作的。"谁去送沙拉？"——小组分工解决了这个问题。把46个人分成六组，对大班的孩子来说并不是一件容易的事，充满具体情境的数学问题产生了。小宇提出"10人一组"，可见他能把"几十"分成"十个十个"；其他孩子能针对他的方案提出"多了""只有46个人"的疑问。可见，孩子们的数概念发展符合大班幼儿的认知水平（以10为单位数数）。当洵洵提出"五人一组"时，老师给予了认可（可对产生的数学问题进行简化），并提出了"剩下的人该怎么办"这一问题继续让孩子们思考。简化任务后，继续以问题的方式为孩子们提供多种机会，与同伴和教师探讨解释他们的方法（剩下的人再选择一人进一个组），直至问题的解决。

四、活动解析

在"香蕉"这一案例中，教师利用幼儿园的自然材料为幼儿提供了良好的学习契机，在幼儿的兴趣点上提出问题，引发他们亲身感受且愿意亲自探究。观察、询问、采摘、捂熟，让幼儿对"香蕉是如何成熟的"有了更深的感受。在探究和分享的过程中，通过解决具体的问题，幼儿数概念、数据统计分析能力得到了发展。

《3—6岁儿童学习与发展指南》中提出："幼儿的学习是以直接经验为基础，在游戏和日常生活中进行的。要珍视游戏和生活的独特价值，创设丰富的教育环境，合理安排一日生活，最大限度地支持和满足幼儿通过直接感知、实际操作和亲身体验获取经验的需要。"一个充满自然特性的户外学习空间会强烈地激发幼儿的好奇心和探索欲望。教师抓住了幼儿的兴趣点（长在香蕉树上的绿香蕉），及时地将可能发生的学习从室内引向户外，转移学习场景（"亲自去山上看一看"），鼓励幼儿在追寻自然、探索发现、分享交往的过程中，收获知识，发展解决问题的能力、社会交往的能力和养成良好的学习品质。接下来，幼儿感兴趣的"香蕉树"又会成为他们再一次深入探索的切入点。

鸡 蛋 花

执教老师：钟丽帆
指导老师：李夏璐

一、活动来源

一位妈妈从花场捡来了一株秃鸡蛋花树枝并带到班上，教师把它放置在美工区作美工作品。

一天，随着一声尖叫：

"你看，树枝长叶子了！"

"老师，快来看呀！这儿也长出一片树叶！"

"怎么这么奇怪？这不是一棵'枯死'的树吗？"

"怎么还会发芽呢？"

"对呀，老师，这树枝不是都干了吗？"

"它没有根怎么会发芽呢？"

大家纷纷议论起来。这正是一个难得的探究契机！于是，教师决定和孩子们一起进入探究植物生长的奥秘之旅。

二、活动期望

鸡蛋花树枝能发芽和继续成活需要哪些条件？结合大班幼儿能用一定的方法验证自己的猜测，教师期待幼儿通过观察对比、查阅资料、实验对比、表征交流等科学探究方法展开探索，知道植物（鸡蛋花）的生长应具备的条件，了解植物运输水分的途径，感知植物生长变化的过程，发展幼儿的探究能力。

三、活动过程

活动1：谈话活动——鸡蛋花为什么会发芽？

1. 抛出问题，引发幼儿思考和讨论

老师："为什么鸡蛋花会发芽呢？"

（问题抛给了孩子们，教室里开始出现了各种天马行空的答案……）

烨烨："这是一棵神奇的树！"

劼劼："这是一棵许愿树，我希望它'快点长大'，没想到真的长出叶子了！"

晟晟："树和花不是都要种在泥土里吗？可是它没有土。"

彤彤："而且没有浇水。"

斌斌："树木生长还需要晒太阳，可是它在教室里啊。"

芹芹："鸡蛋花还会长大和开花吗？"

2. 启发引导，观察植物生长环境

老师："对，植物生长需要阳光、土壤、空气、水，大家看看教室里有没有这些条件？"

图3-2-1　你看，有小叶芽　　　　　　　图3-2-2　为什么会发芽呢？

（幼儿在教师里四处走动，到处查看）

美美："看，鸡蛋花靠近教室的窗户，可以看见太阳。"

康康："可是，它是放在地板上的，没有泥土。"

昕昕："它的树枝摸起来也是干干的。"

芹芹："是的，只有阳光照耀，但没有土，没有浇水，为什么鸡蛋花还能发芽呢？"

图3-2-3　查阅鸡蛋花树资料

3. 借助工具，查阅资料解答问题

老师："找不到问题的答案时，我们可以寻求帮助，试试用电脑查查资料吧。"

4. 交流分享，提升认知和提出新问题

老师："经过查阅电脑资料，大家有新的发现吗？"

茜茜："刚砍下的树干里面还有水分。"

泽泽："树干是活的，有细胞吸收氧气。"

雯雯："鸡蛋花很容易存活，喜欢有阳光的地方。"

溪溪："有了水，有的树枝会长出根。"

谦谦："因为空气里面有水，被树吸收了。"

小杰："空气里面怎么可能会有水？"

活动小结

通过谈话，教师了解到孩子们已掌握植物生长所需的条件：土壤、阳光、水分，而教室里成活的鸡蛋花树枝颠覆了他们的认知，他们对此现象产生了极大的探究兴趣。孩子们实地观察及电脑查阅资料后，总结出树干有水分、并接收到窗外阳光的照射是促使鸡蛋花树成活的两个基本条件。同时孩子们对空气中是否有水分、植物没有根如何存活存在疑惑。基于孩子的新问题，教师用实验的方式来帮助他们验证自己的所思所想是不错的选择。

活动2：空气中的水蒸气

空气中是否真的存在水蒸气？大家意见不一，各有各的说法。

熙熙："空气中没有水，有的话那我们衣服不就都湿了吗？"

谦谦："空气里面有水，所以鸡蛋花活了。"

彤彤："我觉得没有。"

晟晟："我觉得有，因为我和爸爸查资料的时候，爸爸好像说过。"

劼劼："老师，我们可以和爸爸妈妈一起查资料。"

老师："期待你们的答案。"

老师将幼儿的想法和问题传递到家庭，借助家长资源帮助幼儿利用不同的方式解决问题。

老师："空气中是否存在水蒸气？和爸爸妈妈一起查得怎么样？"

泽泽："空气中是有水分的，但是很少，而且每天不一样。"

涵涵："晴天少，阴天多。"

老师："有什么办法可以证实？"

茜茜："爸爸说可以用湿度记录仪，把它放在教室里，这样就可以每天观察。"

彤彤："对，我们教室里有湿度记录仪。"

老师："怎么知道每天的湿度呢？"

谦谦："看数字变化，可以像温度一样，做一张表格，每天都记录下来。"

彤彤："还要写上日期。"

孩子们都表示赞同。谈话之后的一周里，孩子们每天都把湿度记录在纸上。

除了湿度记录仪，家长还提供了很多测试空气中是否存在水分的方法。经过孩子们投票，大家决定用饼干做实验。通过观察，孩子们发现了饼干长时间放在空气中变软变潮的现象，并以此证实空气中是否含有水蒸气。

章章："饼干硬硬的，好脆啊。"

小梦："有水饼干就会变得软软的，就像用牛奶泡饼干啊。"

溪溪："对啊，那饼干放哪里呢？"

茜茜："要放在空气最多的地方吗？"

康康："我们把饼干放在窗户边，走廊也可以。"

小杰："我要把饼干放在鸡蛋花树枝旁边。"

老师："一周后看看饼干有什么变化。"

一周后，幼儿又进行了讨论。

小梦："原来空气中真的有水蒸气啊！"

康康："难怪没吃完的饼干，过几天就变得软软的。"

涵涵："对，没吃完的开心果也会。"

老师："饼干里的油脂特别容易吸收水分，所以长时间放在空气中的饼干会变软变潮。"

小梦："我来捏一下，软了。"

小杰用嘴尝了一下，又用手掰看了看："哎呀，原来是有水分才会变软的呀。"

老师："原来空气中有水分，班上的鸡蛋花是怎么吸收空气中的水分的呢？"

图3-2-4 记录空气中的湿度

图3-2-5 感受饼干的硬度

活动小结

通过讨论、查找资料、投票等，老师和孩子们通过两种方式证实空气中存在水分：一是运用工具（湿度记录仪），每天跟踪记录，帮助孩子们科学、直观地了解湿度的变化；二是饼干实验，孩子们用手触、亲口尝试等多种感官感知受潮现象。空气中含有水分，孩子们通过搜集信息、实验验证等具体可感知的方式进行了证实。孩子们虽然了解到空气中存在水分，但是没有根的鸡蛋花树枝是怎么吸收空气中的水分的？这仍然是个未解决的问题。

活动3：变色花

通过实验证明了空气中确实存在水分后，幼儿针对鸡蛋花如何吸收水分的问题开始了讨论。

涵涵："这棵鸡蛋花是从树上砍下来的树枝，怎么吸收水分啊？"

浩浩："对啊，树又没有嘴巴，怎么'喝水'？"

老师："是的，小朋友都知道人和动物都要通过喝水来补充水分，但是植物没有嘴巴，那么它们是怎样吸收水分的呢？"

虫虫："我知道，是根，根就是植物的嘴巴！"

老师："为什么？"

虫虫："因为根在土里面，可以喝土里的水。"

老师："但植物真的是靠根吸收水分

图3-2-6 查看植物吸收水分视频

吗？我们查查相关资料，看看植物到底是如何吸收水分的。"

老师与幼儿共同在电脑上找到并观看了根吸收水分的视频。

老师："原来植物真的是靠根吸收水分和养料，那么水和养料又是怎么'跑到'植物全身的？除了根，植物的哪些部位可以帮助它运输水分？"

康康："顺着根上面的'棍子'，水就会往上到叶子里。"

小杰："树枝吗？"

老师："植物根部往上的部分叫作茎，那茎可以帮助植物运输水分吗？试试将有茎的植物放在水里，看看有什么变化？可以用哪些植物做实验？"

小梦："可以试试用花吗？我家有。"

老师："当然可以，可是水是没有颜色的，怎么能观察到？"

康康："用有颜色的水。"

晟晟："对，可以在水里加颜色。"

老师："好主意，一起试试看。"

老师与幼儿收集若干透明瓶，在瓶中注入相同多的水，分别滴入不同颜色的墨水；

图3-2-7　会发生什么神奇的事呢？

图3-2-8　认真观察发现红色比蓝色明显

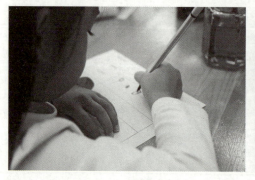

图3-2-9　记录每天花的变化

图3-2-10　第二天墨水明显改变了花的颜色

将花放入透明瓶内，孩子们每天自主观察记录茎及花朵的变化。

第二天一大早。

烨烨："天啊，快来看，花都变颜色啦！"

婷婷："好像红色比蓝色明显耶！"

斌斌："是啊，真神奇。"

天天："没有根真的可以'喝'到水。"

晟晟："有颜色的水都到花朵上了，所以花就变了颜色。"

婷婷："哦，原来茎是可以喝到水的。"

斌斌："对，茎就像我们的血管一样，水可以在茎里面流动呢！"

活动小结

"植物通过根来吸收水分"是孩子们共有的认识，教师在自然角投放了"会变颜色的花"实验材料。在操作、观察、记录及查阅相关资料之后，孩子们发现植物的茎能从下至上地将吸收的水分和养料运输到植物的各个部分，继而提供给植物充足的水分，花瓶中的花朵会变色正是因为茎输导不同颜色墨水的原因。鸡蛋花树枝也应该是和花一样通过茎来吸收水分的。解决了鸡蛋花树枝生长需要的水从哪来的问题，但对于没有土如何生长，孩子们还有疑问。

活动4：无土种植

早餐后，孩子们站在鸡蛋花前看着刚长出的叶子，又去植物角看水培区的绿萝。

图3-2-11 改善鸡蛋花的生长条件

图3-2-12 记录鸡蛋花的生长变化

老师："小朋友通过活动发现，不是所有植物都需要土壤，在生活中还有哪些植物是不需要土壤的呢？"

美美："可以用水来种植"。

嫣儿："像绿萝一样用水来种。"

章章：那我们也可以用水来种鸡蛋花。

老师：可以种植试试看。

讨论后老师顺势让孩子们尝试在鸡蛋花树枝底部添加水分，改善它的生长条件，投放记录表记录种植实践的图像收集及过程，并定期养护、浇水。

活动小结

在改善鸡蛋花的生长条件后，鸡蛋花的生长变化再度引起了孩子们的探究欲望，教师顺势引导孩子们学会运用记录单以图文表征的方式进行记录和比对，从而促使孩子们对植物种植、生长有了进一步的认知：部分植物可以使用扦插、水培的方式成活。

四、活动解析

"鸡蛋花"是由一株被砍下来的鸡蛋花树枝发芽而引发的科学探索活动。幼儿通过查阅资料、搜集信息、实验验证、实际操作，了解了鸡蛋花树枝发芽应具备的生长条件：水、阳光，知道了无根的鸡蛋花树枝可以通过茎来运输水分来继续存活，初步掌握了水培植物的相关知识。

在历时50天探索鸡蛋花生长的活动中，教师追随幼儿兴趣，当同伴间相互质疑而争辩时，鼓励幼儿大胆提出问题，并通过查阅资料、组织讨论、证实自己的猜测，通过"饼干受潮""变色花""无土种植"等实验将幼儿获得的抽象概念变得具体。教师在整个活动中注重启发和引导幼儿通过与环境的互动、材料的互动、同伴间的互动、师幼间的互动获取新经验。种植活动则将探索的氛围从幼儿园延伸到家庭，把幼儿关注的焦点问题引向家庭，为活动的顺利开展起到牵线搭桥的作用。

在这一系列的探究活动中，幼儿运用多种探索途径，了解了鸡蛋花树枝存活的条件。在教师的支持下，幼儿运用工具（湿度记录仪），科学、直观地了解湿度的变化，并进行记录表征；利用饼干进行实验，对比饼干的前后变化感知因空气中的水蒸气而产生的受潮现象。在实验的过程中，幼儿经历了：提出问题（为什么一株被砍下来的鸡蛋花树枝会发芽？）、寻求解决方法（实验对比、搜集资料）、观察比较分析，发现了鸡蛋花生长应具备的条件，最后得出结论的科学探索途径，为后续进一步开展科学探索培养了良好的品质。

小青虫变形记

执教老师：陈莹 石淑慧 范丽琴

指导老师：曾玲

一、活动来源

一天户外活动时，张瑞和简灿发现了一只特别小的青虫，吸引了孩子们的围观。

张瑞："老师，我找到了一只小青虫，可是被彭铭迪踩了一脚。你看，它在这里，它还会动，还没死呢！"

张瑞："小青虫受伤了，我刚刚看到它流出了绿色的水。"

简灿："对呀，就怪彭铭迪，是彭铭迪踩了它。"

熳盈："小青虫好可爱啊，小小的。"

越来越多的小朋友凑过来，挤着要看小青虫，孩子们议论得很激烈。

"小青虫刚刚流出来的绿色汁液到底是什么呢？"

"小青虫的敌人是谁，它喜欢吃什么？"

"长大的小青虫又是什么样子的呢？"

"小青虫会不会拉粑粑呢？"

"会像毛毛虫那样吐丝结茧吗？"

"它好小，好可爱哦，一会我们带它回去吧！"

"好啊！好啊……"

孩子们决定把小青虫带回课室，并记录下开始饲养的日期。

二、活动期望

在这生机勃勃、鸟虫齐鸣的夏季，一条小青虫引起了幼儿的关注，激发了幼儿的好奇心和求知欲望，使其迫切想知道关于小青虫的各种秘密。《3—6岁儿童学习与发展指南》中提出："善于发现和保护幼儿的好奇心，充分利用自然和实际生活的机会""帮助幼儿不断积累经验，并运用于新的学习活动，形成受益终身的学习态度和能力"。教师期待在探索过程中，帮助幼儿通过观察、比较、分析、实验验证、记录和收集信息等方法，获得小青虫生长蜕变的相关知识，帮助幼儿了解动物与大自然的密切关系，培养幼儿对动植物的情感，使其逐渐懂得热爱自然、尊重自然、保护自然。

三、活动过程

活动1：第一次饲养小青虫

1. 给小青虫安一个家

集体讨论，"应该把小青虫放到哪里合适？"

老师："小青虫带回来了，应该把它放到哪里比较合适呢？"

张瑞："我们给它做个家吧！"

老师："想给它安什么样子的家呢？"

逸嘉："用雪糕棒来做一个小房子。"

方形："还是用木头吧。"

君一："用牙签，里面放些树叶给小青虫吃。"

迪迪："还可以做二楼和三楼，楼上放一些扭扭车，它就可以在上面玩了。"

珉珉："还要做个门和窗给小青虫透透气。"

思思："用纸皮做一个一楼和二楼，再做一个斜斜的楼梯。"

弋洋："还可以做一个滑滑梯。"

子瑄："我觉得还是用养小乌龟的塑料盒给青虫做家比较好，它是透明的，上面还有洞洞，小青虫才能呼吸空气。"

大家一致同意子瑄的建议，几个孩子在老师的帮助下，在大二班借到了盒子。

迪迪和弋洋提议，去找一张小桌子用来放小青虫的家。午饭后，他们到仓库，挑选了一张比较矮的桌子，合作把桌子搬回了教室。迪迪拿来抹布把桌子擦得干干净净，弋洋去自然角摘了一片绿萝的叶子放进去给小青虫吃。

图3-3-1　构思青虫之家

图3-3-2　找到塑料盒

图3-3-3 搬桌子

图3-3-4 擦桌子

小青虫的家就这样安好了。

2. 小青虫为什么死了？

周一早上，智鸿和几个小伙伴迫不及待地去观察小青虫，发现小青虫死了。孩子们都很伤心，围在小青虫的旁边，一直在讨论小青虫为什么死了？

智鸿："老师，小青虫死了，不会动了。"

张瑞："因为彭铭迪踩了它一脚，但是它还没有死的啊。"

思思："周末两天没有人照顾它，所以它死了。"

恩彤："我们给小青虫吃树叶，小青虫不喜欢吃树叶，是饿死的。"

智鸿："晚上这里太黑了，小青虫怕黑，被吓死的吧。"

君一："小青虫太久没见它的爸爸妈妈了，太孤单所以死掉了。"

老师："小青虫死了，小朋友们很难受，老师也一样。那怎么处理小青虫的尸体呢？"

君一："把小青虫的尸体埋起来，再做个墓。"

众人："就把它埋在大一班的菜地里，我们还可以去看它。"

老师："同意大家的意见，以后我们去看小青虫，怎么才能找到它呢？"

逸嘉："做个标记，写上'禁止乱挖'。"

甜甜："写上'里面有条虫'。"

晨林："拿10个雪糕棒，做一个牌子，长方形，写上'禁止碰小青虫'。"

君一："为它插上牌子，写上小青虫之墓。"

珉珉："对，做一个墓碑。"

君一："我们去手工区做一个圆形的墓碑吧。"

老师："好的，那么区域活动时，可以给小青虫制作一个墓碑。"

3. 送别小青虫

君一、逸嘉在手工区合作给小青虫制作了一个墓碑。户外活动时几个幼儿小心翼

图3-3-5 观察小青虫

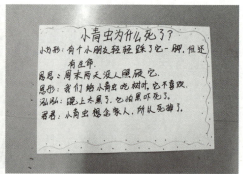

图3-3-6 小青虫为什么死了

图3-3-7 给小青虫制作墓牌

图3-3-8 埋葬小青虫

翼地端着小青虫的尸体，拿着做好的墓碑，来到了大一班的菜地，几个小朋友把小青虫埋在了菜地里，并插上青虫之墓的牌子。

活动小结

第一次饲养小青虫时，孩子们对饲养、照顾小青虫还处在未知、好奇的阶段。在活动过程中，教师抛出三个重要的问题（应该把小青虫放到哪里合适；小青虫为什么死了；怎么处理小青虫的尸体）起到了关键的导向作用，支持和启发孩子们在探究过程中寻找解决问题的答案，以支持孩子们能够继续往下探究；在小青虫的死因—如何处理尸体—如何埋葬的过程中，孩子们感受了小青虫从生到死的过程，提出每个阶段的解决方法和反思。孩子们尝试推理分析，提出自己的看法共同讨论分析，在制作墓碑的过程中教师给予幼儿材料使用的建议，在怎样埋葬小青虫的谈话中，可以看出孩子们对葬礼具有一定的生活经验，这就是他们生活经验的迁移；这也为孩子们第二次饲养小青虫积累了经验。

活动2：第二次饲养小青虫

小青虫死了，孩子们特别不开心。在户外活动的时候，隔壁班邬老师在操场发现了一条比较大的青虫，她知道我们的小青虫死了，于是送到我们班，孩子们看到又有了一条大青虫，兴奋得不得了。

有了前面的经历，这次，孩子们提出，要保护小青虫，让小青虫住得更舒服、更安全。

老师："你们打算怎么做？"

迪迪："给小青虫的家做个标志，先画个X，再画手，这个表示不能用手去碰小青虫。"

君一："做个牌子，上面写上'禁止触碰小青虫'。"

方形："不要摇晃小青虫的家。"

智泓："在小青虫的家门口画一条禁止线，小朋友们不能超过禁止线去看小青虫。"

张瑞："不要洒水到小青虫的家。"

熳盈："要轻声交流，不要吵到小青虫。"

图3-3-9　怎样让小青虫的家更舒适

活动中，迪迪按照自己的想法画了几张规则标语，智泓拿来玻璃纸，剪了一长条下来，并制作了一个禁止线的标语，老师帮他们把规则记录下来，最后他们几个人合作，把标语和禁止线都贴了上去。

图3-3-10　制作标语

图3-3-11　贴上标语

图3-3-12　小青虫的家

活动小结

　　在第二次饲养小青虫的活动中，孩子们汲取第一次饲养失败的教训，知道了小青虫的死是因为没有保护好它，再次给小青虫安家时，开始有意识地保护小青虫。他们能够总结失败的经验，优化、调整解决问题的策略，同时也理解了规则的必要性，在怎样保护小青虫的活动中，与同伴协商制定规则（"禁止触碰小青虫""轻声交流""不要摇晃"等），通过分工合作给小青虫的家制作标语，在亲身参与实践的过程中，孩子们对规则的意义有了更深刻的认识。教师抓住这次契机，启发孩子们商议制定了规则并自觉遵守，理解规则的意义。

　　第二次饲养的小青虫，在孩子们的精心照顾下成长着。在闲暇之余，孩子们会观察小青虫的生长情况。

活动3：观察小青虫

　　在接下来的几天里，大家都在观察小青虫，有些孩子还在科学区找到了关于小青虫的图书资料。

　　珉珉："好神奇啊。"

　　弋洋："为什么他是这样爬的呢？"

　　迪迪："小青虫有脚吗？"

　　弋洋："我看到小青虫身上有好多毛。"

　　倪子："小青虫它有脚，好像有10只脚。"

　　简灿："我发现小青虫的背上有一条黄细线，两侧还有小黄点。"

　　恩彤："小青虫它全身都是绿色的。"

　　振辉："它是有牙齿的，我看到它吃白菜的时候就是先用嘴旁边的两个牙齿吃，这是我看到的。"

　　君一："我在书上看到了，小青虫有触角，还有复眼，它的两头还尖尖的。"

　　晨林："对，我在书里也看到小青虫身上还有毛、脚、口。"

　　子瑄："我们一动小青虫，它就会一弓一弓地往后爬。"

　　老师："通过小朋友观察和查找资料，小朋友了解了小青虫的外形特征和身体部位。除此之外，孩子们还关注到一个特别的地方。"

　　老师："它为什么是一弓一弓地爬呢？"

　　方形："是它的脚太小了吧！"

　　君一："小方形，是好短。"

简灿："它的身体太圆了，爬起来就一弓一弓了。"

老师："有什么办法可以了解小青虫呢？"

君一："我们可以去找小青虫的资料。"

老师："哪里可以找到？"

君一："电脑里可以查到！"

老师："可以，一会我们一同去资料室查询。"

（老师和君一查到了小青虫的资料，并打印出了小青虫的图片。）

老师："通过查询资料，谁来说说看小青虫为什么是弓起来爬行的呢？"

智泓："小青虫爬行是肚子碰一下地，再尾巴碰一下地就向前爬了。"

晨林："小青虫蠕动着向前爬行，身子一缩一松。"

君一："小青虫是靠神经主导肌肉收缩运动。"

原来，小青虫属于无脊椎动物，身体内部没有骨骼，更没有脊椎骨。昆虫只有外

图3-3-13　小青虫的外形

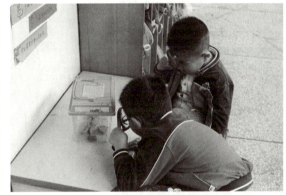

图3-3-14　观察小青虫

图3-3-15　我观察到的小青虫（1）

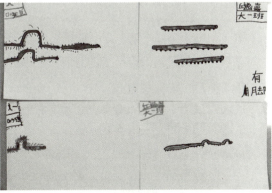

图3-3-16　我观察到的小青虫（2）

图3-3-17 手工制作小青虫（1） 图3-3-18 手工制作小青虫（2）

骨骼，就是身体表面的那一层硬壳，昆虫是靠外骨骼支撑身体的，所以爬行时是弓起来爬的。

孩子们对查到的答案很感兴趣。他们把小青虫从盒子里拿出来，拿铅笔轻轻地戳了一下小青虫，小青虫就真的一弓一弓往前爬了。为了让孩子们能清楚地观察到小青虫的外形特征，教师将准备好的小青虫大图给孩子们看。

活动小结

孩子们经过仔细地观察及结合查找到的资料，了解了小青虫的外形特征和身体部分名称。"小青虫是一弓一弓地爬"这一现象，引发了孩子们对小青虫身体结构的深入探究。通过查找资料，孩子们解开了小青虫"一弓一弓爬行"的原因，再一次丰富了对小青虫结构特征的认识。通过观察、收集材料、验证，孩子们对小青虫的外形特征有了进一步深入的了解。

活动4：小青虫喜欢吃什么？

孩子们每天都要吃饭，那小青虫喜欢吃什么呢？前一天孩子们给小青虫投放了一片绿萝叶子，到了第二天早上，他们发现那片绿萝叶子还是完整的，小青虫只是趴在叶子的上面。

珉珉："老师，你看小青虫，它都没有吃这个叶子，叶子还是好好的。"

老师："是哦，它不喜欢吃绿萝叶子，它会喜欢吃什么呢？"

倪子："喜欢吃豆子。"

老师："真的吗？它喜欢吃豆子呀？"

倪子："豆子发芽了，就能吃了。"

锐轩："喜欢吃菜叶。"

简灿："喜欢吃花瓣。"

熳盈："它会吃干树叶。"

思思："可能喜欢吃番薯叶子。"

孩子们你一言我一语，说出自己认为对的答案。

通过讨论，他们决定给小青虫投放自己认为它喜欢吃的食物来证明自己的猜测，小青虫到底喜欢吃什么？

第二天，笑笑从家里带来了草莓。

熳盈和思思在草地找到了新鲜的树叶、干树叶。

简灿摘了几片花瓣。

弋洋到菜地摘了一片青菜叶子和一片卷心菜叶子。

迪迪到科学区拿了豆子。

晨林在自然角摘了红薯叶。

他们把找来的东西一起放进小青虫的家里，围在小青虫家的周围看了一会，发现小青虫什么都没吃。

简灿："它怎么不吃啊！"

熳盈："我们围在这里，小青虫不敢吃的。"

于是他们商量后决定隔天早上来看小青虫吃了什么？第二天，孩子们迫不及待地跑过去看小青虫。经过一晚，他们发现小青虫吃了青菜叶子、红薯叶和卷心菜叶子。利用早餐后的时间，孩子们完成了他们集体制作的调查表。

吃了那么多菜叶子，孩子们发现小青虫拉出了很多黑黑的粑粑，于是提出要清洗小青虫的家。

图3-3-19　给小青虫投放食物　　　　图3-3-20　小青虫喜欢吃什么

图3-3-21 脏乱的青虫之家

图3-3-22 清理小青虫的家（1）

图3-3-23 清洗小青虫的家（2）

图3-3-24 清洗小青虫的家（3）

笑笑："老师，小青虫的家这么脏，它还拉了粑粑，好臭啊。"

君一："我们帮小青虫打扫家吧。"

老师："我们要怎么打扫小青虫的家？"

张瑞："先把小青虫的家的玻璃墙洗干净，再把垃圾冲干净。"

方形："还要用肥皂把它的家洗干净。"

笑笑："每天要清理一次小青虫的家。"

逸嘉："用雪糕棒做一个垃圾桶，给小青虫拉便便。"

开始清理了。子瑄把小青虫兜到树叶上拿出来，再把里面的垃圾倒进垃圾桶；张瑞拿来抹布把整个塑料盒冲洗了一遍；君一拿来干抹布，把塑料盒擦干，最后再把小青虫放回塑料盒子里，孩子们看着干净整洁的青虫之家，露出了甜甜的笑容。

活动小结

了解了小青虫的外形特征和身体结构，孩子们对小青虫吃什么产生了疑虑，他们自发提出解决的方法：投放自己认为它喜欢吃的食物，进而发现小青虫喜欢的食物，孩子们的猜测得到了验证，激起了他们更大的探究热情，使他们产生了强烈的自主探究的欲望。在面对问题时，孩子们能够独立思考，在探究过程中学习，内化经验，并通过集体记录的方法（记录小青虫喜欢吃什么）整理自己的验证结果。

小青虫喂食—排泄粑粑—给小青虫清洗家的饲养过程，由此看出孩子们有了第一次饲养小青虫的经验，萌发了持续照顾小青虫的欲望。当类似的情境或问题出现时，他们能够游刃有余地做好了，这就是经验积累、迁移的体现。在活动过程中，同伴间表现出了良好的分工合作，探究积极性感染和带动了同伴。

活动5：小青虫结茧了

在孩子们的精心照顾下，小青虫结茧了。

智泓："快来看，小青虫不见了！"

孩子们都围了过来，拿起装小青虫的盒子，从各个方向寻找小青虫，君一激动地叫起来。

"小青虫在这里，它吐丝了，把自己包起来了。"

老师赶紧走近一看，小青虫真的结茧了。孩子们非常兴奋，围着小青虫讨论开了。

弋洋："小青虫在一点点长大。"

简灿："对呀，我看到它已经在结茧了。"

熳盈："你看，白白的。"

简灿："它长大有可能会变成蝴蝶。"

振辉："不对，它长大会变成蜻蜓。"

智宸："对，是蜻蜓，有可能。"

简灿："结茧的东西，我没听说过结茧的东西会变蜻蜓。反正我从来没听说过。"

振辉："反正我就知道它会变成蜻蜓，不信你下次去我家看看。"

孩子们对小青虫破茧后会变成什么展开了激烈的争论。

君一："可能会变成蝴蝶。"

张瑞："会变成飞蛾。"

佑佑："结茧后它的寿命就越来越短，最后会死亡。"

子瑄："它会变成燕子。"

振辉："我觉得它会变成蜻蜓飞走吧！"

思思："会变成七星瓢虫。"

图3-3-25 小青虫结茧了

图3-3-26　小青虫长大后会是什么样子

图3-3-27　家长与孩子一起查找资料

老师："小朋友猜测了那么多种答案，小青虫最后会不会变成你们所说的那样呢？今晚可以和爸爸妈妈一起去搜集资料，看能不能找到答案。"

第二天，孩子带来了他们搜集的资料。

倪子："老师，昨天我和妈妈在电脑上查了，这种小青虫叫小菜蛾，是一种害虫，专吃蔬菜，它是不会变蝴蝶的。"

简灿："我也和爸爸查了资料，小青虫不会变蜻蜓，蜻蜓是在水中产卵的。"

弋洋："就是小青虫会变蝴蝶，我家有一本故事书，叫小青虫的梦，小青虫最后就是变成蝴蝶了。"

君一："我也觉得会变成蝴蝶。"

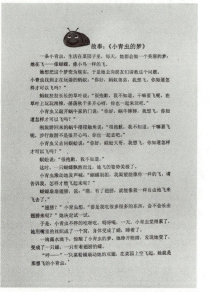

图3-3-28　小朋友带来的资料

讨论中，孩子们都不相信倪子说的，坚信小青虫最后会变成蝴蝶，孩子们决定继续饲养小青虫，来证实自己的猜测。

振辉："茧是白色的，我还能看到绿色的小青虫，它就在里面。"

简灿："对，我也看到了，绿绿的小青虫就在里面。"

振辉："我觉得，它可能明天就会变成蝴蝶。"

简灿："不可能，要很久它才能变出来的。"

振辉："要1000年吗，不可能，1000年它早就死了。"

简灿："其实，很可能一个月才能变。"

老师："想要知道小青虫要多久才能破茧出来，有什么办法？"

弋洋："我们可以记录下它结茧的日子，就可以算出来了。"

孩子们拿来小本子，记录下了小青虫结茧的日期。

第二天，小青虫结的茧的颜色变黄了，茧也越来越厚了，绿绿的小青虫也开始变黄，好像穿上了外壳。

五天后，孩子发现小青虫的茧越来越短，外壳越来越硬，颜色也变得越来越黄。

君一："小青虫在里面干什么呢？怎么变短了？"

迪迪："我告诉你哟，它在里面变身。"

相宜："应该是在睡觉。"

振辉："我还是觉得它在里面变蜻蜓。"

张瑞："我也觉得就是在变蜻蜓。"

老师："你们两个都觉得小青虫在里面是在变蜻蜓。"

逸嘉："在换蝴蝶的衣服。"

智睿："小青虫在里面吃树叶。"

老师："是吗？它在里面还吃东西吗？"

简灿："不是的，小青虫现在不用吃东西了，也不能喝水。"

方形："它在里面慢慢老化，最后死亡。"

雅馨："它不想别人打扰它长大。"

老师："小青虫到底在茧里面干什么，我们一起去找找资料吧。"

通过查找资料得知，毛毛虫长大吐丝结茧后在茧里面休眠蜕变，然后破茧而出就成了蝴蝶。小青虫跟毛毛虫一样，结茧后都是在茧里面休眠蜕变。

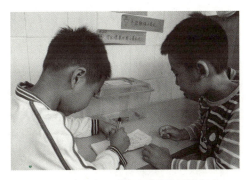

图3-3-29 记录小青虫结茧的日期（1）

图3-3-30 记录小青虫结茧的日期（2）

图3-3-31 记录小青虫结茧的日期（3）

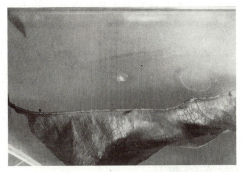

图3-3-32 记录小青虫结茧的日期（4）

孩子们好奇小青虫结茧之后会变成什么，并进行了猜想。有些孩子（简灿、君一）认为会变成蝴蝶；有些孩子（振辉、智宸）认为会变成蜻蜓，只有张瑞认为会变成飞蛾，可见孩子们对昆虫某种形态的变化有一定的了解。通过与家长共同查找资料来验证结果，当孩子们对于小青虫结茧后的变化仍无法得出统一的结论时，教师能够支持孩子们继续饲养观察来验证自己的猜测，宽松、积极的环境支持给予了孩子们连续观察。在活动过程中，教师鼓励和引导孩子们记录着小青虫的结茧日期，让观察变得有意义，也通过记录帮助孩子们丰富了观察经验，让他们看到随着时间推移，小青虫结茧发生的变化，进而对小青虫破茧而出的期待日益增加。

活动6：小青虫破茧而出

清明节三天假期回来后，孩子们发现小青虫的蛹变得更短了，但还没有变身。午睡起床后，甜甜和天恩去看小青虫，突然有了惊奇的发现。

甜甜："我看到里面有东西。"

天恩："我也看到了，在这里，在这里，它还会飞。"

老师："是小青虫破茧了吗？这到底是什么呢？"

智鸿："我看它应该是从这个洞里出来的。"（他指着茧上的小洞说。）

图3-3-33　小青虫破茧而出

振辉："那是飞蛾，小青虫变成飞蛾飞出来了。"

老师："原来小青虫最后变成的是飞蛾，小青虫是3月29号开始结茧的，现在是4月8日，一起算算，小青虫从结茧到变成飞蛾一共是多少天呢？"

灏仔："我知道，一共是11天。"

图3-3-34　小青虫变成了飞蛾

老师："在小青虫结茧的时候，倪子查过资料，小青虫叫小菜蛾，是一种害虫，专吃蔬菜，是不会变成蝴蝶的。弋洋说他家有一本故事书，叫《小青虫的梦》，所以他坚信小青虫最后会变成蝴蝶。通过饲养小青虫，最终得出了结论，小青虫是变成了飞蛾。"

孩子们带着各自的猜想期待着小青虫结茧后到底变成什么样子。当孩子们不确定小青虫破茧而出变成什么样时，教师启发式地抛出问题（是小青虫破茧了吗？这到底是什么呢？），在这一问题引导下，孩子们再次观察和确认小青虫结茧过程，同时教师鼓励他们用数字记录小青虫成虫的时间，支持孩子们运用数学，感知和体会解决探究活动带来的乐趣。在活动过程中，他们带着猜测、等待、观察、用数字记录、调查验证等方式，去发现小青虫的整个蜕变过程。通过活动，孩子们具有了初步的探究能力，知道研究结果要以观察和实验中看到的事实为依据。

活动7：灭虫大行动

小青虫已经变成了飞蛾，孩子们的猜测也得到了验证，迪迪却很不开心了。

迪迪："小青虫原来真的是菜蛾，为什么它不是蝴蝶呢？"

君一："菜蛾跟蝴蝶不一样的啊，我们都看到小青虫变成了菜蛾了啊！"

迪迪："为什么它不是蝴蝶，而是菜蛾呢？我不想它是菜蛾。"

张瑞："是的，如果它是菜蛾，会吃掉青菜的。"

老师："小青虫是害虫，既然是害虫我们要怎么办呢？"

思思："老师，在我们的菜地里就有小青虫。"

老师："是吗？看来我们要想出一个好的方法去把菜地的虫子消灭掉才行。"

于是，哪些是害虫？如何消灭害虫？又将成为孩子们的下一个延伸活动。

活动小结

在整个过程中，孩子们认为一直照顾、饲养的小青虫会变成蝴蝶或蜻蜓，孩子们为此倾注了不少心血，然而，当得知小青虫不是益虫而是害虫时，大家都感到失落和遗憾。可以看出，孩子们学会了判断并思考害虫带来的坏处。此时，教师适时地引导孩子们分辨害虫带来的坏处，了解害虫对环境带来的影响。因此，分辨益虫和害虫、如何消灭害虫的活动，成了本次探究的延伸活动。

图3-3-35　灭虫（1）　　　　　　　　图3-3-36　灭虫（2）

四、活动解析

"小青虫变形记"的活动，是关于自然科学的探究活动。探究活动中，植物园里的小青虫，让幼儿感到好奇，也让他们感受生命从生到死的过程。教师没有干预幼儿的每一个想法，从发现小青虫—埋葬小青虫—饲养小青虫—破茧变成菜蛾，幼儿了解了小青虫的生长过程，通过观察、运用数字记录、思考猜测、调查验证、亲身操作，体验到了探究的乐趣。

在这个活动中，教师及时捕捉到幼儿的兴趣，适时引导幼儿以小青虫作为研究对象进行深入探究，不仅贴近幼儿的实际生活，而且符合幼儿的兴趣，有效促进了幼儿对周围事物和现象的理解。教师还提供了丰富的、可操作的材料，为每个幼儿都能运用多种感官、多种方式进行探索提供了活动的条件。除此之外，教师为幼儿的探究活动创造了宽松的环境，通过支持引导，让每个幼儿都有机会参与尝试探究小青虫的活动，支持、鼓励他们大胆提出问题，发表不同意见。

大班幼儿具有好问、好学的特点。在饲养小青虫的活动中，幼儿运用了不同的方法（观察、猜测、验证、记录）来观察小青虫的生长蜕变过程。幼儿通过观察思考、动手动脑，逐渐学会了将猜测落实到实践来对其进行调查验证，并在收集大量信息后得出结论（由猜测小青虫变成蝴蝶、蜻蜓到最后验证结果：小青虫是菜蛾）。他们还学会了发现问题，能够独立分辨问题，知道研究结果要以观察和实验中看到的事实为依据。

小蚯蚓回家

执教老师：邬育苗 叶莹
指导老师：曾玲

一、活动来源

上午下了一场雨，幼儿园草坪上有几处积水。下午离园时，几个未被接走的孩子在草坪边等待家长来接。辰辰和另外几个孩子捡了根树枝走到积水处玩。

杨林："你们看这里有泥鳅。"

几个孩子听到赶忙跑过去看，围在一起聚精会神地看着水里蠕动的"泥鳅"。

媛媛："这个不是泥鳅，是蚯蚓。"

希希："我看一下，我看一下，真的是蚯蚓哦！"

杨林用手中的小树枝轻轻地碰了一下水中的小蚯蚓，小蚯蚓突然缩起来，引起了孩子们的尖叫。

幼儿："看，它在动了，它在动了。"

媛媛："它动起来好可怕哦！"

杨林："它是从哪里来的呀？"

辰辰："它的身体看起来那么软哦，为什么呢？"

雨后蚯蚓的出现及身体反应引起了孩子们的极大兴趣，他们把发现的蚯蚓带回班级。

二、活动期望

阵雨过后，草坪积水处出现的小蚯蚓引起了幼儿极大的兴趣，幼儿关注到了蚯蚓活动的范围和本能的身体反应。了解蚯蚓的生活环境及生长过程是一个十分有意义的活动。教师期待幼儿通过观察、记录、比较、实验等方面的科学探究方法，了解小蚯蚓的生长环境，探究小蚯蚓的结构特征和习性，以此丰富生活经验，了解生物的多样性，体验探究带来的快乐。

三、活动过程

活动1：发现蚯蚓

晨练时间，孩子们仍然在讨论昨天发现的蚯蚓。他们在积水边发现了有蚯蚓从泥土里爬出来，既兴奋又好奇。

君妹："这里怎么会有蚯蚓呢？"

杨林："是我们在草地上发现，带回来的。"

君妹："我昨天在草地上玩，没有发现有蚯蚓啊？"

思棋："蚯蚓是出来散步的吧？"

舒杨："它一定是出来找吃的？"

孩子们对幼儿园草地上的蚯蚓感到好奇。晨会时，我们针对幼儿园草地上为什么会出现蚯蚓展开了讨论。

老师："幼儿园草地上为什么会出现蚯蚓，大家找到答案了吗？"

锦辰："为什么我以前都没有在草地上看到过蚯蚓。"

定君："蚯蚓是想出来找树叶吃吧？"

芊芊："草地上太多水了，它想出来散步。"

图3-4-1　发现"小蚯蚓"（1）　　　　　图3-4-2　发现"小蚯蚓"（2）

芷嫣："蚯蚓肚子饿了，它想出来找食物。"

梓涵："蚯蚓是在地底下吃泥土的，它不用出来找吃的。"

多多："那里好多水，蚯蚓的家被水淹没了，它们就逃出来，搬家。"

丽媛："泥土把它们埋住了，它们觉得好闷，想出来透透气。"

包包："下雨天蚯蚓就会跑出来呼吸、喝水。"

多多："以前我都是看到下雨的时候，它才会跑出来，因为它要搬家嘛。"

梓涵："蚯蚓不是要搬家，它是因为地底下没有空气，它是爬上来呼吸新鲜空气的。"

老师："哦，大家对蚯蚓为什么爬出来有不同的意见，谁的答案是正确的呢？"

多多："我们去查查资料就知道了。"

通过查找资料，大家解开了疑惑。

梓涵："我说对了，蚯蚓生活的地方要有氧气。"

泫璋："还要在潮湿的地方。"

芊芊："还有要有泥土，要透气好，怪不得下雨的时候，它们会爬出来。"

丽媛："因为下雨的时候，土壤透气不好，所以它才爬出来的。"

思棋："我知道了，下雨的时候，泥土里没有空气，它出来呼吸空气的。"

包包："原来蚯蚓真的是爬出来呼吸新鲜空气的啊。"

多多："老师，早上刚下过雨，我们去草地再找找蚯蚓可以吗？"

活动小结

　　幼儿园草地上出现蚯蚓这一现象，引起了孩子们的好奇心。他们做了各种猜想，在谈论中可以了解到他们对蚯蚓生活环境、习性的认知还处在感性、浅显、猜想的阶段。在面对孩子们提出的不同想法时，教师并没有直接给出答案，而是利用孩子们已有的知识经验作为铺垫，启发他们借助幼儿园资料室寻找答案，丰富了孩子们对蚯蚓生存条件的认知，也为进一步研究蚯蚓增加了知识储备，使孩子们对蚯蚓的兴趣更加高涨，进一步调动了他们探究的积极性。孩子们提议去户外寻找小蚯蚓生活的场所，试图进一步验证小蚯蚓出没的原因。

活动2：寻找蚯蚓的生活场所

来到草地后，孩子们惊讶地发现地上有一个个拱起的小土包。于是大家的问题又接踵而来。

云鹜："老师，这个包是什么东西啊？"

锦辰："有好多好多的，昨天这里没有的。"

梓涵："是圆圆的，1，2，3，4，…我看到有27个。"

老师："哦，圆圆的有27个包，这些到底是什么呢？怎么会突然多了那么多小包啊？有谁知道吗？"

孩子们都摇摇头，表示不知道。

思棋："你们看这里有洞，一定是蚯蚓的家。"

锦辰："这个包是一个洞！"

浩瑜："梓涵，你快过来，我发现这个洞外面有一个'2'字。"

梓涵："在哪里，在哪里，我看一下。真的呀，这个是什么？"

浩瑜："这个是它的粑粑，就是蚯蚓的粑粑！"

梓涵："我和爸爸查过蚯蚓的资料，说是蚯蚓经常在夜里活动，翻土时就会拉粑粑在草坪上，堆成一个个小土包。"

锦辰："老师，我们要挖开它的洞就能找到蚯蚓了！"

思棋："我们去泥工区找工具来挖，泥工区有工具。"

孩子们在泥工区找自己需要的工具，有铲子、耙子、装蚯蚓的盘子！

杨林："我昨天就是在这里发现蚯蚓的。啊，我挖到蚯蚓啦，我挖到蚯蚓啦！"

图3-4-3 发现"小土包"

图3-4-4 洞外面有个"2"

图3-4-5 给蚯蚓装点水

图3-4-6 蚯蚓真可爱

幼儿："在哪里，在哪里？"

杨林："啊，不好了，它断了。"

锦辰："怎么啦，怎么啦。"

杨林："我刚才挖的时候不小心弄伤了它。"

梓涵："蚯蚓在哪里，我来抓它。放心，它们是不会死的。"

杨林："蚯蚓断了真的不会死吗？"

梓涵："真的不会，你看它们不都在动吗？"

云鹜："快，你们把它们放在我的盘子里吧。"

梓涵："蚯蚓是生活在比较潮湿，也就是水比较多的地方。我们去找水给它，你们去给它找吃的吧。"

这时梓涵来到洗手盆边往盘子里装水。

思棋："好啦好啦，小蚯蚓刚刚受了伤，它要淹死了，你看，它爬出去了。"

梓涵："它不会淹死的。"

浩瑜："蚯蚓呢？怎么看不见了，它不会死吧？"

梓涵："好吧，那我们还是倒掉一点水吧。"

杨林："老师，我们把挖到的蚯蚓，也带回班上吧。"

于是他们一起把蚯蚓带回了课室。

活动小结

孩子们在草地上观察发现一个个拱起的小土包，类似动物的"粑粑"。梓涵跟大家分享了从爸爸那里获得的经验：蚯蚓经常在夜里活动，翻土时就会拉粑粑在草坪上，堆成一个个小土包。于是他们推断蚯蚓就藏在小土包的下面。孩子们熟练地使用工具（铲子、耙子、装蚯蚓的盘子），顺利找到了蚯蚓。在探索过程中，有孩子不小心挖断了蚯蚓，由此引发了新的问题："蚯蚓断了，会死吗？"

活动3：蚯蚓为什么死了？

餐后。

杨林："老师，我发现，挖断的蚯蚓一截死了，不会动了，另一截没死。"

梓涵："蚯蚓断了真的不会死吗？"

杨林："你不是说不会死的吗？"

老师："哦，看来情况有变化啊？"

梓涵："资料就是这么说的。可是也不知道为什么会死了？"

浩瑜："是不是弄到它的心脏了？"

梓涵："不信现在就查查资料吧！"

接着，老师和孩子们打开电脑进行资料查找。

老师："原来有两种情况，你们判断我们的蚯蚓是哪种情况呢？"

梓涵："我觉得是第1个答案。"

丽壹："答案是2，不能变成两条，只有一边能活。"

浩瑜："是啊！是啊！"

老师："现在的情况是一段还活着，另一段已经不动了，梓涵你觉得是哪种情况呢？"

梓涵："是第二种情况。"

活动小结

　　孩子们发现"被挖断的蚯蚓一截死了，另一截没死"，这个发现与之前梓涵分享的信息（只要不切到它的心脏，两端都会活）相矛盾。蚯蚓分成两断是否能活？他们仍存在困惑。在大家都陷入困境时，孩子们能够借助网络寻找答案，经过前后资料查找、对比验证，孩子们了解了蚯蚓是一种低等的环节动物，有特殊的再生功能，分成两段后仍能存活这一独特性。在此过程中，教师鼓励、支持孩子们猜测，借助媒体工具验证自己的想法，帮助孩子们回顾探究的过程，启发孩子深入思考，再次提出了值得探究的问题："哪边才是蚯蚓的头？"

活动4：哪边是蚯蚓的头？

1. 蚯蚓为什么两边都会爬？

　　梓涵将切断的蚯蚓从盒子里拿了出来，放到托盘里，拿着科学区里的试管压着蚯蚓身体的一端。

　　梓涵："老师，你看它可以钻过去啊，我挡住这边，它也可以钻过去，为什么可以

图3-4-7　观察蚯蚓（1）　　　　图3-4-8　观察蚯蚓（2）　　　　图3-4-9　蚯蚓卷起来了

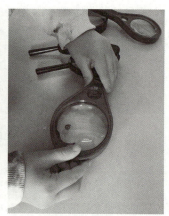

这样子啊？"

　　老师："是啊，为什么会这样呢？好神奇啊！"

　　浩瑜："为什么它两边都可以爬啊？"

　　杨林："可能因为它两边都是头吧。"

　　思棋："两边都是头？"

　　浩瑜："对啊，因为它两头都在动啊！"

图3-4-10　我的观察记录

　　老师："今天大家的新发现很有趣，请你们把观察到的现象记录下来，小结的时候再跟大家分享吧。"

　　2. 哪边是头呢？

　　根据孩子们对蚯蚓的观察记录，老师让孩子们带着三个问题回家与家长一起查阅资料。

　　问题1：蚯蚓为什么两边都在动？

　　问题2：哪边是它的头？

　　问题3：蚯蚓为什么卷起来了？

　　根据孩子们带回来的资料，晨谈活动时他们对哪边是头展开了激烈的讨论。老师决定让孩子们在科学区进行实验验证。

　　总结孩子们的分享，大致有以下几种方法。

　　① 前进方向，就是头。

　　② 每条蚯蚓的头是金色的，叫环带。

　　③ 戳蚯蚓身体的中间，哪边先卷起来，哪边就是头。

　　④ 哪边拉粑粑，哪边是尾巴。

　　接下来，请孩子根据这些方法验证蚯蚓的哪边是头。老师为孩子们提供了白色托

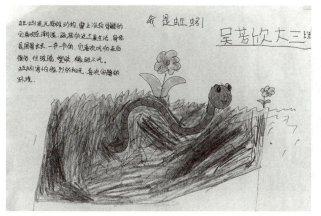

图3-4-11 家长记录单（1）

图3-4-12 家长记录单（2）

盘、放大镜、小木棍。

子瀚一手拿着放大镜，一手拿着小木棍，他用木棍轻轻地撩了一下蚯蚓的一端，又撩了一下蚯蚓的另一端。

子瀚："哇！你们看！蚯蚓两边都会向前爬啊！我刚刚动了它这边一下，它往前爬了一下，我再动那一边，那边也往前爬了一下！"

丽壹："那就两边都是头呗，双头。"

梓潼："那就是双头蚯蚓。"

丽壹："我还有办法！让我戳一下它的中间。说完，丽壹拿起了小棍子往蚯蚓身体中间戳了一下。"

丽壹："这边卷起来了！这边是头，这边是头！"

子瀚："不是说有'金色'的那边是头吗？我明明看到那边是有'金色'啊，那边才是头啊。"

老师："金色？能准确告诉我金色是什么吗？"

丽壹："我知道，叫环带。"

老师："嗯，现在丽壹跟子瀚的意见不同，有没有别的方法知道哪边是头呢？"

子瀚："还有还有，还有哪边拉粑粑，哪边是尾巴。"

梓涵："那另外一边就是尾巴咯。"

老师："嗯，有道理，那让我们来看看它到底哪边拉粑粑。"

子瀚："可是它什么时候拉呀，又动来动去的，乱爬。"

梓涵："老师，我们不知道它什么时候拉粑粑，怎么办啊？"

老师："哈哈，老师也不知道它什么时候会拉粑粑，那就让我们一起耐心等待，细心观察吧。"

图3-4-13　耐心等待拉粑粑

图3-4-14　戳戳看

图3-4-15　实验记录（1）

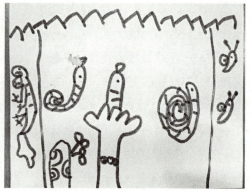

图3-4-16　实验记录（2）

　　经过一段时间的等待，蚯蚓终于拉粑粑了。

　　子瀚："哇，拉了拉了，这边是头，这边是头！"

　　丽壹："啊？怎么这边是头，我记得是那边先卷起来的呀。"

　　老师："嗯，经过了四个实验，有三个实验都说明同一边是头，这是不是足以证明这边是头了？"

　　丽壹："不对啊，那我戳它，怎么是另外一边卷起来了？我刚刚还又试了一下。"

　　老师："那老师帮你在网上查查资料吧，网上查到的资料说，用个东西轻轻地戳蚯蚓，戳中头部的方向，几乎整个身体会卷起，但是戳中尾部呢，会卷曲的就是尾部了，往头部的方向是没有反应的。"

　　梓涵："我知道了。戳哪边都会卷，卷得厉害的那边是头，没那么厉害的是尾。"

　　丽壹："难怪我戳它，它就卷，原来卷得厉害的一边是头啊。"

　　老师："嗯，你们的实验太精彩了，不然老师也不知道哪边是头呢。现在请你们把所做的实验记录下来吧。"

活动小结

在解决了"蚯蚓分两段是否能活"的问题后，孩子们对蚯蚓的关注持续不减，继而对"蚯蚓为什么两边都会爬？"引发思考。当孩子们的探究无解时，教师并没有直接给出答案，而是稍做引导后，将孩子们的观察重点转移到蚯蚓的身体结构上。但孩子们的已有经验仍无法解答这一问题。教师认真倾听孩子们在讨论过程中的语言表达，将零散的问题及时梳理和整合（蚯蚓为什么两边都在动？哪边是它的头？蚯蚓为什么卷起来了？），并借助家长资源，让家长参与到探究活动中。通过查找资料得出结论后，孩子们再一次用多种方法设法验证，在活动过程中，教师为孩子们实验验证提供了工具（白色托盘、放大镜、小木棍）。孩子们通过观察、推断、动手操作，最后提出结论。孩子们在探究活动中能够积极思考，不断提高对蚯蚓特征的认知，丰富了观察经验，更重要的是孩子们在愉快的氛围中对探究活动有着浓厚的兴趣。正是由于孩子们对蚯蚓的关注，所以他们对蚯蚓的一举一动都观察入微。接下来，蚯蚓还会发生什么事呢？

活动5：蚯蚓死了

几天之后，幼儿在观察蚯蚓时，发现有一些蚯蚓死了。

梓涵："蚯蚓不动了，我发现放地上还是不动。我想它应该是死了。"

浩瑜："应该在睡中午觉吧。"

梓涵："我想假死是因为害怕，干死应该是因为太干了，因为水太多就淹死了。"

浩瑜："也有可能是饿死的，因为它在这里已经好几天了。"

华俊："说不定是被闷死的。"

梓涵："虽然它是在土里生长的，但是它一般是在下午才出来。蚯蚓怕太阳，晚上我见过它，扭来扭去，可是到早上都成肉干了。"

图3-4-17 蚯蚓观察盒中的干泥土

图3-4-18 蚯蚓死了

华俊："它装死，是因为它自己想回家。"

梓涵："肯定是这里不是太湿就是太干，没家里舒服。"

老师："刚才小朋友都说了自己的猜想，有的说是水太多，有的说是干死了，有的说是闷死。到底是怎么死的呢？"

通过讨论，孩子们决定再次对蚯蚓的家进行观察，观察后孩子们发现养蚯蚓的泥都干得结块了，蚯蚓是干死的。

活动小结

当孩子们发现蚯蚓死了，难过之余，这也引起了他们的好奇心和猜想。他们回顾前面活动所掌握的关于蚯蚓的基本情况：生长环境和生活习性（在潮湿的土里），独特性（分成两段还可以存活、有再生功能等），在讨论分析蚯蚓的死因（饿死、闷死、土里太干了、水太多了）时，教师总结了孩子们对蚯蚓死因的猜想，再一次引导孩子们仔细观察并做出判断、得出结论：蚯蚓是因为缺水而干死的。教师在活动过程中将问题（那到底是怎么死的呢？）抛给孩子们，启发他们将新旧经验融合建立事物之间的联系，进而做出合理的判断。

活动6：送蚯蚓回家

蚯蚓的死让孩子们了解了蚯蚓的生活环境。又因为翔翔带来了两本绘本《蚯蚓阿俊》《蚯蚓救援队员》，通过绘本分享，孩子们知道了蚯蚓有它们自己的家人和好朋友，和我们人类一样，它们也不想离开自己的家园。它们还是我们人类的好朋友，是地球的好帮手。

定君："老师，我们要把蚯蚓送回家，它是我们的好朋友。"

老师："那我们要把蚯蚓送到哪里去呢？"

舒扬："把它送回大自然去。"

颖辰："送到草地。"

皑轩："也可以送到湿泥土里。"

宏鸣："在哪里挖到的就送回到哪里去。"

若欣："今天我们要去菜地玩，我们把它送回家。我们不能再去挖蚯蚓了。"

孩子们手拉手，拿着盒子一起来到了菜地。

宏鸣："这里的泥土都干了，我去装点水把它浇湿。"

祖祖："我来把蚯蚓倒出来。"

定君："蚯蚓爬出来了，你们看它的小嘴巴在动。它肚子饿了，我们找点东西给它吃吧。"

图3-4-19 送蚯蚓回家

图3-4-20 蚯蚓回家

图3-4-21 给蚯蚓送花瓣

图3-4-22 与蚯蚓道别

祖祖："你们看，这有一条大的，还有一条小的，这里面还有一条小的。"

梓涵："蚯蚓不能晒太阳的，我们给它盖点泥吧，让它赶紧回家。"

丽壹："好，我去拿铲子。"

宏鸣："小蚯蚓你赶快去找你的爸爸妈妈吧。"

杨林："小蚯蚓，对不起，我以后再也不捉你了。"

宏鸣："再见小蚯蚓。"

丽壹："小蚯蚓，你找到爸爸妈妈了吗？"

孩子们蹲在菜地边，看着泥土，久久不愿离去，一直在谈论着。

"小蚯蚓回到家在做什么？"

"是不是像阿俊一样也当了消防员了呢？"

"它找到它的爸爸妈妈了吗？"

> ### 活动小结
>
> 　　通过以上活动，孩子们知道我们并不具备饲养蚯蚓的条件，也不能提供适合蚯蚓生活的环境，只有让蚯蚓回到大自然中，蚯蚓才能很好地生存。借助这个教育契机，教师让孩子们知道要尊重生命，爱护动物。

四、活动解析

　　"小蚯蚓回家"是关于蚯蚓及其生活环境的探索活动。基于幼儿对蚯蚓的极大兴趣，活动层层递进，他们经历了发现蚯蚓—了解蚯蚓生活环境—研究蚯蚓的结构特征（再生功能、哪端是蚯蚓的头）—蚯蚓的死因—从绘本里再一次认知蚯蚓的探究过程，持续观察、反复试验、收集信息并记录实验过程和发现，形成解释和得出结论。教师充分给予幼儿支持，幼儿在亲身体验、观察记录和实验操作中逐渐拓展经验。在活动中，幼儿了解到蚯蚓的生存条件与生长变化，并懂得尊重和珍惜生命，保护动物。

　　教师在活动中能及时捕捉幼儿的兴趣点，不断抛出问题延伸探究活动，有意识地将蚯蚓作为研究对象投放在科学区，为幼儿继续研究蚯蚓做准备，激发幼儿持续探索的兴趣，帮助幼儿在探究过程中丰富观察经验。在活动中，教师扮演着多重角色，有时是一起探究的伙伴，也会存在知识的盲区和困惑（"金色？能准确告诉我金色是什么吗？"）；有时是启发者，善于捕捉问题，提出质疑（"为什么会这样呢？"），通过提问的方式启发幼儿思考并对蚯蚓进行连续观察；有时是引导者，当幼儿遇到困惑时，能够把握事件方向转移幼儿关注的重点（"嗯，经过了四个实验，有三个实验都说明同一边是头，这是不是足以证明这边是头了？"），在合适的时间和事件给予不同的支持，鼓励幼儿在已有经验上深入探索。

　　幼儿在这次探究活动中，通过亲身体验、观察、记录和实验操作，分析、用自己的方法验证自己的猜测，在观察和探索的基础上，尝试分析和推断（根据拱起来的小土包，判断是否有蚯蚓；蚯蚓拉粑粑的一端是尾巴，则另一端是头）。在探究过程中，不断地积累关于蚯蚓的直接经验，感受蚯蚓的独特性（蚯蚓分成两段仍然能存活、蚯蚓有再生功能）以及生物的多样性，用多种方法（放大镜、棍子、查找资料）验证和证实自己的猜测。在活动中，幼儿更加直观地了解到蚯蚓的生存与生长变化及对环境的适应性，更重要的是逐渐积累了探究方法和解决问题的能力。

好玩的篮球赛

执教老师：孙勉乔

指导老师：何燕杏

一、活动来源

户外自选时间，大二班的几个孩子围在篮球架周围，讨论着。

小宇："我们来打一场比赛吧！"

琛琛："我们分两组比赛，我跟我爸爸打过的，每一队有一个队长，还有一个守篮的。"

比赛开始了！航航拿着球跑在最前面，畅畅拉着航航的衣服，扬扬抢在畅畅的前面，航航把球投进了筐里。他们几个都跑了过去大声喊：

"耶，进球啦！"

"再来，再来，我们要跑快点！"

孩子们沉浸在比赛中，反复玩了三次。户外活动结束时，关于篮球赛的讨论还没结束。

"我们下次再来玩吧！"

"下次我跟你一队。"

……

孩子热情高涨，教师观察到孩子们对篮球赛已有了一定的认知和经验，决定组织一场"好玩的篮球赛"。

二、活动期望

篮球是幼儿园体育重要的球类运动之一，既有利于促进幼儿大肌肉动作的发展，也有利于促进其社会性的发展。因此，篮球比赛是一个不错的活动。《3—6岁儿童学习与发展指南》中提出了幼儿在大肌肉动作方面"具有一定的平衡能力、动作协调、灵敏"和"具有一定的力量和耐力"的发展目标。开展篮球赛，不但能促进幼儿神经系统和脑功能的完善，同时能促进心肺耐力和肌肉耐力的提高，也是今后学习更多、更复杂动作技能的基础。篮球赛对培养大班幼儿合作意识、团体意识有重要的作用，是提升幼儿团队协作技巧的好契机。期待大班幼儿在篮球赛活动中，学会分工、协调、合作等，在遇到困难时，能围绕问题积极地寻找各种有效的方法解决问题，并愿意考虑和接受不同的意见。

三、活动过程

活动1：篮球赛的讨论

老师："昨天老师看到有几个小朋友在打篮球赛，你们是怎样进行篮球比赛的？"

誉誉："队员抢球，把球投进篮框里。"

峻峻："分两队来打球，如果球出线了，就重新猜拳。"

琛琛："分两队打，每队有10秒的时间拍球，谁进球就得分。如果有人犯规就猜拳，队长来猜。"

老师："活动中你们遇到了什么困难？"

峻峻："今天我跟扬扬、畅畅、熊熊一组，篮球赛好好玩呀！其他人不听指令的，一直在抢球，好搞笑。"

圳圳："他们都不会玩的，我和缤缤一组的，他跑来抢我的球。"

畅畅："我跟扬扬、熊熊一队，我们赢了，缤缤他们输了。"

扬扬："有的人一直拿着球都不投球的。"

航航："我们投篮的时候，他们不让我们投，还有畅畅拉我的衣服。"

熊熊："好多人犯规的，一直扯我的衣服。"

缤缤："他们都不把球给我的。"

胤胤："我们队都不团结的，老抢球、老抢球。"

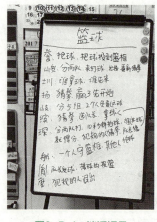

图3-5-1　谈话记录

图3-5-2　观看篮球赛视频

誉誉："我们进了球他们就说不算，不给我们记分。"

琛琛："是这样的，我看过篮球赛，他们是有队长的，我们没有队长，所以他们总是在吵架抢球。"

老师："刚才小朋友们提出了在进行篮球赛的时候的许多问题，有不听指令、抢球、扯衣服、队员不团结、爱吵架、进球不算分等这些问题。那我们来看看真正的篮球赛有什么要求吧。"

老师给孩子们播放了大人篮球赛的短视频。从视频里，他们对篮球场地、人员的分配、裁判的行为充满了兴趣，并相互讨论起来。

琛琛："篮球赛是分两队一起打的。"

宪宪："每组队伍里有一个队长，还有一个守门员。"

小宇："我知道，我爸爸告诉我，打篮球里面有前锋，就是跑在前面的人。"

俊俊："咦！坐在一边的是谁？"

琛琛："我知道，这些人是要等别人退场的时候，他就上场。"

老师："对的！那叫候补队员。"

航航："老师，那个吹哨子跑来跑去的是裁判。"

……

老师："你们刚刚说得都对。篮球赛里面有裁判，有球队的队长、有队员，队员里面还有不同的分工哦！有些是前锋，负责跑最前面进攻，还有中锋和控球后卫。除了这些，开展篮球赛还需要什么人呢？"

畅畅："是不是要记着谁赢的人？"

熊熊："我知道！是记录分数的人！"

图3-5-3 认识篮球场地

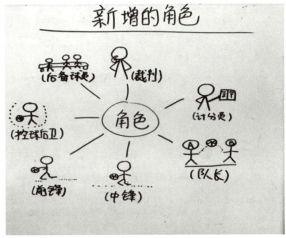

图3-5-4 认识篮球赛角色

老师："不错，还需要一个记分员。我们先查一查篮球赛都有什么规则，如果我们要开展一场篮球赛，队员们应该怎么配合才能打赢比赛？你们可以通过寻求帮助去找到答案。"

活动小结

几个男孩在自发的篮球赛中出现的矛盾，引起了教师的注意。教师通过"你们是怎样进行篮球比赛的？在活动中你们遇到了什么困难？"的话题发起，了解孩子们对篮球赛的已有经验。在回顾活动中遇到问题时，通过观看成人篮球赛的视频，孩子们进一步了解球赛的基本要求和球员之间的分工关系，并且为"球赛规则"的制定做了良好的铺垫。这次整理，为第二次的篮球赛活动提供了经验。

活动2：第二次篮球赛

第二天户外活动，男孩子们又提议进行第二次篮球赛。这一次，他们主动邀请了孙老师当裁判，李老师当记分员。

琛琛："孙老师，你跟我们一起打篮球赛吧？"

幼儿："对啊对啊，跟我们一起玩吧！"

孙老师："好呀，那你们缺什么队员呢？"

琛琛："你来当我们的裁判员吧！"

孙老师："好啊！那我就来当裁判吧！"

幼儿："太好啦！"

孙老师："你们能告诉我，做裁判员要注意什么吗？"

俊俊："就是有人犯规了要吹哨子。"

琛琛："对，很简单的。"

孙老师："好的。"

俊俊："我们还要找一个记分员，不然又像昨天那样，都不知道谁赢了！"

航航："找李老师！"

琛琛："李老师，你可以帮我们做记分员吗？"

李老师："当然可以！我做记分员，我去找纸和笔来。"

航航："李老师，我们进一个球，就要记1分。"

李老师："好的。我记住了！"

航航："我们这队叫航队，杨昱航是队长。"

俊俊："我们这队是翻队，李翻琛是队长。"

图3-5-5 第二次篮球赛

图3-5-6 准备进球啦!

琛琛:"那我们快点开始吧!"

参加篮球赛的孩子们自主地分成了两队,裁判的哨声吹响,比赛开始啦!

比赛正热烈开展着。俊俊拿着球一直往对方的球篮跑。裁判孙老师提醒犯规,但孩子们没有停下,仍然按自己的方式开展着比赛。比赛结束了,根据李老师计分的结果,航队赢得了比赛。

图3-5-7 比赛计分表

航航:"哈哈哈,我们队10分,比你们队多了1分,说明还是我们队厉害咯。"

俊俊:"老师,你记错了,我们应该比他们多!"

缤缤:"就是,肯定是李老师记少了我们的!"

熊熊:"刚刚他(航航)犯规了,他那个不能算!"

琛琛:"没有,我们都没有犯规!"

……

老师:"大家都觉得比赛里面有人犯规了,什么样的行为才算犯规呢?"

活动小结

第二次的自发比赛,为了避免昨天的争执和混乱,孩子们自发选举了队长,航航和俊俊还提议给各自的队伍起队名。琛琛将"裁判员"和"记分员"加入到了比赛中。无疑,昨天关于篮球赛的讨论和球队队员的分工经验被很好地运用到了今天的比赛中。当出现犯规行为,裁判老师吹哨试图提醒注意规则时,孩子们并没有在意,他们仍然专注于各自的比赛。比赛结束后,两个队伍之间发生了关于"犯规"的争执,教师便以矛盾为契机,将"球赛规则"的问题讨论抛回给孩子们。于是,关于"球赛规则"的讨论开始了。

活动3：篮球赛规则讨论

1. 比赛规则的讨论

老师："刚刚熊熊说比赛的时候有人犯规了，那篮球赛规则有哪些、犯规的行为有哪些呢？"

航航："不能抱着球跑。"

小宇："不能拉别人的衣服。"

缤缤："不能抱着别人的腿！"

岐岐："球都跑到那么远了，不能继续进球了。"

缤缤："球员不可以跑出去玩，这也算犯规。"

……

老师："对，这些行为都是犯规的。如果我们还要开展篮球赛，需要制定哪些规则才能有序地进行篮球赛呢？"

誉誉："可以抢球，要把球投进篮筐。"

峻峻："分两队来打球，球出线了要重新猜拳。"

圳圳："谁拿球谁先来。"

扬扬："不是，是要猜拳，赢了先开始。"

岐岐："分5组，2个人负责运球。"

缤缤："猜拳选队长，队长拿球。"

琛琛："不是，我们不能一直抱着球，超过10秒不拍球，谁进球谁得分，犯规的人猜拳。"

航航："一个人守篮筐，其他人抢球。"

胤胤："队长发球，接球的投篮。"

宪宪："犯规的人要退出（比赛）。"

老师："刚刚我们讨论了篮球赛要有规则。老师帮你们记录了：①球出线了，要让队长猜拳，赢的一队先出球；②不能一直抱着球跑，要运球跑；③篮球架要有一个人守着；④如果有人犯规了，就要退出比赛。这四条规则是大家讨论的，你们觉得怎么样？"

孩子们齐声说："好！我们都要遵守这些规则。"

这一次，大家对讨论出来的规则都表示赞

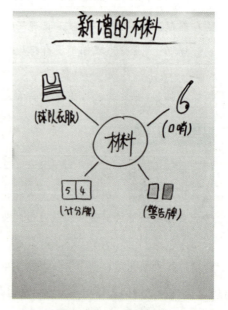

图3-5-8　新增的材料

同，球赛需要准备的材料制作也纷纷开始。没有上场比赛的女孩子纷纷当起了制作小能手，帮着一起制作记分牌和裁判员用的警告牌。

2. 裁判员应该怎么做

老师："今天孙老师看到有犯规的行为，她提醒你们了，怎么没有人听呀？"

琛琛："可能是太吵了，没听见。"

老师："那应该怎么办呢？"

俊俊："我们可以像踢足球那样做个牌子！"

峻峻："对，还有红牌、黄牌，黄牌是警告的，红牌就要退出了。"

宪宪："让女孩子来做红牌、黄牌，做3个，还要做1个记分牌。"

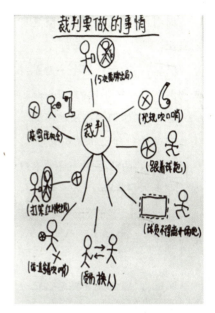

图3-5-9 裁判员职责

圳圳："裁判有口哨的，他一吹，我们就要停下来。我家有一个哨子，明天我拿来。"

其他孩子听到，纷纷表示赞同。

老师："那裁判应该怎么使用这些材料呢？"

嘉嘉："5个黄牌要出局。"

峻峻："抱着篮球跑就犯规，裁判就要吹哨子，要给1张黄牌。"

航航："裁判要跟着球跑，才能知道哪一队进球了。"

宪宪："球员受伤，裁判吹一下哨声，要换人的。"

岐岐："队员打架要给一张红牌出局。"

峻峻："每个人都要听裁判的，裁判说停就要停。"

老师："哦！裁判要随时注意比赛情况，观察有没有人犯规，犯规了要及时吹哨提醒、给予惩罚。那你们谁来当裁判呢？"

琛琛："可以请女孩子帮忙做裁判。"

3. 怎么分清队友

航航："老师，刚刚比赛的时候胤胤老把球给李栩琛的队员。"

胤胤："我不是故意的，我看不清楚啦！"

老师："那我们比赛的时候怎样区分场上的队员呢？"

俊俊："看清楚队友的衣服是什么颜色。"

航航："可以戴不同颜色的头巾。"

峻峻："戴头巾不好看！我们可以在身上贴1~5的数字。"

圳圳："对，用蓝色、黄色即时贴把数字贴到衣服上。"

琛琛："不行，那个一跑就掉了。我看到电视里两队队员要穿不同的衣服。这样不会出错。"

老师："你们的办法都不错，你们觉得哪个方法更容易看到自己的队友呢？"

胤胤："两队穿不一样的衣服，我们可以穿背心，颜色不一样的。"

其他孩子纷纷表示穿不同颜色的队服能更好地辨认自己的队员。

4. 怎么记分

琛琛："那记分员要怎么记分啊？弄错了分数我们就输了！"

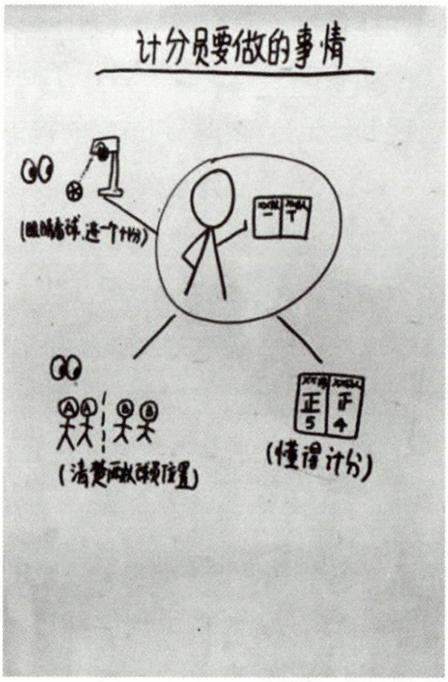

峻峻："眼睛要看着球，进一个球就记一分。"

畅畅："还要记住是什么队的，不能记错了。"

航航："还要会算多少分，才知道谁赢了。"

图3-5-10　记分员职责

经过一番讨论，孩子们自行制定了球赛规则，对裁判员、记分员应该做什么、怎么做都进行了讨论。为了避免忘记和弄错，他们到美工区将讨论的规则都记录下来，并约定大家一起要遵守规则。

老师："我们已经把比赛规则制定好了，裁判员和计分员要做的事也清楚了，那我们再来一次篮球赛吧！"

活动小结

比赛中出现的问题成了大家共同讨论的话题。为了引导孩子们对规则的注意，教师组织孩子们进行了一场小组讨论。从讨论犯规行为、制定比赛规则、清楚裁判和计分员的职责和要求，到队服的确定，孩子们在提出自己的解决办法的同时，能够认真倾听和接受别人不一样的意见，当意见不统一时，能够说明自己的理由。在讨论的过程中，教师一边通过抛出问题，促使孩子们将注意力集中在问题解决上，一边留意并回应个别孩子不断变化着的注意情况（如航航提出认错队友的情况）。篮球赛是需要大家齐心协力才能开展和完成的活动，这次谈话为孩子们协商、合作提供了机会，为后续比赛中共同遵守规则、分工协作提供了经验。

活动4：第三次篮球赛

今天的户外活动时间，篮球赛再次开赛啦！

老师："今天你们的比赛队伍，谁是队长？你们的队名是什么呀？"

琛琛："我当队长，我们队叫火箭队。我们的队服是橙色的。"

扬扬和航航（讨论后）："航航是队长，我们叫狼队。我们是绿色的队服。"

老师："今天的裁判和计分员选出来了吗？"

琛琛、航航："惠惠是计分员，蜜蜜是裁判员。她们都看了我们的规则。其他小朋友都是我们的啦啦队。"

老师："还有啦啦队，非常不错，我很期待你们的比赛。"

两组队员们分别穿上了不同颜色的背心。比赛马上开始啦！"哔哔哔"裁判员的口哨吹响，篮球比赛就要开始了，两队球员各就各位，跟着裁判员到达球场中间的位置做好比赛开始的准备。

比赛开始，琛琛和航航作为队长进行猜拳决定谁先拿球。琛琛赢了，拿着球往篮筐处跑去。嘉嘉在后面追着琛琛说："快点去一个人守着。"

缤缤投进了一个球："哇，我们进球了！"他跑到记分员跟前说："我们赢了，火箭队加1分。"

惠惠在狼队上面记了1分。

琛琛："不对，我们是火箭队，惠惠你加错了。"

凯凯："我们才是狼队，我们没进球。"

扬扬："没事，我们会赢的，再来。"

比赛又开始了，航航拿着球往篮筐处跑，晞晞和誉誉拉住航航的手，扬扬不断地提醒："犯规、犯规了！"

航航："老师，裁判都不管的。"

裁判员蜜蜜听到后跑过去说："晞晞、誉誉你们犯规了，停止3分钟。"

航航："好了，我们继续。"

扬扬把球滚到别队去了。

航航："扬扬，你要躲开人多的地方，不要给他们挡住你！"

……

20分钟过去了，在老师的示意下，裁判吹起了中场休息的哨子。两个队伍进行了稍微地休息调整。下半场比赛开始了，球员们熟练地进行投篮、抢球、运球、躲闪，他们这样玩玩、停停、说说持续了45分钟，专注、开心且兴奋。

比赛结束，火箭队以15∶12赢得了比赛。狼队的队员们虽然输了比赛，但依然表示

图3-5-11　计分失误

图3-5-12　防守

很高兴。

老师："今天你们的比赛很精彩，每一位上场比赛的球员都很努力，你们在比赛中还能很好地分工和协作。"

琛琛："老师，我们能不能和其他班的小朋友打比赛啊？我们肯定是最厉害的！"

航航："好耶！我们一起肯定能打败他们！"

图3-5-13　比赛激烈进行中

老师："嗯，非常不错的想法，那我们要怎么样邀请他们参加我们的友谊赛呢？大家回去想一想，把你们想到的方法、需要的东西整理统计好，星期一我们一起来讨论。"

活动小结

从正式比赛的准备到分工可以看出，琛琛和航航对篮球赛的基本规则有了比较正确的理解。他们能自主和团队沟通协商，选举队长、确定队名、选定裁判员和计分员，对比赛充满了信心。"正式比赛"不同于自发的篮球游戏，比赛规则的统一，既给了他们开展活动的要求（需要约束自己的行为），也激发了两个队伍的拼搏信心（赢得比分的信念）。火箭队的胜利，获得了同伴和集体的认可，更提高了孩子们的自信心。

四、活动解析

"好玩的篮球赛"源自大班幼儿自发的篮球比赛游戏。三次篮球赛的开展，促进了幼儿运动技能（拍球、运球、投、抛、闪躲等）的发展；让幼儿理解了篮球赛的基本规则和规则对比赛的意义，能与同伴协商制定游戏规则；同时，在解决问题的过程中，提升了他们团队协作技巧（承认别人的游戏地位、完成共同的目标、表达自己的意见、接纳他人的不同意见等）；在比赛中，幼儿克服种种困难赢得比分，有利于幼儿勇敢、拼搏精神和坚强意志的培养；而遵守比赛规则，能有效地帮助幼儿约束和调控自己在比赛中的某些不良行为，有利于幼儿个性的健康发展。

能按规则打篮球、能以规则评判输赢，并能协商改变规则、创造规则，这是大班幼儿认知发展的重要表现。在本活动中，幼儿开始认识手段与目的的关系（规则和球赛输赢）；从在乎输赢结果（对犯规、比分记错的不满意）到开始认识到规则的公正意义（大家都遵守规则不犯规，球赛才得以顺利开展），可以看出幼儿对规则认知的一步步深入都是在自己原有的经验基础上的进步。

篮球赛开展的过程中，教师并没有过分注重教授幼儿篮球比赛的技巧，而是注重引导幼儿讨论规则、团队协作，引导每一位幼儿正视自己在团队比赛中的价值。整个活动中，教师的角色是一名观察者（观察幼儿对比赛的认知、比赛过程中出现的问题、幼儿的比赛情绪等），参与者（接受幼儿分配的玩伴角色，尊重幼儿的游戏意图）和协助者（讨论规则、讨论分工、竞技比赛的提出），能够根据幼儿的需要迅速做出正确的反应。针对游戏中出现的困境，教师逐步深入抛出疑问，引发幼儿发现问题、解决问题，并给予肯定的回应，通过重复、描述、归纳等方式，帮助幼儿完整地表达自己的意图。当幼儿在比赛中获得成功时，教师及时的肯定和赞赏，给予幼儿成功感和自信心。正是这种自信，"邀请其他班的小朋友一起比赛"将成为他们近期最期待的事情。

搭 帐 篷

执教老师：吴惠婷 黄春华

指导老师：乔影

一、活动来源

每月一次的研习备课即将到来，教师在幼儿园课程数据库中寻找教学参考资源时，发现"让棍子立起来"的科学小实验活动非常适合本班幼儿开展。于是，教师在科学区投放了棍子与橡皮筋，引发幼儿对材料（棍子与橡皮筋）的兴趣与感知，并观察幼儿对材料的探索及与材料的互动。通过一周的观察，教师发现幼儿乐此不疲地用棍子和橡皮筋摆弄、设计不同的造型。接下来，教师决定调整材料，看看它们能带来哪些不一样的"惊喜"。

二、活动期望

幼儿喜欢用棍子摆弄造型，这是一个非常适合进行科学教育的教育点。"儿童的智慧源于材料"，他们在对材料的操作、摆弄过程中能够不断建构自己的认知。通过对幼儿的近期观察，教师思考着该提供什么材料、如何利用材料挖掘幼儿的兴趣点和智慧。因此，教师期望材料的调整能引发幼儿对"支架造型"的深入探究，通过观察、比较、操作、合作，进一步了解支架的特性与帐篷的特点及其制作方法。

三、活动过程

活动1：让棍子立起来

由于活动前老师已在区域中投放了木棍和橡皮筋，孩子们对这两种材料比较熟悉。因此，老师在区域活动中提出任务要求：请小朋友们想办法让这些棍子站起来，辅助材料只可以用橡皮筋。

海歌拿出一把棍子："这么多肯定可以立起来，只要我把它们绑起来！"他很快就利用橡皮筋把棍子绑成一捆，成功地将棍子立在了桌面上。

其他孩子同样也是利用橡皮筋把棍子绑成一捆成功地立在了桌面上。

老师："你们是怎样让棍子立起来的？"

海歌："那是因为用了比较多的棍子，还有橡皮筋，绑起来就成功啦！"

妍妍："我是先选了一些棍子，然后用一根橡皮筋绑在棍子的上面，再用另外一根橡皮筋绑在棍子的下面，这样棍子就能立起来了。"

华华："我抓了一些棍子，用橡皮筋绑到棍子的中间，棍子就立起来了。"

老师："你们都成功地将一把棍子立起来了。那你们能不能挑战让更少的棍子立起来呢？"

海歌："我试试吧！"

很快地，海歌取掉了大部分棍子，只剩下了6根，再用橡皮筋绑在一起，试着把棍子立起来，可这次棍子倒了下来。

海歌看了老师一下，抓抓脑袋说道："可能是太少了或者是橡皮筋的问题。"

海歌把橡皮筋拆了下来，重新换了一根再绑，这次海歌调整了橡皮筋的位置，从棍子的中间调到了上面，棍子呈现出一个散开的样子。

海歌松开手："咦，这样也可以立起来。"

老师："你是怎么做到的？"

海歌："我先把橡皮筋换了一根，再把棍子绑起来，它就可以立起来了。"

老师："是橡皮筋的问题吗？"

海歌："有橡皮筋的问题，那根太松了。但是，棍子是因为它打开了才可以立起来。"

老师："怎么样才会让棍子打开？"

海歌："只要橡皮筋往上面绑一下就好了。"

老师："看起来是个好办法。你还能让更少的棍子立起来吗？"

海歌马上拿起了一根棍子立在桌面上，自言自语道："一根棍子肯定是不行的。"于是他拿起了两根棍子，用橡皮筋绑上，放在桌子上试一试，倒了；再试，还是倒了。他拿来了第3根棍子，3根一起绑起来，打开，稳稳地立在了桌面上。

海歌："老师，3根可以立起来。"

老师："你们在生活中见过类似的架子吗？"

笑笑："我在家看见过这样的架子，外面有布遮住的。"

海歌："我也见过，那是帐篷。"

晓晴："我见过摄像机用过这样的架子，把摄像机放在架子上面就可以了。"

华华："我见过篮球架是三角形的支架做的。"

老师："没错，因为三角形具有稳定性，所以我们生活中的很多物品都做成了三角形的支架。"

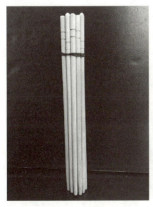

图3-6-1　让棍子立起来

图3-6-2　用最少的棍子立起来

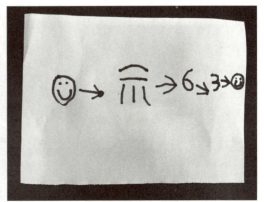

图3-6-3　孩子记录

活动小结

　　教师在提供材料、提出任务后，给予了幼儿自由探索的时间，让幼儿在轻松自由的环境中进行活动。在实际操作中，教师通过观察，适时对孩子们提出问题和挑战，并支持、引领他们分析出现的现象及原因。孩子们通过亲手操作，不断调整，在挑战的过程中，逐步建构新经验，并得出结论：让棍子稳稳地立起来最少需要用3根。活动最后，教师引导观察支架，调动已有经验，联系生活实际，发现身边具有支架原理的物品，拓宽孩子们的生活常识。

活动2：用棍子搭帐篷

　　离园前，可妍到益智区拿来棍子和橡皮筋，对老师提出了一个请求。

　　可妍："老师，你帮我搭一个帐篷好吗？"

　　老师："当然可以，现在准备放学了，要不明天你先来试试吧！"

　　第二天，可妍在区域活动时尝试自己做帐篷。可妍平时都是自己绑头发，对于绑橡皮筋比较熟练，她很快地把棍子做好三角形的固定，再把几个三角形立着绑在一起做出了一个帐篷。

　　老师："你的帐篷是怎么做的？"

　　可妍："这个先要做出四个三角形的架子，不用像你那么做下面，只要把三角形全部做出来，绑在一起就可以做好帐篷了。"

　　可馨看到了，走过来也想做一个帐篷。她先把一面三角形固定好，接着再绑好竖着的三条棍子，最后把上面的棍子一绑，完成了支架制作。

　　可馨："老师，我的帐篷也做好了，跟可妍的不一样。"

　　老师："你的是怎么做的？"

　　可馨："先把下面的三角形做出来，然后在三个角的地方绑好一条棍子，最后在上面扎紧就成功了。"

　　这时，可妍也被可馨的话吸引过来。

　　老师："你们两个的帐篷有什么不一样？"

　　可妍抢着说："妹妹的帐篷

图3-6-4　三面帐篷

图3-6-5　四面帐篷

是三角形的，我的帐篷是正方形的。"

老师："你的意思是说，妹妹的帐篷下面是三角形的，而你的帐篷下面是正方形的，对吗？"

可馨："还有可妍用的棍子比较多，我用的棍子比较少。她做的有四个三角形，我的只有三个。"

老师："可妍做的帐篷由四面三角形组成，而可馨的只有三面，你们做的帐篷都各有特点，请你们和小朋友们分享一下，可以吗？"

可妍、可馨："好的。"

活动小结

孩子们自发用棍子制作帐篷，教师在旁观察，适时引导他们对比观察作品的异同，让他们不但做了、想了，还在观察过程中了解了别人的想法与做法，获得更多制作经验。同时，在教师重复的话语中，孩子们学习了如何描述作品、感知数与形的概念。教师鼓励同伴之间分享经验，使他们获得了认同与鼓舞。

活动3：自制大帐篷

可妍、可馨分享自制的帐篷后，孩子们对做帐篷产生了浓厚的兴趣。于是，老师请幼儿园的邓师傅帮忙制作了12根水管，借用了一部分尼龙扎带，还请家长帮忙买来了12根一米长的小竹竿，投放在教室外面的走廊上。

老师："今天老师放了一些小竹竿和水管、尼龙扎带在外面，有兴趣的小朋友可以使用这些材料。"

早餐后，乐乐第一个拿起了棍子。

乐乐："老师，我想做帐篷，可是怎么绑？"

可馨："我们可以用这个带子（尼龙扎带）。"

老师："对，这个叫尼龙扎带，你可以用它把棍子绑在一起。"

乐乐："那这个怎么用呀？"

老师："把尖尖的一头扣到另一头的洞洞里一拉，这样就可以绑紧了。"

老师示范了一次，乐乐马上表示这样绑东西太方便了，便把两根棍子绑在了一起。这时，月月也吃完早餐出来了。

月月："我也想跟你一起玩。"

乐乐："好吧！你绑那边，我绑这边。"

月月（拿起尼龙扎带）："这个怎么用？"

图3-6-6 探索绑棍子

图3-6-7 两人合作绑棍子

图3-6-8 多人合作绑帐篷

乐乐："你把尖尖的插到洞里面一拉过来就可以了。"

月月接过尼龙扎带把另一头绑在一起，形成了一个三角形。吃完早餐出来的孩子纷纷加入了他们的帐篷制作活动中，乐乐忙着分工和指挥，俨然成了一位总指挥。

乐乐："大家先帮我扶着。"

乐乐指挥几个孩子每人负责扶一根水管，接着安排月月跟他一起把水管的连接处绑上。帐篷基本成型时，教室里的钢琴响了起来，大家都回了教室，最后由于棍子没有绑好，帐篷倒了下来。

活动小结

由小木棍支架到水管帐篷搭建，材料的变化让幼儿的空间认知有了更加丰富的感知，材料的拓展对幼儿的空间知觉的发展具有促进作用。同时，材料的变化更加能调动幼儿搭建帐篷的兴趣。在搭建过程中，乐乐把伙伴们组织起来，为共同完成一件事而努力，展现出良好的组织协调能力。他对工作任务的分配也说明他对于自己想要做什么及应该怎么做，思路非常清晰。这应该是小木棍支架的制作经验对他想要完成的作品具有经验的借鉴作用。

在材料投放上，教师对于新材料的准备比较充分，教师希望看到孩子们为了解决问题自己去寻找材料，在尝试用不同材料的过程中掌握不同材料的性能。对于尼龙扎带的用法，教师其实可以先让孩子去观察、自己试一试，也许无须指导，他们靠自己的力量也能摸索出它的使用方法。最后，如果没有太大关系，教师还可以根据他们操作的情况，适当调整、延长活动时间，让他们有更多的探索交流机会。从活动中也可以看出，大部分孩子对搭帐篷的经验还不够丰富，因此，教师还可以丰富孩子们相关的经验，以支持他们进行进一步的探究。

活动4：欣赏不同帐篷

为了让孩子能够拼搭出更多不同外形的帐篷，老师找来了不同类型的帐篷的图片让孩子们欣赏。

老师："今天我给大家带来一些帐篷的图片，大家来看看这些帐篷有什么不一样？"

小雨："这个像房子一样。可是上面是怎么固定的呢？"

冰冰："它上面的四个角是连在一起的，倒过来就可以放稳了。"

同同："这个是有点像长方形的帐篷。它的底部有四个边。"

汉汉："有的帐篷是全部包起来的，有的是没有的。"

思思："帐篷是可以有拉链打开进去的，留了门。"

月月："这个四个角像房子一样的是大排档那里的帐篷。"

图3-6-9 像房子的帐篷

图3-6-10 全包帐篷

图3-6-11 像船一样的帐篷

图3-6-12 拉链帐篷

活动小结

孩子们对帐篷的外形和结构都非常感兴趣，月月根据自己的生活经验说出自己的见闻。他们能够观察到每种不同类型帐篷的不同特征（四个角是直立的、底部是长方形的、三角形的等）。对不同类型帐篷的欣赏，拓展了孩子们对帐篷的认知，丰富了孩子们的感性经验，为他们搭帐篷提供了更多思路。

活动5：用水管制作帐篷

终于到了区域活动时间。分区活动开始，孩子们兴趣不减，都要到外面来搭帐篷。

思思："绑不紧啊！你看，它有时候是绑不紧的。"

芳芳："要用力拉一下。"

思思："冰冰，你过来帮我扶一下棍子好吗？"

冰冰走了过去扶着思思立起来的一根棍子。思思开始绑棍子，芳芳也拿起一根开始绑。三个女孩很快就把帐篷的支架做好了。

思思走进帐篷，很开心地说："哇！好棒的帐篷。"

思思："可是太小了，只能进一个人。"

这时，帐篷上面的支架倒了。

冰冰："噢，倒了。"

芳芳（指着支架连接点的绳子说）："这个绳子太松了。"

思思连忙附和："吴老师，我们的绳子太松了，倒了。"

老师："那怎么办？"

思思："可以再找绳子重新做。"

老师："你们去找找有没有适合的绳子。"

三人一起来到美工区，拿出扭扭棒。

芳芳："我们找到了扭扭棒。"

老师："你们可以去试试，哪种更牢固？"

图3-6-13　两人在讨论

图3-6-14　三人合作

图3-6-15 成功搭好帐篷架

图3-6-16 找到帐篷布

图3-6-17 体验帐篷

很快,三个女孩还是用同一种方法做出了新帐篷。

芳芳:"我们的帐篷没有挡住的地方。"

思思:"我们需要布。"

老师:"我们一起来找找。"

老师从房间里面找到了两张布。

思思:"这块花布很漂亮,我们把它放上去吧!(思思拿着布在帐篷支架上比画了一下)噢,这个也太小了吧!"

冰冰:"换一张吧!"

芳芳:"这个应该合适,因为它比较大。"

三人又一起合作把黄色的纱布盖上,把三面都覆盖均匀了,再轮流到帐篷里面去玩。

活动小结

从思思、芳芳、冰冰的操作中可以看出,她们知道如何制作帐篷支架,支架顶端倒塌,她们能迅速找到问题的原因(绳子松了),意识到支点固定的重要性。可见,把水管立起来做成帐篷支架形状对她们来说并不难,难点在于如何固定支点。在操作时,她们会相互成为临时小老师,会的孩子能主动帮助别人,教与学对孩子来说都是成长的过程,教的孩子不但自己要会做,还要能用语言清晰地表述,学的幼儿收获了主动学习的品质,掌握了新材料的使用技法。她们在失败后,仍然保持积极的心态,重新制作,并查找失败的原因,主动找材料想办法解决,这是一个非常值得肯定的态度。

活动6:用竹竿搭帐篷

小雨:"陈俊涵,你来帮我扶着,我要扎紧。"

俊涵："扶哪里？"

小雨（指了一下帐篷支架下端）："扶一下下面。"

月月："我来吧！我比较清楚。"

由于月月扶的位置比较远，帐篷支架下端撑开过大，俊涵连忙问道："扶那么大干嘛？"

小雨："对，应该扶小一点。"

琳琳出来得比较迟，先看了一看，也在另外一边绑了起来。

琳琳："我也绑另外一边。"

小雨："（如果）没有做好就会变成三角形，我们跟她们搭的是不一样的。"

看到用水管搭帐篷的已经差不多搭好了。这边用竹竿搭帐篷的，由于竹子没有水管那么滑，所以绑得比较顺利。两个三角形很快就绑好了。

月月："吴老师，你能不能过来帮一下忙。"

图3-6-18　开始搭建

图3-6-19　三人合作

图3-6-20　四人合作

图3-6-21　成功搭建

老师："你需要我做什么？"

小雨："你来帮忙弄一下两边的。陈俊涵，你帮拿个绳子。"

琳琳顺手给小雨递过来绳子。

小雨："谢谢！"

琳琳也同时绑起了两个三角形间的棍子，形成了一个房子的形状。

小雨："还差一步就完成了。"

四个女孩各忙各的，一个更大的帐篷成功搭好了。最后，孩子们决定找来扭扭棒装饰帐篷，让它看起来更漂亮。

活动小结

孩子们需要人手的时候，便毫不客气地"使唤"教师，可以感受到师生间平等、融洽的关系。孩子间亲密的态度，互助合作的和谐氛围，显示了孩子们具有良好的情感及交往能力。小雨坚持要做"和别人不一样的帐篷"，而且能够成功地做出来底部为长方形的大帐篷，这个成果让参与合作的孩子大受鼓舞。可见，小雨也是一个非常有想法的孩子。

与人合作是幼儿将来生活中必不可少的能力，关系到孩子们能否顺利适应社会生活。从孩子们的交流、协商中可以看到，孩子们能与同伴友好相处，还能针对问题进行沟通及交换意见进而达成共识，具有良好的社会交往能力。

活动7：用水管接头连接帐篷支点

老师找来了四个玩水的水管玩具，里面有不一样长短的水管，还有一些水管间的连接头。

老师："今天外面多了一些新的东西来搭帐篷，有兴趣的来试试吧！"

立立："我要去，我还没搭过帐篷。"

铭铭："我也要去，我们一起搭。"

豪豪："我也要去。"

三个男孩开始了连接搭水管的活动。立立先取出了两根长水管，拿起两连扣把两根水管连接起来，再找出一样的两个扣子，把水管连接成一个四方形。

铭铭："这个为什么没有地方立起来？"

立立："那就用绳子绑吧！"

立立找来了绳子跟铭铭一起绑了起来。由于水管容易滑动，所以他们尝试了很久都没绑紧。过了10分钟，铭铭忍不住，过来求助老师，在老师的协助下他们才绑好直立水管的四个角。

立立："唉！怎么那么难。"

铭铭："早知道要多一点扣子。"

随后，立立想把四根棍子绑在一起，发现其中一根掉了下来。

图3-6-22　用水管接头制作帐篷

铭铭："啊，不行，会掉下来。"

立立："不如我们来做一个正方形的帐篷吧！"

三个男孩分别又找来了扣子连接水管，发现对不上。

铭铭："不行，还是用绳子来吧！"

立立："好吧！"

铭铭："你绑这边，我来绑那边。"

绑好了四个角，一个正方形的帐篷就出来了。

活动小结

教师增投的新材料，有效激发孩子们保持探究兴趣，丰富建构经验。立立、铭铭和豪豪都是非常愿意挑战和尝试新东西的孩子。虽然他们在前期搭建帐篷过程中积累了一定的建构经验，但不同的材料又对搭建有不同的要求和难度。他们不拘一格，能够根据材料的特点，积极思考，调整策略，想出各种办法尝试解决问题，在失败中前行，始终保持着积极、乐观、努力、不放弃的科学态度，同时通过观察、判断，把连接头和水管与前面帐篷里面看到过的直立帐篷建立联系，决定做一顶直立的帐篷，可见机智。

活动8：介绍新帐篷

孩子们用水管、竹竿搭帐篷有了一定的经验。此时，为了丰富他们的经验，老师带来了一顶真实的帐篷，并向孩子们介绍帐篷的构造。

老师："昨天老师去海边露营了，带回一顶帐篷。帐篷有支架、内帐、地钉、外帐与风绳。"

芳芳："支架是什么啊？"

老师："支架就像是柱子一样，有了它才能架起帐篷。"

小海："老师，风绳是干什么的。"

老师："当遇到大风时，要把风绳套在地钉固定在地上，这样帐篷就不会被风刮走了。"

雨希："我知道外帐是挡雨的。"

铭铭："我和爸爸妈妈也到海边露营了，也搭过帐篷。"

老师："我把帐篷放到走廊，感兴趣的小朋友可以去试试搭帐篷。"

铭铭："林教立，我们一起去搭帐篷吧。"

立立："好啊。"

玥玥："我也来。"

几人来到走廊，铭铭主动地带头做起来。

铭铭："我们先把支架弄好。"

玥玥、立立："好的。"

铭铭："是这样（比画了一下），把一节一节的支架接起来就可以。"

在铭铭的指挥下，三个小朋友一起把支架接好。

铭铭："我们把支架放到边上，现在把内帐打开，要把支架穿过去，要插在四个角的洞里，要很大力很大力才行。"

玥玥："我来推，你来穿过来。"

立立："我也来帮忙拉。哎呀，断了，怎么办？"

铭铭："这样不行，立立，你不要拉，这个支架是有橡皮筋的，一拉就断。"

立立："好吧，我在旁边看。"

这时，铭铭拿着支架往内帐的洞穿过去，玥玥在后面推支架，两人合作终于穿好了一条支架。

立立："耶，终于穿好了一根。让我也试试吧。"

铭铭："玥玥，你让立立来玩一下吧！"

玥玥："好的，你要记得你是推的。"

立立："知道了。"

铭铭又拿起一根支架开始穿另外一边的洞，立立在后面推。过了一会儿，两人把所有的洞都穿过了。

铭铭："现在我们要把支架插在内帐的四个角，帐篷马上就好了。"

玥玥："我来插这个角。"

立立："我来插这个角。"

铭铭："可是我力气不够大，插不了。"

玥玥："老师，你来帮帮忙，帮我们把支架插在这四个洞里。"

铭铭："是啊，我没力气，插不了。"

老师："好的，我也需要你们的帮忙，我插好了，你们要扶好，要是倒了下来是要重新插的。"

铭铭、玥玥、立立："好的。"

图3-6-23　介绍帐篷结构

图3-6-24　介绍组成部分的功能

图3-6-25　连接支架

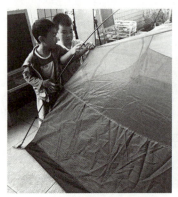
图3-6-26　合作支起帐篷

图3-6-27　搭好内帐

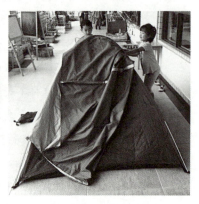
图3-6-28　加上外帐

老师把一个支架插在一个洞口。

铭铭："老师，你太厉害了，好大力气！"

玥玥："谢谢你，老师。"

立立："我来帮你扶好。"

老师把支架插进四个洞口，孩子们都欢呼起来："搭好了，搭好了，好大的帐篷。"

晓云："哇，你们搭好帐篷了。把外帐也搭上去。"

铭铭："我们一起来。"

两个人合作把外帐甩到搭好的支架上，可是力气不够，外帐滑了下来。

铭铭："老师，你来帮忙好吗？"

老师："好的，我把外帐放到上面，你们来调整外帐与内帐，门要对上，这样才能方便进出。"

铭铭："我会，老师，我们会把它扭过来。"

> **活动小结**

许多孩子认识了真实的帐篷后，都主动尝试、挑战搭帐篷。前期大量的搭建经验开始发挥"效用"。他们对帐篷的基本结构、支架搭建流程、帐篷图纸有了丰富的认知和经验，因此，在教师介绍完帐篷的各种部件和基本样态之后，他们能够独立尝试完成帐篷的搭建。当发现自己力气不够去搭支架时，他们能与同伴一起合作完成；发现同伴合作也不能把支架穿到洞时，会向老师求助；在不断探索中，孩子与同伴一起去分析问题、解决问题，新获取的搭建经验不断内化并有效地运用到实际的操作中。

四、活动解析

"搭帐篷"活动，是先从让小棍子站起来，到用大棍子（水管、竹竿）搭架子做帐篷，再到现在幼儿亲自操作搭建真实的大帐篷。活动层层递进，不断丰富与深入，幼儿始终保持探究的兴趣，不断丰富搭建经验，让自己的学习与真实生活联系越来越紧密。活动体现了"幼儿的科学学习是在探究具体事物和解决实际问题中，尝试发现事物间的异同和联系的过程"的要求。幼儿在此过程中不仅获得大量支架搭建的知识和经验（支架的稳定性、支点作用等），还充分发展了观察能力、分析能力、逻辑推理能力；同时幼儿在操作中不断将积累的经验运用于新的学习活动中，有助于形成受益终身的学习态度和能力。

教师作为材料的提供者，通过增添材料，调整着活动的内容和难度，让幼儿在已有经验的基础上不断获得新的挑战和发展；同时，及时给予幼儿肯定和鼓励，将幼儿出乎意料的表现引入主动学习中。

我要上小学：参观小学

执教老师：何恬恬　程丹妮　邓小清
指导老师：张璇

一、活动来源

大班下学期，孩子们很快要从幼儿园毕业进入小学。小学小一新生开始网上报名了，"上小学"的话题成了孩子们讨论的焦点。

"我报了宝城小学。"

"我报的是幼儿园隔壁的灵芝小学。"

"小学是怎么样的？"

"小学的校服是每天都要穿吗？"

"小学生每天上几节课？"

……

从孩子们的对话中可以发现，他们对小学的一切都充满了好奇和疑问。这段时间班级里的话题、信息都离不开"小学"。为幼儿做好进入小学前的心理和物质准备，是大班开展幼小衔接教育的主要内容。当孩子们开始询问关于小学生活的种种疑问时，教师决定组织一场关于"我要上小学"的主题谈话。

二、活动期望

"对小学生活有好奇和向往"是《3—6岁儿童学习与发展指南》对5~6岁幼儿"社会适应"提出的合理期望。教师期待幼儿通过对小学生活的深入讨论，自己提出问题、寻求方法、解决问题，唤起他们对小学生活的憧憬，为他们适应小学生活做好心理准备。

三、活动过程

活动1：我想知道小学的……

1. 主题谈话：关于小学，我想知道……

为了帮助孩子们整理关于"小学"的相关问题，老师组织了一次主题谈话。

老师："这几天我总能听到小朋友说一些关于小学的问题，你们都有哪些想知道的事情？谁愿意跟大家分享一下？"

仪仪："小学每节课要上多少分钟呀？"

珊珊："小学为什么要早读？"

彤彤："我想知道小学为什么有那么多作业？"

程程："小学的书本为什么要放在桌子下面？"

柴柴："小学什么时候放学？"

茵茵："为什么小学生要戴红色的围巾？"

婷婷："为什么他们不在学校睡午觉？"

图3-7-1　我想知道的问题（1）

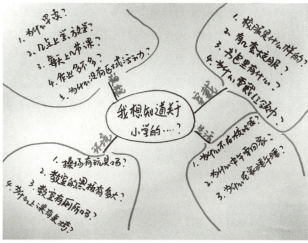

图3-7-2　我想知道的问题（2）

　　佳宜："为什么小学有这么多人？"

　　小杰："中午吃饭、睡觉的时间有多久？"

　　轩轩："小学生要住在学校吗？"

　　……

　　孩子们纷纷提出了自己对小学生活存在的疑虑。讨论的气氛越来越热烈，班级里说话的声音也越来越大。

　　彬彬捂起耳朵大声说："这么多问题，我都记不住了。"

　　老师："彬彬说得对，我们这么多人，问题有很多，记不住怎么办？"

　　婷婷："我们可以画下来，看一下就知道了。"

　　老师："不错的办法！那请你们把想要知道的关于小学的问题记录下来。区域活动的时候和你的伙伴分享一下，看看你们是不是有同样想知道的问题。"

　　2. 怎样才能找到答案？

　　午餐后，老师与孩子们就如何解决这些问题进行了讨论。

　　老师："你们提了好多关于小学的问题，我们怎么样才能知道这些问题的答案呢？"

　　子心："可以查百度。"

　　琪琪："百度不一定是正确的，应该去参观小学。"

　　轩轩："去问哥哥姐姐也可以。"

图3-7-3　小组讨论

浩浩："我没有哥哥姐姐怎么办？还是去小学问老师或者小学生吧！"

睿明："我们幼儿园旁边就是灵芝小学呀！站在幼儿园二楼就能看见。"

月月："我们种植园地那里还有一个小门可以走过去灵芝小学。"

彬彬："我们就去问灵芝小学的哥哥姐姐吧。"

老师："太棒了！我们去参观灵芝小学的时候需要做哪些准备呢？请每个小朋友都认真想一想，我们明天晨会上再一起讨论。"

孩子们都觉得去参观灵芝小学是最好的办法。他们立刻变得很兴奋，大家都对参观灵芝小学充满了期待。

活动小结

兴趣是最好的老师。孩子们对"小学"感兴趣始于小一新生报名，这既是家长关注的问题，也是孩子关注的问题。孩子们对"小学是怎么样的"的讨论引起了老师的关注。老师捕捉到了孩子们生活中遇到的热点话题和共同需求点，通过一场谈话活动将零散的闲聊转变成可探究的主题。

活动2：参观前的准备

孩子们带着老师布置的小任务回家，整理了参观小学要做的准备工作。第二天早上晨会时，大家争相发言。

熠熠："我想制作一个调查表，采访小学的哥哥姐姐。"

天余："还可以准备记录单，把看到的记录下来。"

涵涵："大家都要带水壶，参观的时候口渴了可以喝水。"

茵茵："我认为要联系小学的老师，我们有问题可以问他们。"

泽泽："我觉得要联系一下校长，要不然保安叔叔不让进。"

老师："那我们要怎样才能联系到校长呢？"

泽泽："打电话呀，也可以发微信。"

老师："老师没有校长的电话，也没有校长的微信，怎么办？"

涵涵："可以写信。"

茵茵："对，写信给校长，告诉他我们想去参观小学，请他批准。"

彬彬："这样灵芝小学的保安就会让我们进了。"

老师："我觉得你们的想法很不错，写信怎么写呢？请大家晚上回家问问你们的爸爸妈妈，明天把你们知道的关于写信的知识跟小朋友一起分享。"

活动小结

"参观前要做好哪些准备？"抛出这样的问题，目的是让孩子有目的地去思考，使他们参观活动的兴趣和愿望变得更聚焦。从他们的讨论中，教师发现孩子们具备了一定的"调查了解"经验，于是及时抓住这个点，在交流中引导他们回忆以往的参观经历，并适当"示弱"（没有联系方式怎么办？）。通过对已有经验的回顾，既整理了已有经验（参观前先要取得校方批准方可进校），又能相互启发和补充（写信可以表达意愿），进一步激发了孩子们对参观小学的兴趣。

活动3：给校长伯伯写信

第三天晨会上，老师组织孩子们分享了各自找到的信的书写格式和一些相关资料。

老师："昨天回家之后，你们有没有了解到写信的正确方式呢？"

涵涵："信上面有名字的，你要写给谁，就要写上他的名字。"

茵茵："对，还要写上时间。"

彬彬："中间一大段就是要写你想说的话。"

轩轩："还要写上我们自己的名字，这样别人才知道这个信是谁写的。"

了解了正确的书写格式，孩子们开始准备写信啦！但孩子们又遇到了新问题：信的内容要写什么？

文宇："告诉校长伯伯我们想去他那里参观小学。"

子心："要告诉他我们去的时间，下周一可不可以？"

彤彤："告诉他我们是兴华勤诚达幼儿园大八班的小朋友。"

婉婉："还要记得说谢谢！"

茵茵："我们有好多问题想问小学的哥哥姐姐，问他能不能让我们去请教。"

老师将孩子们讨论的书信内容用书信格式整理在记录板上。

老师："是这样吗？有没有漏掉的内容？"

幼儿："就这样，都有了。"

轩轩："我们不会写字怎么办？"

妍妍："我们可以画图。"

涵涵："也可以画字，照着老师写的字画出来。"

老师："那我们开始行动吧，谁来负责写字，谁来负责画画？"

泽泽："涵涵负责写字吧，他写字漂亮。"

涵涵："好的，我去美工区找一张漂亮的纸。"

图3-7-4　教师帮忙整理的　　图3-7-5　写信　　图3-7-6　分工合作制作书信　图3-7-7　一起完成的书信
书信格式示范

轩轩："我们几个画画吧，不会写的字我们可以用图画表示。"

你画、我剪，你写、我贴，孩子们各自忙碌起来。写完内容之后，糖糖还建议大家在信纸上加个花边，她觉得这样漂亮的信，校长伯伯肯定会更喜欢的。

经过大家的团结合作，一个小时的区域活动时间结束后，一封可爱、真诚的书信完成了。

活动小结

"提出写信—写信格式—信件内容—开始写信"的过程中，孩子们能通过交流讨论寻找解决问题的办法。教师充当了语言的记录者，将孩子们的口头表述记录下来，此时口头语言和书面语言之间的联系再次被建立起来，他们能够看到老师的书写示范，包括书信的书写格式、称呼、空格以及标点符号的运用等。同时，老师在书写过程中不断地与孩子们对话，这种语言的联系也更为强烈，为合作写信提供了经验的示范和铺垫，而他们写给校长的信显示他们已经获得的读写规范。讨论中，有些问题虽然产生于个别孩子（不会写字怎么办），但却引起了大家的高度关注，他们通过讨论，既解决了"不会写字"的问题，也顺利完成了写信的分工。这种交流讨论提高了孩子们解决问题的能力，也使他们进入有目的、有计划、有合作的活动中。

活动4：送信

1. 选举送信小分队

信写好了，大家都想去送信，怎么办呢？

轩轩："不能全部人都去，校长伯伯办公室挤不下大八班的所有小朋友。"

涵涵："我觉得谁写的谁就去送。"

彬彬："但是我也想去。"

泽泽："我们可以投票决定！"

老师："大家同意泽泽的方法吗？"

幼儿："同意！"

老师："好的！那我们来举手投票决定谁来帮我们把信送给校长伯伯。没有选上的小朋友也不用失望，老师会用手机录视频回来，给没去的小朋友分享校长伯伯欢不欢迎我们大八班的小朋友去灵芝小学参观。"

图3-7-8 投票选举送信代表

孩子们一致同意了泽泽和老师的方法，通过自荐报名、同伴推选和举手投票的方式选出了八位小朋友代表班级去送信。

2. 送信

孩子们带着"写"好的信，怀着兴奋又紧张的心情踏上去灵芝小学的路。他们边走边谈。

"我们见到校长伯伯要先问好！"

"我们要问保安叔叔校长伯伯办公室在哪儿？"

"你说校长伯伯会在办公室吗？"

"校长伯伯会欢迎我们去参观吗？"

走到校长办公室，校长伯伯正好在办公室工作。孩子们高兴极了！

子心："校长伯伯您好！我们是兴华幼儿园勤诚达分园大八班的小朋友，我们马上就要上小学了，有很多关于小学的问题想知道。"

轩轩："我们想来参观小学，这是我们全班一起写给您的信，希望您同意！"

校长伯伯看到小朋友亲自书写的信，高兴地连连点头。

校长："欢迎你们来参观！欢迎欢迎！你们想了解什么问题？需要我给你们哪些帮助呢？"

轩轩："我想看看哥哥姐姐是怎么升旗的？"

笑笑："我想参观哥哥姐姐的教室，看看他们是怎么上课的。"

菲菲："我想戴红领巾。"

浩浩："我想去操场上看一看，跑一跑。"

果果："我想采访哥哥姐姐，看看他们知不知道我们的问题。"

图3-7-9　出发送信　　　　　　　图3-7-10　校长伯伯收到信啦

珊珊："我想上小学的厕所看看，听说小学厕所是在教室外面的！"

笑笑："我还想坐一下他们的位置……"

校长伯伯哈哈大笑："好的！没问题！我会替你们安排好的！欢迎你们来参观！"

幼儿："谢谢校长伯伯！"

 **活动小结**

当出现"矛盾"（每个人都想去送信）时，教师没有直接给予孩子们解决的办法，他们也似乎更为容易地注意同伴所发表的意见（信应该由谁来送）。对大班的孩子来说，在活动中学习如何合作以解决问题是最大的挑战。我们发现，轩轩、泽泽、涵涵总是能够在问题发生的第一时间提出恰当的疑虑和办法，大部分孩子也都能够使用沟通（团体讨论、协商、表达观点等）技巧来解决问题。当泽泽提出"投票决定"时，教师决定给予鼓励和支持，在将这种更倾向于主动和平等的解决办法分享给集体时，获得了大家的认可。当校长从孩子们的疑问中认识到孩子们对于小学有真正想了解的问题，而且希望通过参观获得答案时，他便开始将这些孩子视为真正的探索者和学习者了。

活动5：制作调查表

回到幼儿园后，没去送信的孩子们看了送信的视频，知道校长伯伯非常欢迎大家去参观灵芝小学，高兴地跳了起来。

老师："校长伯伯同意我们去参观小学了，参观前你们还要做哪些准备呢？"

形形："准备好要问的问题，这样到了小学才不会忘记。"

晗晗："我可以把我们的问题画在纸上带着去。"

然然："还要带笔去记录我们问到的答案。"

慧慧："我想做个小礼物送给哥哥姐姐。"

老师："小朋友的想法很好，老师做了一张参观小学的调查表，表格的左边用来记录你要问的问题，右边用来记录你找到的答案。你们可以写字，如果遇到不懂的字可以找老师帮忙，或者你们也可以用画画的方式记录。"

然然："老师，我也想自己做一个调查表呢！"

老师："当然可以，如果你们觉得老师设计的调查表不好用，或者你们自己有更好的想法，也可以自己设计调查表哦！"

孩子们开始制作自己的"参观小学调查表"：轩轩喜欢汽车，画了一张汽车形状的调查表；有的孩子画了云朵形状的调查表；还有的孩子用老师设计的调查表认真地把问题罗列出来……

图3-7-11　制作"参观小学调查表"（1）

图3-7-12　制作"参观小学调查表"（2）

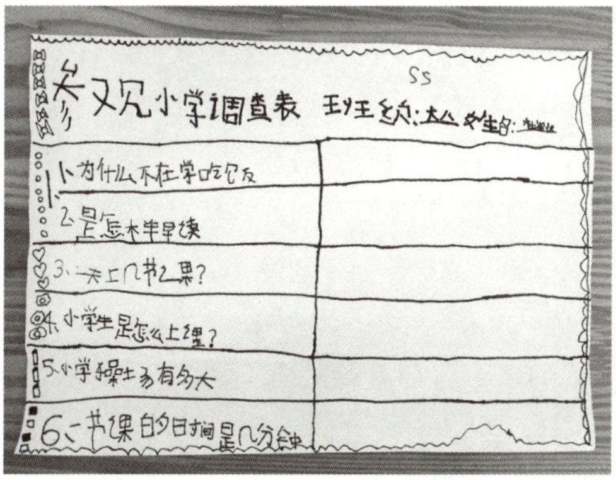

图3-7-13　表格式调查表（1）

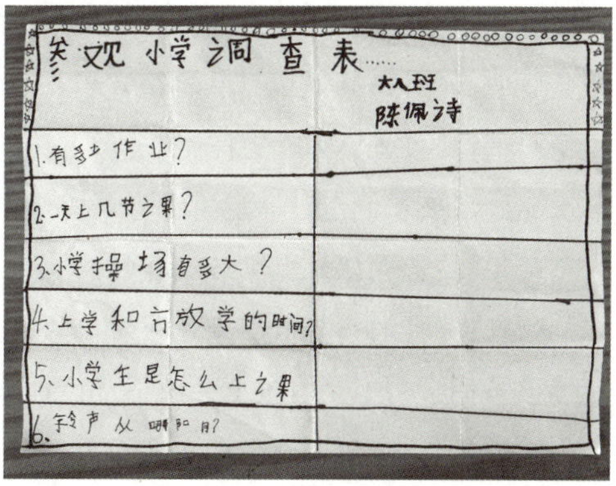

图3-7-14　表格式调查表（2）

制作完成后，他们兴奋地和小伙伴们分享自己制作的调查表，期待着跨入小学大门的那一刻！

教师提供"参观小学调查表"的同时，也鼓励有想法的孩子自行设计调查表，将欲探究的问题画出或列出："关于小学生活我想知道什么"。可以看出，教师善于引发孩子们进行条理性地思考和解决问题。当孩子们出现"不会写字"的情况时，教师没有草率地包办代替，只是给予必要的书写帮助，不限制他们书写的形式和灵感，并鼓励他们尝试、与同伴讨论来解决困难。同时，教师前期的示范经验（主题展示墙、主题网络图、表格记录图等）给了孩子们很好的启发，他们以往制作表格的经验迅速被唤醒并运用到"参观小学调查表"的制作中。对大班孩子而言，亲手制定计划能促进他们在活动中的参与性，探究的兴趣更是激发了他们的创作热情。

活动6：参观小学

终于盼来了星期一，孩子们拿着自己制作的调查表，迫不及待地出发了！在校长伯伯的安排下，他们参观了灵芝小学的校园环境，近距离地体验了小学生的半日活动！

1. 观看升国旗

到达小学时，升旗仪式刚刚开始。孩子们和哥哥姐姐一起升国旗。升完旗后，孩子们还站上了升旗台，观看哥哥姐姐退场。

诗诗："原来升国旗时，不仅要唱国歌，还要敬队礼，小学还要升校旗、唱校歌；真的和幼儿园升国旗不一样！"

展展："这升旗台真霸气！幼儿园只有一面国旗，小学有三面旗哦！"

文宇："哥哥姐姐升旗好帅啊！我以后也想当升旗手。"

看着小学的哥哥姐姐们那么多人，还能一个班一个班整齐有序地排队进教室，孩子们惊叹："哥哥姐姐们排队真整齐！"

2. 参观教室、体验上课

随后，孩子们走进课堂，看哥哥姐姐上课。

廷廷："哥哥姐姐上课好认真啊！"

仪仪："我们一起来坐坐哥哥姐姐的位置吧！"

孩子们纷纷坐到位置上，迫不及待地来体验当小学生的感觉。

曦曦："哥哥姐姐的书摆在桌面上，书包为什么要放在下面呢？"

轩轩："他们的黑板，好大啊！我们的是小的。"

图3-7-15　出发去小学

图3-7-16　体验上课

琪琪："他们上课有桌子，我们只有垫子。"

佳佳："他们的老师是站着上课，我们何老师是坐着上课的。"

珊珊："他们的校服跟我们不一样，还有红领巾，我想戴一戴。"

3. 佩戴红领巾，体验少先队员的光荣

和小学老师沟通后，他们派出了哥哥姐姐为小朋友们佩戴红领巾。戴上红领巾的孩子乐开了花！

4. 参观小学的洗手间

下课了，铃声响起，孩子们跟着哥哥姐姐一起到教室外面，参观了一下小学的洗手间。

浩浩："原来铃声是从这个像钟一样的地方发出来的。"

鑫鑫："厕所是一间一间的，还有门。"

廷廷："他们的洗手间怎么没有毛巾呀！"

彤彤："他们洗手的地方太高了吧！"

熙熙："下课是下多少分钟啊？现在下课可以去操场了吗？我好想去大操场上跑一下啊！"

图3-7-17　体验戴红领巾（1）

图3-7-18　体验戴红领巾（2）

图3-7-19　参观洗手间

5. 参观大操场

在小学老师的带领下，孩子们来到了大操场，他们高兴地迈开腿奔跑起来。

曦曦："哇，小学的操场好大啊！"

展展："比我们幼儿园的大好多好多呢！"

浩浩："这个操场没有玩具呢！"

诗诗："我要跑一下。"

6. 采访哥哥姐姐

老师："你们可以采访一下哥哥姐姐们，把你们想问的问题问清楚，再把答案记录下来。"

孩子们依照自己的调查记录表，滔滔不绝地开始了采访，生怕错过了自己的问题。

妍妍："小学一天有几节课呀？"

哥哥姐姐："每天6节课，上午4节，下午2节。"

珊珊："你们为什么要早读呢？"

哥哥姐姐："为了复习教过的知识，预习新的知识。"

頓頓："小学几点上学、几点放学呀？"

哥哥姐姐："早上7：40上学，中午12：00放学；下午1：50上学，4：30放学，每个学校可能不太一样。"

鑫鑫："小学有哪些课程呢？"

哥哥姐姐："语文、数学、英语……"

瑜瑜："小学的衣服为什么有的是蓝色，有的是现在你们穿的这种？"

哥哥姐姐："星期一我们穿礼服升旗，星期二到星期四我们就穿蓝色的校服上学。"

……

图3-7-20 参观大操场

图3-7-21 采访哥哥姐姐

他们的问题一个接一个，生怕漏了哪一个问题。

回到幼儿园，孩子们主动将参观小学时看到的、听到的记录下来，把采访到的答案记录在自己制作的调查表上。

老师："哪位小朋友来给大家分享一下自己的调查结果，你们调查了多少个问题，找到的答案是不是都一样呢？"

妍妍："我调查了小学一天要上6节课！"

浩浩、展展："我也问了，他们是上8节课呢！"

文宇："他们一节课要上40分钟呢，比我们长好多。"

曦曦："他们上课每个人有一张桌子！"

淇淇："对！他们还有同桌，同桌就是坐在一起的！"

顿顿："小学早上7:40上学，下午4:30放学，跟我们差不多呢！"

鑫鑫："对对！就是他们中午不在教室睡觉！"

瑜瑜："小学的校服有两套，有礼服，还有运动服！"

图3-7-22 采访结果记录（1）

图3-7-23 采访结果记录（2）

图3-7-24 采访结果记录（3）

图3-7-25 采访结果记录（4）

图3-7-26 采访结果记录（5）

图3-7-27 采访结果记录（6）

图3-7-28 采访结果记录（7）

图3-7-29 采访结果记录（8）

图3-7-30 采访结果记录（9）

图3-7-31 调查表记录（1）

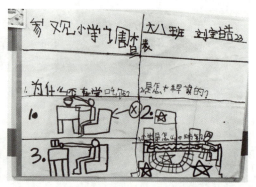

图3-7-32 调查表记录（2）

彬彬："他们的教室里只有桌子和椅子，黑板还特别大！"

……

老师："嗯！大家都找到了问题的答案。从你们的分享里面，我们知道了小学生上学、放学时间；知道了小学上课的要求；知道了小学校园的环境；知道了小学生每天要按时完成作业，还要把每天的作业记录下来……请你们把找到的答案分享给好朋友。"

孩子们纷纷把自己的发现说出来和同伴分享，并用自己擅长的方式把自己了解的小学生活记录下来。

活动小结

进入小学实地参访时，孩子们真正地与小学生活进行了零距离接触，当他们面对真正的、可以触摸又可以融入的真实体验时，他们自然地涌出许多问题（如"小学的升旗台为什么有三面旗""为什么要早读""书包为什么要放在桌子的抽屉中"等）。参观结束后，孩子们用书写记录他们在参观中观察到什么，或是与哥哥姐姐沟通了什么，书写的机会再次自然地发生。而分享活动的开展，是教师在仔细观察了解了孩子们的记录结果后，有意识地选择了分享的内容（每个人对小学生活的关注点是什么、找到的答案是否一致），这样的分享可以将孩子们共同的问题提升为共同的经验，是将个体经验转化为集体经验的好机会。及时分享自己的参观、调查结果，可以帮助孩子们更全面地了解小学生活。

活动7：幼儿园与小学的不同

1. 幼儿园与小学的不同

第二天晨谈时，教师和孩子们准备将参观小学收获的知识整理到主题展示墙上，他们将采访的问题分别从上课方式、环境设施、衣着穿戴、生活方式方面进行了分类和统计，在统计的过程中，他们又有了新发现：小学和幼儿园有很多不一样的地方。

涵涵提出让大家一起合作把小学和幼儿园不同的地方都找出来。老师觉得这是一个很有意义的活动，希望有人愿意响应涵涵的提议，果然，大家纷纷把自己发现的不同分享了出来。

涵涵："我们来数一数有多少个不同吧。"

轩轩："他们的椅子跟我们的不同，我们还坐垫子呢！"

鑫鑫："小学的操场比我们的大很多很多呢！"

浩浩："升旗的时候他们有三面旗，我们只有一面国旗。"

菲菲："他们的教室比我们的大，但是没有玩具。"

子心："他们每个人都有很多书，我们的书都是大家一起看的！"

珊珊："我们的书包用背的，他们是拖着走的（拉杆式）。"

彬彬："小学没有睡觉的地方。"

涵涵："他们书包里面装了书，我们装了衣服。"

……

老师："每个人都发现了小学有很多和幼儿园不一样的地方。我们要怎么样把这些不同记录下来，让大家看了就能对比出来哪里不一样呢？"

涵涵："我们可以画一个表！"

珊珊："我们一点一点说，不要混在一起说。"

图3-7-33 统计调查表

图3-7-34 统计小学与幼儿园的不同

菲菲："还可以画图，左边画幼儿园的，右边画小学的！"

……

老师："那我们先用表格的方式，把小学和幼儿园不同的地方列出来吧！然后在记录上小学是怎么样的，幼儿园是怎么样的。"

孩子们分工合作，你负责找上课方式的不同，我负责找校园环境的不同，他负责找生活方式的不同……在大家的合作下，小学与幼儿园不同的地方都被列出来了。

2. 自制图书《我发现的不同》

菲菲："我们可以做一本"幼儿园与小学的不同"的图书，这样我们看了就知道小学和幼儿园有什么不一样了。"

老师："这个想法太好了，语言区有制作图书需要的所有工具和材料，你们区域活动或者午餐后随时可以去制作图书。"

孩子们对自己提出的"制作图书"的想法非常自豪。接下来的几天，他们在区域活动、餐后活动，都主动去语言区制作自己的图书。

星期四的时候，大部分孩子完成了图书制作。每个孩子的图书里都画了自己发现的幼儿园与小学不同的地方。珺珺的图书主要画了幼儿园跟小学不一样的上课方式；浩浩画了幼儿园与小学颜色不一样、标志也不一样的校服；慧慧画了小学的教室，里面有很多桌子，一排一排的，教室里面没有区域活动的地方；睿睿画了小学有门的卫生间和幼儿园没有门的卫生间……

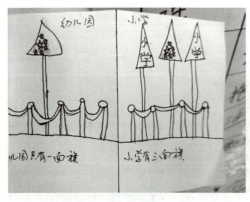

图3-7-35　升旗台的不同

图3-7-36　穿着不同

活动小结

从发现"小学与幼儿园的不同"到找不同，再到自制《我发现的不同》，这种围绕共同感兴趣的话题进行已有经验的回顾，通过回忆整理了经验（自己了解到的小学的基本情况），又相互启发、相互补充与纠正（别人了解到的小学情况），使已有经验更加清晰，也进一步激发了他们对小学生活的了解欲望。老师帮助孩子梳理思路（怎么样记录这些不同才更一目了然），既给了孩子条理性思考的方向，也给他们提供了很好的分析、记录方法。

活动8：今天我是小学生

发现了这么多的不同，孩子们对小学生活更加充满了憧憬和向往。

琪琪提议："可以模仿小学生上课。"

慧慧："我想穿哥哥姐姐的校服。"

轩轩："想不放音乐提醒上课，用铃声吧！"

珊珊："我哥哥班上还有班长的。"

……

老师："今天我们体验当小学生，大家可以自己按照小学的样子，布置教室和上课！有需要老师帮助的可以提出。"

孩子们跃跃欲试。他们迅速地按照小组分了工：有负责挪柜子的、摆桌子的、摆椅子的。在老师的帮助下，教室桌椅摆放变成了小学教室的样子。

涵涵："老师，麻烦你帮我们准备上课的铃声，我们班里用的是音乐，小学用的是上课的铃声。"

老师欣然地帮涵涵找到了和小学一样的上课铃声。"今天我是小学生"的体验开始啦！

上课铃声响起，孩子们回到教室整整齐齐坐好。老师走进教室，他们像小学生一样向老师鞠躬问好。课堂开始前，老师为孩子们讲解了小学课堂纪律：不随意走动、回答问题要举手、上课的时候要坐端正等。

图3-7-37　摆桌椅

图3-7-38　上课问好

图3-7-39 举手回答问题

图3-7-40 课间活动

图3-7-41 记录作业

活动小结

从体验当小学生的过程中可以发现，孩子们前期参观的经验很好地支持了活动的开展，他们对游戏主题"今天我是小学生"有着比较清晰的角色意识，理解并能约束自己遵守小学课堂的约定规则（听到铃声知道上下课、上课不能随意走动等）。通过模仿和体验，他们对小学生活的印象更加深刻了。老师允许孩子们自行规划游戏场景、自行设计体验环节（铃声—上课—问好—课间活动—整理），充分显示了对孩子们能力的信任，同时也提供了充足的时间，让他们的体验活动得以深入开展。

四、活动解析

"参观小学"是教师结合大班下学期"我要上小学"主题，抓住幼儿一段时间内持续热衷的话题"小学是怎么样的"生成而来。从主题谈话到写信、送信、参观、分享、体验，幼儿通过提出问题、寻求方法、制定计划、实地参访、统计分析，对小学生活有了更清晰的认知；在模仿和体验中，对小学生活有了憧憬，为适应小学生活做了良好的经验和心理铺垫。

《幼儿园教育指导纲要（试行）》指出：教育活动内容要"贴近幼儿的生活来选择幼儿感兴趣的事物和问题"，并要求教师"善于发现幼儿感兴趣的事物、游戏和偶发事件中所隐含的教育价值，把握时机，积极引导。""参观小学"这一活动的生成，便是教师关注幼儿发展需要、把握发展时机显现，积极创设条件支持幼儿自主发展的充分说明。在活动中，教师积极追随幼儿，适宜地提供解决思路（提供正确的书信格式、提供调查记录表、提供统计思路）的同时又充分尊重幼儿意愿、鼓励幼儿独立解决问题（设计书信内容、自行选举送信代表、自己制定调查记录表、自行统计发现的不同等），既给了幼儿思路上的参考，又给了他们充分的自由。

制造轮船

执教老师：杨湿营

指导老师：乔影

一、活动来源

班上购买了一批新架子，架子组装完后，杨老师觉得包装架子的硬纸皮可以利用起来做点东西，于是就保留了起来，放在班级的走廊里。

仲鸿和同霖小朋友吃完饭后来到走廊。

杨老师："这些大纸箱丢了很浪费。它们可以用来做什么呢？"

仲鸿："同霖，我们一起来做船吧！"

他们开始行动了。仲鸿到美工区拿了一把小剪刀。

仲鸿："我来把纸皮剪小。"

纸皮很硬，仲鸿拿了一把剪刀开始剪，用了很大的力气，只剪了一点点。

同霖："我来剪这个吧！"仲鸿把剪刀递给了同霖。同霖开始很认真地剪起来，实在剪不动的时候，他就用手撕。这时，仲鸿把两个长长的纸筒放在大纸皮上面。

仲鸿："这两个就来做船的柱子了。"

他先把一个纸筒立在大纸箱上，目测估算纸筒底部的大小，然后把纸筒拿开，用

图3-8-1　废弃的纸箱

图3-8-2　制作柱子

剪刀尖在大纸皮上面戳洞。戳开长方形的三个边后，他把纸筒拿起来放在上面，直接一手扶纸筒，一手拿剪刀戳最后一个边。非常难戳，需要用很大的力气。他边用力边说："哎呀！哎呀……"最后把自己的嘴巴也一起靠在剪刀上，使劲戳。差不多戳好了之后，他拿开纸筒，用剪刀修剪洞口。洞口修剪整齐，他把纸筒放进去，洞大了。看到旁边有个长条的小纸皮，就把小纸皮塞在了纸筒与纸箱交合处，保证纸筒的稳固。

这时，来到走廊的小朋友越来越多，他们都被吸引了过来。

芸芸跑过来说："仲鸿，我可以来帮忙吗？"

仲鸿："可以呀，去剪小纸皮吧！"

这根柱子做好了以后，他接着开始用同样的方法来制作第二根柱子。

废弃的纸箱，因为老师的一句话成了孩子们喜爱的制作材料。一个小小的提问，引起了孩子们的兴趣，引发了孩子们的主动学习，造船行动由此拉开序幕。

二、活动期望

幼儿萌发了做船的兴趣，需要了解船的基本构造。幼儿想要制作一个怎样的船，需要有初步的设计。在制作的过程中，教师期望幼儿能不断地发现问题、分析问题、解决问题，积累操作的经验；在操作过程中，幼儿还需要不断克服困难，与同伴合作，调动起更多的幼儿参与到活动中。

三、活动过程

活动1：仲鸿的"设计图"

放学之后，回到家的仲鸿跟妈妈说起了今天在幼儿园里做的事情。

妈妈："那你做船，有没有设计图。"

仲鸿："没有，我们都是进去直接玩的。"

妈妈："你看我们建房子呀，不都是先要设计图纸呀，设计完了才去施工的。"

仲鸿："那好吧。"

于是，仲鸿去画设计图。睡前，仲鸿又看起了建房子的书，发现建房子前要先画设计图，开心地说："噢，妈妈，你看建房子真的要先设计的。"

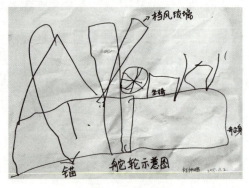

图3-8-3 仲鸿的设计图

仲鸿一到幼儿园，从书包里拿出昨晚在家画的"轮船设计图"。

仲鸿："杨老师，这是我昨天在家画的船的设计图。（指着设计图说）这是船身，这是锚,.这是船的座椅和挡风玻璃，这是船舵……"

杨老师："怎么才能让所有参加造船的小朋友都看到这张制作图纸呢?"

仲鸿一拍脑袋："噢! 我知道了。"

说完，他到美工区拿了双面胶，然后将图纸贴在"轮船"旁边的墙上。

活动小结

仲鸿用图画的方式设计轮船的图纸。结合纸箱形状的设计，简洁的线条，比例适宜的结构，对船体主要特征部件，如锚、舵轮等，描画清晰，语言表述准确，这都说明他对船的认知经验比较丰富。同时，也能看出他对自己要制作什么样的轮船进行了大致的思考，有比较明确的目标。设计图的出现，使活动开始由随意创作向有目的地制作方向发展。老师对图纸的重视与认同，并且建议参与造船的孩子们都能看到，是对仲鸿最好的支持与鼓励。

活动2: 为"造船厂"制作区域牌

今天的区域活动开始前，老师提出请美工区的孩子们帮忙为班级"造船厂"设计一个区域牌。书航和翘楚主动说他们来做。

书航和翘楚开始在美工区动手画。旁边的幸玲说："那我们也来画小船吧!"天天、幸玲、书瑶、子颖听了，全都开始画船。最后老师将她们的作品贴在了造船厂区。

图3-8-4 造船厂区域牌

活动小结

制作区域牌的活动，引发了其他孩子对画船的兴趣，可见孩子们生活中的真实事件，是引发他们学习与探索的最好老师。从他们的设计中可以看出，他们在活动中反映了自己身边的事件与大家关注的焦点。老师要做的就是创设丰富的环境（如收集一些船的图书与图片），提供给孩子们，丰富他们的经验，提升他们制作与画"船"的水平。

活动3：船塌了

孩子们已经有几天没有去造船了。早上来到幼儿园，老师看到孩子们制作的轮船的船顶已经倒塌了。

早餐前，老师跟小朋友们聊起了"造船厂"倒塌的轮船。

老师："你们知道吗？周二的晚上，幼儿园的其他老师来我们班，看到你们造的船，每个老师都说你们真棒！因为整个幼儿园没有哪个班的小朋友会造船，只有你们哦！但是，现在我们的船已经塌了、坏了，我们应该怎么办呢？"

海晗："那我们就把它修好吧！"

老师："怎么修？用什么修呢？"

孩子们你看看我，我看看你，都不说话了。

老师建议："我们幼儿园有个邓师傅，他的工作就是专门负责全幼儿园的修补，他有一个包包，里面装的都是工具，一会儿吃完早餐，杨老师可以带你们去找他借点工具回来，试试看能不能把船修好！"

幼儿："好啊！"

老师："那你们要先想好，见到邓师傅的时候，你们要跟他说些什么、怎么说他才会明白我们去找他的目的。"

孩子们吃完后就出发了。

见到邓师傅，子颖说："叔叔，我们班的船坏了，想把它修好，你可以借一些工具给我们吗？"

邓师傅："好的。"于是拿出了他的工具包。

邓师傅："小朋友们，你们找找，看看有什么是你们需要的？"

孩子们齐声说："谢谢！"然后开始埋头找工具，他们找到了三种不一样的扎带、一把刻刀、两把螺丝刀、两把小螺丝刀，三个螺丝钉、一个短排钉。

仲鸿突然说："为什么找到了螺丝，就找不到（相配的）螺丝帽，有螺丝帽就没有螺丝？"

邓师傅很耐心地说："你仔细找找，肯定有的！"找着找着，仲鸿高兴地叫了起来："我终于找到了相配的螺丝和螺丝帽了。"

工具找齐了以后，他们回到班级的造船区，仲鸿、同霖、海晗把找到的工具分类放到篮子里。

他们先把四把螺丝刀放在了一个篮子里。接着，仲鸿拿起刻刀说："这个放在哪里呢？"海晗端起了剪刀篮子说："放在这里吧！它们都有一个刀字。"于是把刻刀和剪刀放在了一起。

图3-8-5　船塌了

图3-8-6　寻找工具

图3-8-7　找到的工具

仲鸿拿起短排钉说："我想把这个钉子装在一个篮子里，但是太少了，只有一个。"同霖说："那就把它放在螺丝钉的篮子里，因为它们都是工具。"仲鸿采纳了同霖的意见，把短排钉放进了螺丝钉的篮子。

晨会的时候，他们把分类放好的工具拿出来跟全班小朋友分享他们借到的工具。

活动小结

孩子们的造船活动进入了"冷淡期"。老师没有急于要求他们继续进行活动，而是在等待几天后，看到"船塌了"这一情况，对孩子们的造船活动给予鼓励并提出问题：船塌了怎么办？在孩子们面对这个问题，缺乏经验导致无法解决的情况下，老师及时提出自己的建议（寻求帮助），为造船活动的继续开展提供了有力的支持，重新燃起了孩子们继续创作的热情。可见，老师在孩子们的发展进程中，发现问题并提供支持，是多么重要。如果此时没有老师的支持，也许此活动也就就此夭折了，后面孩子们的学习也就就此中断，那将是多么可惜的一件事呀！

老师机智地让孩子们自己"借工具"，尝试解决问题，并在文明礼仪、与人交往方面做了提醒。而孩子们也非常出色地完成了此项任务。在寻找工具、整理工具的过程中可以看出，孩子们对配对、分类概念的创造性运用（根据现有篮子情况、物品数量调整分类标准，创造性地自定分类的标准），他们互相探讨解决问题的办法，合作协商完成工作的态度也令人惊讶。

活动4：补船行动

午餐后，孩子们用借来的工具开展了补船行动。

他们先拆了船顶上面的架子。

老师："你们为什么要拆掉这个（架子）呢？"

仲鸿："因为上面的架子太重了，所以趴了（塌了），我们要先把下面固定好。"

仲鸿一边说，一边拿起刻刀开始戳船上面的纸板。

老师："你们计划怎么做啊？"

仲鸿："老师，我们要把上面的这个纸板弄掉，才好固定。"

旁边的张敏看到，拿来了螺丝刀也在用力地戳。

张敏："我也来帮忙了！"

图3-8-8　借助新工具来补船

不一会儿，他们就把上面的纸板摘了下来。孩子们看到上面纸板被摘掉了，个个高兴地站到了里面。

茵茵："这就是船啦！"

仲鸿马上说："还没有做好呢！"

活动小结

新工具为孩子们再次投入造船活动注入了新动力。仲鸿思考了原来的船的船顶倒塌的原因，并且似乎有了新的设计方案（因为他理智地否定了茵茵认为"船已做好"的提议）。

活动5：船盖

午餐后，仲鸿来到了造船厂，他把从船身上裁下来的纸板，架到了船上。

仲鸿："海晗，你帮忙扶着。"

图3-8-9　把船盖架到船上

图3-8-10　用扎带固定竹棍

在海晗的帮忙下，仲鸿拿起纸板比对了大小，纸板的大小刚好盖上船架。

仲鸿："太好了，很合适（船盖）。"

仲鸿把船盖放在了一边，拿来了两根竹棍。

仲鸿："我们要把这两根棍子扎在一起，做后面的柱子。"

明昊马上说："那我来绑吧！"

说完，明昊拿来竹棍和扎带，先把两根棍子扎在一起，又用螺丝刀在船后面的左右二个角上打洞，最后用扎带把竹棍固定在船后面，两个柱子做好了。

活动小结

孩子们的合作自然流畅，他们分工明确，各司其职，可以说学习型、研究型、合作型的团队是孩子们的真实写照。

活动6：船门

早上，乔园长拿了一个纸盒放在了"造船厂"。

仲鸿来到"造船厂"指着纸盒对老师说："杨老师，这是什么？我可以打开看看吗？"

老师："可以啊！"

仲鸿和子凌拿出了两个凹凸不平的纸壳。

他们把它放在船的前面说："可以用它们来做挡风玻璃。"

老师："那就看不到前面了呀。"

他们把两个纸壳拿了下来，放在船的侧面试了一下。

仲鸿："那可以把它们用来当门啊！那怎么固定呢？"

"用胶水粘，不行，门是可以活动的，粘上就打不开了。"仲鸿自言自语道。

老师："你可以去看看我们教室的门是怎么开关的。"

仲鸿："我知道的，先用扎带试一下吧！那就要先打洞。"

仲鸿对旁边的翘楚说："你来扶着，我来打洞。"可是他怎么打也打不进去。翘楚说："你力气不够大，让我来吧！"于是他们两个交换了角色。翘楚使劲钻，也不行。

翘楚："这个真的很难打洞。"

老师："那让我来吧！"杨老师拿着螺丝刀用力一钻，就钻过去了。他们开心地说："还是杨老师厉害！"

仲鸿用扎带把纸壳和水管连接好。

仲鸿："杨老师，可以把另一个纸壳也打个洞吗？"

老师："为什么呀？"

图3-8-11　把纸壳当作船门　　图3-8-12　在纸壳上打洞　　图3-8-13　用扎带把两个　　图3-8-14　可以开门的船
　　　　　　　　　　　　　　　　　　　　　　　　　　　　　　　　纸壳连在一起

仲鸿："那这样我就可以用一根扎带把两个纸壳都连在一起了。"

老师："你的想法很不错啊，可以试试。"说完，杨老师又把另一个纸壳打好了洞。

仲鸿拿起扎带和纸板，把两个纸板连在了一起。

新材料的加入，让孩子们的船体设计更加丰富。每一种材料，孩子们都能发现它们存在的价值。仲鸿用一根扎带连接二扇门的做法，既经济又省力，是个了不起的好点子。

活动7：制作"船牌"

午餐后。

为正对仲鸿说："仲鸿，我们的船应该有车牌。"

仲鸿："是啊，我们一起来做个车牌吧！"

老师："我们做的又不是车，为什么要叫车牌呢？"

为正："是啊，那我们就叫船牌吧！"说完，为正找了一个小纸板在上面写了几个数字。

老师："现在把你做的船牌，放在船的前头，你们往后退5步，能看得到吗？"

他们往后退，看了看："真的很小，看不清。"

老师："那应该怎么办啊？"

仲鸿："那我就拿一个大一点的纸板来做。"

老师："还有，你们看，这些数字个头大小不同，你们看到的车牌号码也是这样大小不一的吗？"

幼儿："不是，是一样大的。"

　　仲鸿拿来了一个长纸板在船头比对了一下，说："这个太长了，我把它剪短一点。"于是拿了剪刀剪下了他认为适合的长度。

　　为正："我来写数字吧！"他边接过纸板边说："粤B55472，哎呀，但是我不会写粤啊！"

　　仲鸿："杨老师，那就你来写吧！"

　　老师："那我来吧！"于是杨老师接过笔，写下了"粤"字。

　　为正："杨老师，我会写B，我来写。"杨老师把笔交给了他。他认真地写下了"B"。

图3-8-15　裁剪书写船牌需要的纸板　　图3-8-16　书写船牌

　　仲鸿："我来写数字吧！"仲鸿边说边写了2、5。当他写完5后，为正说："仲鸿，你的5字写错了，写反了。"仲鸿不好意思地说："哦，我忘记了，重新再写一个。"说完又写了一个5。仲鸿先写了一横，为正马上给他纠正，"错啦，笔顺错了。"边说边指点仲鸿5的正确的笔顺。

　　最后他们的船牌完成了——"粤B225B"。

活动小结

　　生活经验在孩子们的活动中不断丰富和迁移。从车牌到船牌，他们认真地对待、严谨地思考，如同工程师面对自己首创的产品，修正、完善、精益求精。他们的学习随时发生：对文字的认识、数字的书写，耐心细致、主动认真……教师作为观察者和引导者，更多的是通过和孩子们"不经意"地聊天，看似不经意，却又恰恰提升和整理了孩子们关于"车牌"和"船牌"的经验。

活动8：折纸船

　　今天，美工区的小组活动是折纸船，孩子们边折边讨论。

　　仲鸿："杨老师，我们的船折好了，可以放在水里，让它浮在水面上吗？"

　　老师："纸放在水里，会怎样呢？"

　　海晗："不行的，纸船放在水里，会浸湿的。"

图3-8-17　在纸船下面垫上泡沫

图3-8-18　把垫好的
纸船放入水里

老师："那可以用什么办法让纸船放在水里，又不湿呢？"

翘楚："那我们可以在下面垫个东西啊！"

老师："行啊，你们可以去找找垫什么东西在纸船下面，让纸船浮在水面上。"

折好纸船，孩子们就开始行动了。仲鸿找来了一个泡沫，说："这个东西很轻，是可以浮在水面上的。"

于是他直接把船放在了泡沫上。旁边的翘楚、周男、海晗、诗彤看到了，也去找来了泡沫。他们的方法和仲鸿不一样，他们用胶把纸船粘在了泡沫上。此时，杨老师到洗手间把水龙头打开，把洗手池放好水。

纸船放进水里，仲鸿很开心地说："看，这个泡沫真的可以让我们的船浮在水面上啊！太好了！"

活动小结

"怎么让纸船既能浮起来又能不沾水"是孩子们要解决的关键问题。从他们选择的材料来看，他们对"哪些材料不怕水"已经有了经验。教师认真观察孩子们与材料互动的过程，找准最近发展区，巧设提问，适时给予挑战和引导，这既是教师专业水平的真正体现，也是提升孩子们学习质量的关键。

活动9：制作放在水里的小船

上午区域活动时，仲鸿和翘楚又来到美工区折纸船。

这次他们找来一个白色的纸盒，把船贴在了上面。翘楚又找来两个矿泉水瓶对仲鸿说："仲鸿，你看，我把这两个拿来做成船的柱子。"仲鸿："好的。"翘楚把矿泉水瓶用酒精胶贴在了酸奶瓶上，粘在了白色纸盒的一端。

翘楚又找来了四个光盘，自言自语："我可以把这个当成船的轮子。"

老师："船有轮子吗？"

翘楚："是的，我做的就是船车。"说完，他坚持把光盘贴了上去。然后他们给船头的两边插上了黄色的船帆。最后还找来矿泉水瓶垫在了下面。

完工后，他们拿到水槽里一试，太大了，水槽放不下。仲鸿："怎么办呢？我们想试试它可不可以浮在水面上。"这时，乔园长来到了班上，提议可以拿到幼儿园后面的游泳池去试一试。

老师："现在的游泳池是没有水的，幼儿园管理泳池的是柯爷爷，你们需要去找他帮忙放水，但是你们要想好，请他帮忙应该怎么说。"

孩子们在门卫室找到柯爷爷。仲鸿和海晗对柯爷爷说："柯爷爷，我们想知道我们制作的船能不能浮在水面上，游泳池的开关在哪儿？你能帮忙放水吗？"柯爷爷指着后面说："开关在游泳池的后面那里。我带你们过去！"孩子们齐声说："谢谢！"

来到游泳池，柯爷爷拉出管子打开了水，看到水流到了游泳池里，孩子们高兴极了。

姚瀚："看，水就是这样流到游泳池里的。太好了！"

柯爷爷："我要去找个东西把出水孔堵住，不然游泳池里是存不了水的。"说完，柯爷爷找来了一个塑料瓶堵住了出水口。

幼儿："真的，水越来越多了。"

老师："小朋友们，你们想在游泳池里放多少水啊？"

仲鸿："可以放到从上往下数的第二个瓷砖。"

老师："柯爷爷，如果水放到小朋友说的位置需要多长时间？"

柯爷爷："那就要两个多小时。"

老师："好的，现在是11点半，两个多小时之后，刚好是小朋友们午睡起床的时

图3-8-19　制作小船

图3-8-20　往游泳池注水

间。那我们现在回课室，等午睡起床，我们就可以直接把船拿下来放水里了。"

起床后，孩子们拿着自己的船往游泳池出发了。来到游泳池一看，游泳池里只蓄了8厘米深的水。老师检查发现是出水口漏水。

老师把洞口堵好后说："小朋友们，水没有大家预想的那么多，你们还要继续放船吗？"

仲鸿："要的，放。"

老师："好，那我们就从楼梯这里放船。要排好队，一个个放，注意安全。"

（孩子们一个个排好队放船。船放到水里后，他们一个个高兴极了。）

李虎："看，我的船在水里走得很快。"

仲鸿："看，我的更快呢！"

老师："为什么船会在水里行走？还会改变方向呢？"

为正："因为有风啊！"

张敏突然说："看，海晗的船现在停在中间不动了。"

仲鸿："哦，我知道为什么了，原来她的船是纸做的，所以沉在那里了。"

老师："那你们想办法帮她捡起来吧！"

为正："那就请穿了水鞋的杨老师去捡吧！"

老师："你们可以想想用什么方法可以把它捡起来。"

诗涛："我去找东西。"他在游泳池边拿来了一个吸水拖，往水里一试，离船的距离不够。"这个不行，我再去找。"他又到花坛里找了一根棍子，一试还是不行。姚瀚也找来一根拖把杆，趴在地上使劲地往船的方

图3-8-21　放小船

图3-8-22　海晗的船沉了

图3-8-23　男孩帮忙捡起了船

向够，但是还是够不着。

仲鸿："我有办法了，我到班上去拿造船的水管。"说完，就跑开了。海晗看到小朋友们用了这么多方法都没有把船捡上来，有点伤心，眼泪也快掉下来了。

为正安慰道："海晗，你别伤心了，我去帮你捡。"于是，为正对姚瀚说："让我来试试。"他接过姚瀚的拖把杆，蹲在地上用力地往船的方向挑，还是太短了。

姚瀚："真的没有办法了。"说完，脱掉鞋子和袜子，卷起裤子，走到了游泳池里，把海晗的船捡了起来。捡上来后，对海晗说："来，给你。"海晗笑着说："谢谢你，姚瀚。"孩子们都"哇"地欢呼了起来。

活动小结

上一次的放船经历，让孩子们对"放船"产生了兴趣。从小纸船到自制的各种纸船，从洗手池到游泳池，放船的体验不断丰富。当在室外的游泳池放船时，水里的船动了（有风）、沉了（纸船），都让他们有了不同的发现。此次活动更是体现了老师的"懒智慧"：老师"懒"于跟孩子较真，才有了孩子的船车，这体现了对孩子的尊重；老师"懒"于放水，才有了孩子请求别人帮助的体验，体现了对教育契机的敏锐把握；老师"懒"得只会提问题了，才有了孩子们细致地观察和分析，体现了教育智慧；老师"懒"于帮助孩子捞船，才有了孩子们解决问题的思考和尝试，才有了让大家为之动容的小男子汉英雄气概的表现机会。

活动10：大船怎么浮在水面上

餐前分享时，老师跟孩子们说："周五我们放了小船，你们的船有没有浮在水面上啊？"

孩子们："有啊!"

老师："那你们有办法让我们的大船浮在水面上吗？"

仲鸿想了一下说："我们可以在船下面垫游泳圈。"

老师："这个想法很不错啊！不过我们的船那么大，在下面垫多少游泳圈合适呢？"

翘楚："前面两个，后面两个就可以了。"

刘昊："那就4个吧！"

老师："行啊，你们谁愿意把家里的游泳圈带过来呢？"

刘昊："我带。"

诗彤："我带。"

明昊："我带。"

子殊也举起了手。

仲鸿："杨老师，我有办法了。我带一个大的，他们都不用带了。"

杨老师："你家里有大的吗？"

仲鸿："没有，海雅缤纷城有卖的。等爸爸妈妈答应给我买玩具了，我就让他们给我买这个。"

晚上，仲鸿把这件事告诉了妈妈，妈妈非常支持他，和他一起在网上买了长方形的大气垫。气垫寄到家里，仲鸿就把它拿过来了。

仲鸿："杨老师，你知道吗？我家里没有打气筒，是我妈妈用嘴巴把它吹起的。"

老师："看来你妈妈很支持我们的工作，我们要加油造船啊！"

仲鸿："好的，那就等船造好了，我们再把它垫在下面。先放起来吧！"说完就把气垫拿去小房间放好了。

活动小结

老师以问题"你们有办法让我们的大船浮在水面上吗？"来试探孩子们已有的经验。至于孩子们是否真的能够做到，并不是老师的刻意追求。但"怎么样让大船浮起来"成功地引起了孩子们的兴趣。老师将孩子们的放船兴趣从小船引发到大船，让孩子的经验得以拓展。从孩子们提议用"游泳圈、气垫"来看，他们对浮力有了进一步的认知。家长的大力支持让活动得以顺利开展。从仲鸿妈妈的支持行为上可以看出，仲鸿喜爱科学、勇于探索、乐于思考、敢于尝试等这些良好科学品质的形成，离不开仲鸿妈妈长久的支持。

活动11：邓师傅帮忙修整歪船

上次孩子们借来工具把船修好了，可这几天船又歪了。

老师："船歪了怎么办呢？"

仲鸿："看来，我们还是得找邓师傅来帮忙固定。杨老师，那我去找邓师傅吧！"

翘楚听到了，也说："杨老师，我也去！"他们到楼下请来了邓师傅。

邓师傅："你们的船哪里有问题？"

仲鸿："前面的船头，想把它撑起来。"

邓师傅用双手在前头上比画了一下，说："去找根棍子来。"

仲鸿："好的。"他找来了一根水管。

邓师傅："太长了。"

仲鸿："那你就从下面解竹棍吧！"邓师傅把连接两个船头的竹棍解下来，然后把竹

图3-8-24 请邓师傅帮忙加固船

图3-8-25 船下放气垫

棍放在了船头盖下面。

邓师傅："你们看看，现在这样行吗？"

仲鸿："可以啊！"

邓师傅："那就把它固定住就行了。"邓师傅很快就把它用扎带给固定住了。

邓师傅："是我做船还是你们做船啊？"

仲鸿："我们一起做啊。"

邓师傅："我可是没有你们那么多的时间做船啊！"

仲鸿："那你帮我们固定好就可以了，我们自己可以做船。"

船固定好了。仲鸿和男男连忙感谢邓师傅："谢谢，邓师傅！"

邓师傅："不用谢。"

午餐后，孩子们又来到了"造船厂"继续造船了。仲鸿拿出了大气垫。

海晗过来看到了，仲鸿："海晗，我们一起来把船抬到气垫上吧！"男男吃完饭也出来了，仲鸿又对男男说："男男，你来帮忙看，我们两个把船抬起来。你看看，有没有放在气垫的中间。"

男男："好的。"

他们开始行动了。海晗抬船头，仲鸿抬船尾，一起用力把船抬了起来。

海晗边抬边对仲鸿说："仲鸿，放的时候要轻轻放，不然船会坏的。"

仲鸿："知道了。"

这时男男整个人趴在了地板上看船有没有放在气垫上。其他孩子吃完饭也出来活动了。

老师："小朋友们，现在船放好了，我们怎么来把船固定在气垫上呢？"

海晗："就用透明胶来粘吧。"

说完他们到工具架上拿了透明胶。子颖拿来了剪刀帮忙一起剪。翘楚说："我来帮你们撑着船。"诗彤看到小朋友们都在帮忙，也拿来透明胶帮忙一起粘贴。除了帮忙的，还有围观的，真是热闹。

活动小结

　　随着寻求帮助经历的丰富，孩子们已经不需要老师的提醒，就能够主动去寻找能帮助他们的人了。可以看出，量变已经开始发生质变了。在造船过程中，孩子们的合作由开始的生涩到现在的默契，"造船"已经成为全班孩子的共同兴趣。作为轮船的首席"设计师"的仲鸿，慢慢褪去了强势与独占意识，开始愉快地和其他小伙伴一起协作，并乐于与所有的孩子分享制作的快乐与成就感。

活动12：放船活动

　　早上9点，放船活动开始了。孩子们先在三楼的天台拍了集体照，然后他们拿着大船和小船出发了。

　　保安叔叔小心翼翼地把大船放在了水里，孩子们拿着小船排好队伍，一个个地蹲下来，轻轻地把船放进了水里。他们兴奋地看着自己的小船沿着游泳池边漂出去了，开心地拍起手来。

　　杨老师："你们想不想到大船里去坐一下？谁敢去？"

　　孩子们都争着要坐进去。杨老师先抱了果果进去，船完好地浮在水面上。他们很开心地欢呼："真的浮在水面上了。"杨老师开始推着船，从游泳池的这头推到了另一头。果果兴奋地说："简直太好玩了。"

　　接连抱了几个孩子坐船，杨老师有点体力不支了。

　　吴老师："杨老师，那换我来吧！"吴老师抱了几个小朋友后，体力也不行了。眨眼的工夫，乔木自己跳进了船里。

　　男男："我下去推他。"

　　杨老师："好吧！"

图3-8-26　我们的集体照

图3-8-27　准备出发

于是，男男穿上水鞋在下面当起船夫的角色。因船离岸边有条缝隙，孩子们跨进船里时，船会摇晃。

杨老师："男男，你现在是船夫，你要保证坐船乘客的安全哦！"

男男："好的。"

男男弯着腰推着坐在船上的小朋友在水里穿行，再次到岸边时，男男主动将船推至岸边，并双手扶住船竿（固定船身的水管），将船紧贴游泳池岸，这时，坐船的小朋友上岸就更容易，也更安全了。

男男来回当了几次船夫，此时，他弯起腰，手握拳头往腰上捶了好几次，他自言自语地说："好酸啊！"

杨老师："男男，你累了吧！换别的小朋友来当船夫吧！"

男男："杨老师，我不累，我还可以继续的。"

孩子们玩着玩着，船底已经开始浸湿了。

杨老师："小朋友们，你们看，现在船开始湿了，你们觉得坐在上面会安全吗？"

芸芸："不能再坐了，已经不安全了。"

杨老师："那我们还能坐上去吗？"

仲鸿："不能坐了。"

涛涛："杨老师，你看，小船全部湿了，怎么办？"

杨老师："那你们觉得怎么办？"

涛涛："杨老师，那我来捡吧，只能扔掉了。"

思辰对李虎："我回去了，还要再做一个船，这次一定不让它湿了。"

李虎也说："我也要再做船。"

保安叔叔和邓师傅来到了游泳池边，邓师傅说："小朋友，你们的大船已经坏了，还要吗？扔了吧！"

芸芸："不能扔，我们要把它拿回班上去。"

杨老师："好吧，你们自己想办法把它拿回去吧！"

保安叔叔和邓师傅一起合力把大船抬到了岸上。孩子们舍不得扔掉大船，还是决定把它抬回教室。

子凌："我们一起把它抬回去吧！"涛涛、子凌、芸芸、晖晖、砚西一起合力抬起了大船，涛涛走在最前面。回到教室后，船已经完全散架了。

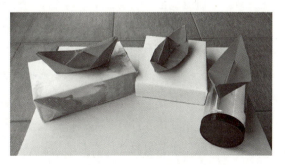

图3-8-28 我们的船

图3-8-29　轮流坐大船

图3-8-30　抬大船回教室

翘楚："船已经完全坏了，我们还是把它拆了吧，那些棍子还能用。"他们边说边开始动手拆，郑政用力地扯扎带，可是怎么扯也扯不动。

郑政："怎么弄不动啊？"

翘楚："我知道了，去拿剪刀来剪啊！"于是，他从工具架上拿来了剪刀，把棍子全部拆了下来。

仲鸿拿着棍子说："杨老师，我觉得我们应该去打水来，把这棍子上的颜料洗干净，这棍子还可以用的。"

杨老师："你的想法真好，但是现在我们没有时间洗了，下次我们再来洗。"

杨老师："我们的船坏了，你们心疼吗？"

仲鸿挥舞了一下小拳头："杨老师，没关系，我们可以再做一个。"

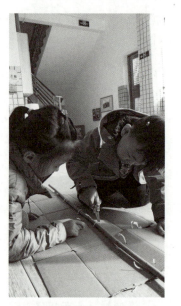

图3-8-31　拆船

活动小结

终于到了见证奇迹的时刻了。制作之初，老师并没预料到孩子们能造出可以真正下水的船，更没想到这艘船还能载人。放船活动中，孩子们的游戏已经不仅限于"看看能否浮起来"，他们更兴奋于体验坐船的感觉。坐上亲手制造的船，他们的成就感和自豪感油然而生。老师支持孩子们亲自体验，并以"船夫"的角色参与到他们的活动中。体验活动进一步丰富，男孩子们更是主动地担任起"小船夫"的角色。在新的"坐船"活动中，他们都投以高涨的情绪，多次协商分工，并不断总结成

图3-8-32　剩余的船身

功的技巧（如用双手扶住船竿、固定船身的水管、将船紧贴泳池岸边等），学习再次自然发生。

当大船完全湿掉，面临拆除时，孩子们还想到要把可用的材料都拆出来重复利用，可见他们的材料环保意识。船坏了，全心投入制造的作品无法再复原，孩子们并没有非常伤心，尤其是付出心血最多的仲鸿，都乐观地说可以再造一艘。成功的体验和经验的积累，给了他们充足的信心。

四、活动解析

"制造轮船"是由班上的一个废纸箱引发的一次深入探究。从"决定造船—设计图—初次制作—寻求方法—再次制作—补船行动—制作船牌—放船活动"，幼儿从无意创作走向有目的地设计，从个人兴趣、小群体合作再到集体共同协作，幼儿关于"船"的主要结构、船的浮力有了更深入的认知；造船过程中，他们严谨、认真的态度，合作分工的团队意识都得到进一步发展。

整个活动从开始到结束，可以看到"制造轮船"是幼儿按照自己的意愿自主开展的活动。幼儿自行产生"造船"行为，自发寻找材料，自由产生合作。教师在其中的主要作用是观察幼儿的游戏行为，了解幼儿游戏和分析幼儿的行为水平，并针对幼儿游戏开展的实际情况，适时地提供帮助，以帮助幼儿实现自己的游戏构思。例如，当幼儿造船经验不足时，引导幼儿查找资料；当造船发生"意外事件"（塌了）时，提供解决思路（寻求帮助）；当幼儿造船行为停滞时，提供新思路（"船能浮起来吗？"）；当幼儿成功放船后，提供新刺激（体验坐船）……教师每一次介入幼儿的活动，都是在顺应幼儿的游戏构思、协助幼儿推进游戏进程的基础上实施的。整个活动中，我们既看到了幼儿的学习过程、经验发展，更看到了一位专业教师的"教育智慧"。

写　信

执教老师：刘燕芬

指导老师：陈笑民

一、活动来源

晨会活动谈到缺勤人数时，有孩子发现沛鑫已经好久没有来幼儿园了，几个好朋友开始向老师打听他不上学的原因。

　　煜恒："老师，郭沛鑫好久没来了。"

　　贝琳："他为什么不来上学啦？以后还来不来呀？"

　　老师："郭沛鑫小朋友陪妈妈去美国生小弟弟，所以要两个月才能回来呢。"

　　贝琳："这么长时间呀，我现在已经好想他了。"

　　子乐："我们给他打个电话吧。"

　　煜恒："他在美国这么远怎么打，电话费很贵的。"

　　楚维："我知道，我们可以给他写信。"

　　老师："你知道写信？"

　　楚维："是的，爷爷告诉我以前没有电话都是写信的。"

　　熙喆："可是我们不会写字呀。"

　　子芯："那怎么办呢？"

　　煜恒："那我们怎么寄信给他呀？"

　　老师："是啊，大家有这么多的疑问，老师给小朋友们找一本关于写信的故事书，我们一起来找答案吧！"

　　书信是人与人之间交流沟通的工具。在信息化的现代生活中，写信已被更多便捷的通信方式所取代，所以很多孩子对写信并没有经验。在今天的晨会话题里，楚维聊到了写信，她了解到写信是人们的通信方式之一。当她向大家提出这个建议时，孩子们对写信表现出好奇和疑惑。教师意识到写信是一种书面表达方式，可以让孩子们用图画、符号等独特方式表达自己的想法和情感，这也有助于发展孩子的前书写能力。于是教师想到了绘本《点点和多咪的信》，可以帮助孩子们从绘本故事中了解写信活动。

二、活动期望

　　《3—6岁儿童学习与发展指南》中指出，幼儿在阅读中萌发初步的意愿，他们能通过观察和注意周围环境中的文字信息，逐步积累一些初步的书面语言知识，学习握笔、涂画和书写的基本知识。《点点和多咪的信》有着丰富的画面与符号，教师期待通过阅读绘本，让幼儿萌发书写的意愿，引发孩子亲身体验写信，发展运用画图、符号和文字等书面语言的意识，激发幼儿用图画和符号表述自己的想法和意图，从中获得书面语言的经验。

三、活动过程

活动1:《点点和多咪的信》绘本分享

1. 谈话：回忆绘本故事

老师："看完《点点和多咪的信》，绘本里说了什么?"

朵朵："点点和多咪是好朋友，他们很想对方，就互相写信。"

老师："点点和多咪是怎么写信的呢?"

唯唯："他们是把想说的话画出来的。"

老师："他们在信里都说了些什么?"

唯唯："多咪说，太阳出来的时候，我们到大树底下放风筝、打羽毛球、吃雪糕。"

桐桐："那里有箭头，应该是先到山顶上，然后去大树下，然后去放风筝，然后去打羽毛球，然后去吃雪糕。"

子芯："点点也给多咪写了信说，晚上月亮出来的时候就去他家一起吃饭、唱歌。"

老师："点点和多咪想到了写信这个好办法，用图画、符号表达对朋友的想念，在信里相约一起共度美好时光。"

2. 解读信和信封的内容

第一封信：多咪写给点点的信

老师："这是谁寄给谁的信? 你是从哪里看出来的?"

信哲："点点的信，因为信封上面画了有点点（小狗）的头像，还有一个收字。"

老师："是谁给点点寄的?"

多多："是多咪!"

老师："从哪里看出来是多咪寄的?"

煜恒："下面有个'寄'字，我认识这个字，还有多咪（小猫）的头像印在旁边，是多咪寄的信。"

老师："原来寄信人的头像后面要写（寄）字，收信人的头像后面要写（收）字。"

朵朵："这封信的上面（左上角）有点点（小狗）的头像，是点点，你好的意思，是多咪给点点说的话"。

桐桐："还有，信里面的下面（右下角）有多咪的头像，就是多咪说完了，就画了它的头像。"

图3-9-1　多咪给点点的信

老师："原来信的开头左上角要有收信人的名字，信的结尾右下角要写上写信人的名字。"

老师："多咪跟点点说了什么呢？"

朵朵："点点你好！等太阳出来了，我们就一起去树下放风筝，打羽毛球，吃冰激凌。"

老师："这个箭头是有什么作用呢？"

朵朵："就是告诉我们要从这边往这边读，从左边往右边读。"

第二封信：点点写给多咪的信

老师："这封是谁写给谁的信？你从哪里看出来的？"

子芯："我知道了，这是点点写给多咪的信，信的左上角有多咪的头像，点点对多咪说，多咪你好！"

熙喆："还有，还有就是在信的右下角，有点点的头像，表示点点已经说完了。"

贝琳："这个信封上面'收'字那里画了多咪的头像，表示是多咪收到了信，这样子的话那就是点点写给多咪的信咯！"

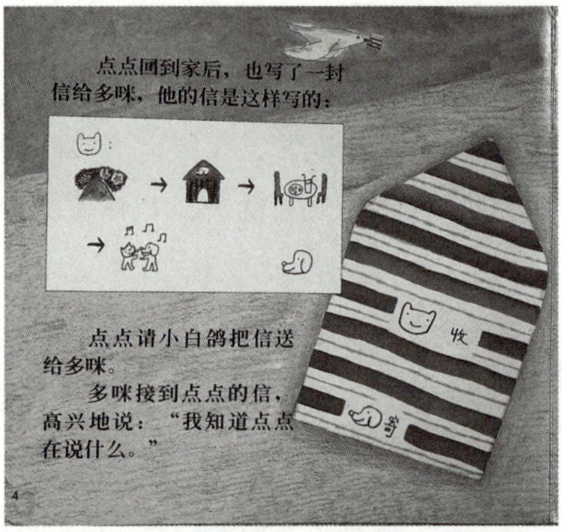

图3-9-2　点点给多咪的信（1）

老师："那点点跟多咪说了什么呢？"

桐桐："我知道，点点说，多咪你好！等月亮出来的时候就去我家，我们一起吃晚饭，一起唱歌。"

老师："两个好朋友通过写信的方式，相约一起玩，一起吃饭、唱歌，度过了愉快的时光。经过小朋友的解释，老师现在明白了，原来，收到信的人就叫"收信人"，写信的人就叫'寄信人'。信的开头要有收信人的头像，信的结尾还要有写信人的头像，在信封的上部分要画上收信人的头像，头像后面写个'收'字，信封的下部分要画上寄信人的头像，后面写上'寄'字，这样我们就明白这封信是谁写给谁的了。"

第三封信：点点写给多咪的信

老师："我们来看看这封信是谁写的？信中又说了什么呢？"

朵朵："这个又是点点写的信，它说它睡

图3-9-3　点点给多咪的信（2）

觉梦到了多咪。"

信哲："不对，是点点生病了，它想多咪了。"

唯唯："我也觉得是点点生病了，请多咪来看他。"

老师："请说说你是从哪里觉得点点是想多咪或者生病了呢？"

朵朵："它躺在床上，看上去就像生病了。"

信哲："它的头上有个圈，里面有多咪。就是想它了。"

老师："为什么第一、二封信我们一看就能明白，而第三封信里，我们会有不同的理解呢？"

朵朵："因为第三封只画了一幅图。"

信哲："它应该也画些箭头。"

朵朵："对，要像点点那样，用箭头表示清楚。"

信哲："要不然人家就看不懂了。"

老师："原来写信和画画不一样，有时候画画不一定能讲清楚，还可以用简单明了的符号、图画、文字来表达，要写清楚时间、地点、干什么。这样别人才容易看得懂。"

活动小结

当孩子提出不会写信的时候，老师巧妙地引入绘本，借助绘本中的故事情节，调动幼儿的已有生活经验，学习从符号、画面等信息来解读信的内容，帮助幼儿理解写信的方法、获得书信格式的经验。

在活动中，提问的设计是整个活动互动过程的重中之重，"这封是谁写给谁的信？你从哪里看出来？""你是从哪里觉得点点是想多咪或者生病了呢？""谁来说说这封信说了些什么？"等一系列开放性的问题，帮助幼儿理解写信的注意事项，梳理写信的基本方法与格式，同时积累图画、符号等阅读和书写的经验，又激发了幼儿自主写信的兴趣。在此过程中，老师适时丰富了"寄信人、收信人、左上角、右下角"等新词汇，帮助孩子们在后续的表达中更加清晰和完整。接下来，在幼儿对书信活动表现出浓厚的兴趣下，老师在环境上提供了一系列的支持：在写作区，提供写信的相关材料，鼓励幼儿尝试用书写的方式给朋友写信，体验给朋友写信的乐趣。

活动2：给朋友写信

在欣赏完绘本《点点和多咪的信》后，孩子们决定要像多咪和点点那样，给沛鑫写信。于是，老师在写作区投放了信纸等书写材料，鼓励孩子们参加写信活动。

老师："老师今天给大家准备了一些信纸和一些信封，想给沛鑫写信的小朋友，你

图3-9-4　信的说明

图3-9-5　幼儿的信（1）

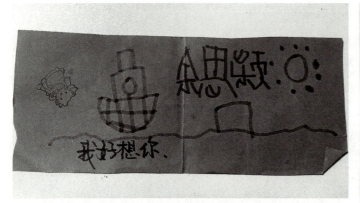

图3-9-6　幼儿的信（2）

图3-9-7　幼儿的信（3）

们可以到写作区找合适的材料。"

朵朵："可是我不会写字怎么办？"

信哲："我们可以像点点和多咪那样画画。"

老师："对，你们把想对郭沛鑫说的话画下来。"

于是，孩子们纷纷到写作区选用了自己喜欢的书写材料，开始写信……

朵朵："我要告诉沛鑫我想他了。"

信哲："那你可以用个爱心表示你想他了。"

珊珊："我想折只小狗送给他。"

多多："我想问问他在哪个幼儿园，读哪个班？"

瑞瑞："对呀，这样，我们就可以去他的幼儿园找他玩了！"

信哲："那你画个幼儿园吧。"

薇薇："他会不会看到你画的幼儿园以为是你邀请他来我们幼儿园呀，就像多咪误会了点点一样。"

多多："老师，你可以帮我写上字，问问沛鑫，他的幼儿园在哪里吗？"

老师："当然可以呀！"

于是，孩子们边讨论边写起信来，老师帮忙给有需要的孩子配字。

朵朵："老师，我的信写好了，我们怎么寄呢？"

信哲："老师，我的手工也做好了，沛鑫怎么样才能收到呢？"

唯唯："是呀，怎么送出去呢？"

桐桐："我知道，我们要用信封把信装起来。"

朵朵："信封，我家里也有。"

唯唯："我妈妈有我爸爸给她写的信。"

信哲："对，我家的水电费单也有信封，要打开才能看到。"

桐桐："我家的信封也是装水电费单。"

老师："是的，我们的信要寄出去，需要先用信封装起来。"

活动小结

从写信格式到自己亲自动手给好朋友写一封信，上一个环节获取的信息马上成为写信的重要经验。孩子们日常的图文表征习惯为写信提供了很好的经验铺垫。"用信件"表达情感、沟通联系的方式给了他们很好的体验。当写完信，"寄信"的需求自然而然就发生了，孩子们生活中的经验（水电费单、父母的信件）又被唤起了。

活动3：认识信封

唯唯："郭沛鑫的名字要写在哪里？"

信哲指着左上方的格子，手口一致，边点边说："这里写大一班郭沛鑫"。

桐桐："不对，多咪的信，名字是写在中间的。"

唯唯："老师，到底写哪里呀？"

老师："信的中间，我们可以写上郭沛鑫的地址和他的名字。那左上角的格子，你们谁知道应该写什么？"

图3-9-8 信封

图3-9-9 信封格式

图3-9-10 信封模板

图3-9-11 制作信封

图3-9-12 幼儿的信（1）

图3-9-13 幼儿的信（2）

信哲："要写数字，我家的水电费信封就是有数字的。"

老师："你说的是邮编号码吗？"

朵朵："对，我妈妈也是这么说的。每个地方的号码不一样。"

老师："老师在写作区的分享栏上也给大家准备了一些邮编，大家可以找到跟你们收信人地方相对应的邮编写在左上方的格子里，还要把我们自己的邮编写在右下角。因为沛鑫在美国，美国的邮编跟我们中国的表示方式不一样，老师已经把沛鑫家的邮编和地址都写在了分享栏上，有需要的小朋友可以去照着写下来。"

老师出示信封模板。

朵朵："老师，有没有像多咪写给点点的那种信封啊？我觉得那种信封比较漂亮！"

唯唯："我也想要那种漂亮的信封！"

老师："今天老师在写作区不仅准备了信封，还投放了信封模板，如果你们想要不一样的信封，可以自己制作哦！做好之后把写好的信装进去，我们再一起把信寄出去。"

朵朵："我要用那个粉色的信封。"

桐桐："我要自己做一个，跟你的不一样。"

孩子们根据自己的需要选择材料，有的选用了模板制作信封，还有的选了信封书写内容……

瑞瑞："老师，我们的信都装进信封里了，应该给谁呢？"

珊珊："我的手工也放进信封里了，沛鑫怎样才能收到？"

老师："大家都想把信寄出去对吗？怎样才能把信寄出去呢？今天晚上请小朋友和爸爸妈妈找答案，明天给大家分享。"

活动小结

《点点和多咪的信》给了孩子们很大的启发，孩子们给沛鑫写信的欲望越来越强烈。老师在材料上满足孩子的写作需求，让孩子们能用自己的方式把要写的内容表达出来。同时，在老师的书写帮助下，画面和文字之间有了很好的联系，有效发展了孩子的前书写能力。在谈话过程中，孩子们能迁移自己的生活经验，解决遇到的问题（如"信封是什么？""邮编"等）。此外，老师考虑到不同孩子的能力，在信封的制作上，投放了不同层次的材料（有现成的信封，也有沿虚线折叠的信封，还有木质的信封模板），供孩子自由选择，以满足不同孩子的发展需求。孩子们在制作的过程中互相学习，专注、认真，很多孩子还在信封上画上了可爱的装饰。信写好了，孩子们迫不及待地想把信寄给好朋友。在信要怎样寄出去的问题上，老师把问题抛给孩子，鼓励孩子在家园配合下进一步了解有关寄信的相关信息。

活动4：寄信

第二天来园，孩子们纷纷把自己查找的有关寄信的信息分享给大家。

老师："小朋友们，老师把大家写好的信都装在了一个大信封里，沛鑫怎么样才能收到呢？"

朵朵："我们要把信装到信封里，在信封上写上地址，然后再把信寄出去。"

信哲："不行，信要贴上邮票才能够寄出去。"

唯唯："什么是邮票？"

老师出示图片。

图3-9-14　邮票

老师："你们说的邮票是这个吗？"

朵朵："对。"

信哲："我妈妈说寄到美国要8块钱才行。"

老师："老师这里只有一些面值2块钱的邮票，怎么办呢？"

多多："那就多贴几个！"

老师："那你们觉得要贴几个合适？"

瀚霖："4！4个2加在一起就是8！"

老师："大家同意吗？"

桐桐："同意！4个2加在一起就是8！"

心怡："我负责贴邮票。"

邮票贴好了。

老师："接下来，我们应该怎么做？"

唯唯："我们要把信放到邮箱里。"

桐桐："邮箱是什么？"

瀚霖："邮箱就是寄信的一个箱子，邮递员叔叔会定期地去那里取信，再把信送走，最后按地址送到收信人的信箱里。"

心怡："我知道信箱，我们小区楼下有好多信箱，邮递员叔叔会往里面放报纸和水电费单。"

老师："你说的是我们收信的信箱，不是寄信的邮筒。"

培峰："哪里有邮筒？"

朵朵："那我们怎么寄呢？"

信哲："我知道，我爸爸说可以把信拿到邮政局去寄。"

图3-9-15　信箱

图3-9-16　邮筒

图3-9-17　郭沛鑫在美国的照片

图3-9-18　郭沛鑫的回信

图3-9-19　平衡石头

老师出示邮筒的图片。

老师："是的，邮政局里会有邮筒，也会有专门送信的邮递员，我们可以把我们写给沛鑫的信放进邮政局的邮筒里。谁能帮忙？"

孩子们纷纷表示要帮忙送信，最后，用投票的方式，选出信哲代表大家负责到邮政局寄信。

孩子们写给沛鑫的信寄了出去……两周后，沛鑫也给大家回了信。老师利用集体活动时间给大家读沛鑫的回信（沛鑫妈妈用微信发给老师），孩子们听到郭沛鑫给大家回信了，那一刻都非常激动。

信中说道："我想同学们和老师了，回去我们去草地野餐。昨天，我和姥姥去球场看见了蒲公英。""昨天我们去海边玩沙子了，我们看见了平衡石头，看到了螃蟹、鱼和贝壳。"

朵朵："老师，我想给小美写信。"

信哲："我也想给好朋友写信。"

老师："那我们在教室里做个小信箱？我们把要寄的信放到信箱里？"

朵朵："如果教室里面有信箱，我们都可以给同学写信了。"

……

活动小结

孩子们通过询问家长、查找资源了解到有关寄信的信息。在孩子的谈话中，教师及时根据孩子的已有经验，进一步丰富幼儿对寄信的认识（如邮票及邮筒）。孩子们通过体验第一次写信、寄信、收信，亲身感受信的作用的同时，增进了孩子们之间的情感。当大家收到沛鑫的回信，老师把回信展示出来的时候，大家是那样的专注，又一次激发了孩子们对书写的兴趣。

读完沛鑫的回信，孩子们高兴极了。

活动5：班级小信箱

老师："昨天，有小朋友提议说班级里需要一个信箱。"

朵朵："对！如果教室里面有信箱，我们就都可以给同学写信了。"

小美："小朵，我给你写信。"

老师："制作班级信箱，大家觉得可以怎么做？你们有什么建议？"

超超："可以用个大袋子！"

瑞瑞："可是信箱是方方的。"

美静："那用盒子吧。"

小哲："家里的信都是放到信箱里的。"

小郭："那我们每个小朋友做一个信箱吧。"

老师："那我们这么多小朋友，这么多信箱放哪里呢？"

小雨："可以放在我们的书包柜里。"

妞妞："我们可以做一个小袋子，每个人一个小袋子。"

老师："妞妞的建议很不错，我们做计划的袋子，正好可以每人一格，你们觉得合适不？"

图3-9-20　小信箱　　　　图3-9-21　信袋

妞妞："合适，我们就可以放门口。"

老师："谁能去帮忙制作？"

最后，在大家的选举下，妞妞、小雨和美静负责制作。

老师："好，那等会分区活动的时候，负责制作的小朋友就可以去教室里找材料制作啦。"

冬冬："可是谁来做邮递员给大家送信呢？"

老师："对哟，邮递员很重要。"

多多："我们每天请两个小朋友来送吧。"

超超："我们可以请值日生。"

老师："你们同意让值日生每天送信吗？"

小朋友纷纷表示同意。

接下来，"班级邮箱"建立了。孩子们在与同伴书信交流的过程中感受着写信读信的乐趣，使教育来源于生活，用之于生活。

> **活动小结**

　　在读好朋友的回信时，孩子们真切地感受着信的作用及乐趣，他们对写信活动产生了极大的兴趣。建立"班级信箱"的提议，是他们新经验内化的表现。在孩子们强烈的书写愿望下，老师给予了肯定与支持，相信通过同伴间的写信，能进一步丰富孩子的书写经验及提高孩子的情感表达能力。最后，孩子们共同商量制作了属于他们的班级信箱，真正体现了孩子是活动的主人。

四、活动解析

　　本次"写信"活动，在晨谈活动中自然生成。幼儿了解到信是人们常用的一种通信方式，可以传递信息、祝福问候、表达情感。通过读信、写信、寄信，幼儿亲身体验到信的通信作用，同时积累了图画、符号等阅读经验，通过运用图画、符号等独特方式表达自己的想法和情感，有效发展了幼儿的前书写能力。

幼儿的经验并不是靠一节活动而积累的，需要日常生活的积累与活动经验的梳理提升，再到生活中的运用。教师借助阅读绘本《点点和多咪的信》延续幼儿的写信意图。活动始终以幼儿为主体，教师适时介入，用提问、暗示、个别指导等方式，帮助幼儿梳理提升关于书信的相关经验。同时，教师在区域里投放了信纸、信封、模板等书写材料，及时给予幼儿环境上的支持。教师支持幼儿建立"班级邮箱"的想法，让幼儿的兴趣得以继续延续，新获取的写信经验得以实践与运用。接下来，不妨鼓励幼儿给家人写信，让家长参与到活动中来，与幼儿互动的同时增进亲子之间的情感。

快 递 员

执教老师：黄雪芝 林敏慧
指导老师：梁雪莲 钟馨雯

一、活动来源

现如今网购这种新的购物方式早已走进寻常百姓家，而快递员在这里面扮演的角色更是举足轻重。一天，幼儿在午睡醒来后，看见老师拿了一个快递包裹，营营走上前去。

营营："老师，我要告诉你一件事情，我妈妈昨天跟送快递的人吵了一架！"

怡怡："啊？为什么吵架啊？"

营营："因为我妈妈在网上买了化妆品，但打开快递发现里面有一瓶摔碎了，而且快递盒都烂了呢！我妈妈很生气，她就打电话跟那个送快递的人吵了一架。"

冉冉："那个人为什么不保护好快递呢？"

熙熙："是啊，我看见有的快递盒子上面还写了'小心轻放'四个字。"

怡怡："是不是快递员叔叔的心情不好呀，所以就没有保护好快递。"

多多："快递盒里要多放一些泡沫才能保护好快递，而且，快递员叔叔的车子不能开太快了，要开得稳一点。"

孩子们热烈地讨论着，老师意识到他们对于"快递"这个话题颇为感兴趣，既对快递员这个职业充满了好奇，又对快递的打包及运送方式疑惑满满。那么以快递员为兴趣点，通过一系列的活动满足孩子们的好奇心，解答他们心中的疑惑，丰富孩子们关于快递的相关经验应该是一个非常有意义的探索活动。

二、活动期望

　　快递员是我们生活中经常会接触到的一个职业，了解、体验各种职业是幼儿适应社会生活的有效途径。快递员是怎样工作的是幼儿的兴趣所在，我们期望幼儿通过自己亲身体会、实践操作，了解快递员的相关工作内容；在讨论探索、分工合作中体验快递员这一职业，丰富幼儿对快递员这一角色的认知，进一步提高他们社会人际交往的经验；同时利用生活机会和角色游戏，帮助幼儿了解与自己关系密切的社会工作。

三、活动过程

活动1：采访快递员叔叔

1. 活动前的谈话
　　从发现孩子们对快递感兴趣，到偶然听到他们讨论快递，老师发现大家对快递的来源、运送及包装存在很多疑问。收集孩子们的已有经验，是后续活动开展的基础。
　　老师："你们知道关于快递员的事情吗？"
　　欣欣："快递员每天可以送几个快递，什么时候可以送到？"
　　玲玲："快递单要有电话和地址才可以送的。"
　　俊俊："对对，快递单上有电话。"
　　璐璐："那快递员用什么交通工具送快递？"
　　佳佳："要怎么知道包裹要送到哪里去呢？"

图3-10-1　采访前谈话

图3-10-2　采访的问题

瑞瑞："要是送的易碎物品在路上摔了怎么办?"

辰辰："要是坏人把炸弹(危险物品)请快递员送,发生危险了怎么办?"

当说到想要知道这些问题的答案可以怎么办时,孩子们也展开了热列地讨论。

佳佳："可以去网上查找,去图书馆也可以。"

航航："干脆去问快递员叔叔吧,还可以去参观他们工作的地方。"

霖霖："要不跟着他们送一天就知道他们是怎么送的了。"

欣欣："在哪里可以找到快递员叔叔呢?"

佳佳："我知道,我们小区就经常有快递员叔叔来送快递!"

我们对于几个解决办法进行了投票,最后决定组织开展一次采访快递员叔叔的活动。可是怎么采访呢?

老师："那你们打算用什么样的方式去采访快递员叔叔呢?"

欣欣："要有礼貌。"

老师："怎么样才是有礼貌?"

航航："多用谢谢。"

俊俊："还要说你好。"

小雨："还要先想好问题。"

欣欣："我们把问题写在纸上,拿着纸去问快递员叔叔。"

璐璐："那谁去问呢?"

幼儿："我、我、我、我……"

航航："要不我们投票吧!谁的票多就谁去!"

于是,经过投票,最终选出6名小朋友作为代表去采访快递员叔叔。一人负责采访(需要采访记录单),一人负责拍照(可让老师协助),一人负责记录(准备纸笔),其他三人负责问题的补充(认真观察)。

在采访之前,6名采访代表们设计了以下采访记录单。

2. 采访活动

带着对快递员这个职业的好奇,老师带着6位小代表来到小区里的丰巢快递柜处,碰见了来送快递的快递员叔叔。几个幼儿激动地大喊,快递员叔叔来啦!于是幼儿涌上去,想让快递员叔叔解答心中的疑问。根据之前的分组情况,欣欣作为小记者代表对快递员叔叔进行提问,个别小朋友做补充。

欣欣："快递员叔叔,您好!我们想了解快递员是怎样工作的?包裹是怎样运输的?"

快递员："小朋友,你好!我们的工作就是运输各种物品。我们的物品是由铁路、公路和空运等交通工具运输的哦!"

欣欣："如果有坏人通过快递寄炸弹怎么办呢?"

图3-10-3   采访记录单   图3-10-4   采访快递员叔叔

　　快递员："快递员在把物品寄出去之前都会把物品打开来验货的，确认物品是安全无毒无害的，才会把物品寄出去。"

　　欣欣："每天快递这么多？怎么派送呢？"

　　快递员："每个地方有不同的派送员，每个人有自己负责的地方，不是只有我一个人，要不很辛苦。"

　　欣欣："原来是这样呀！那快递员怎么知道把包裹送到哪里呢？"

　　快递员："每个快递盒上都有贴快递单，快递单上有标注寄件人、收件人的地址、手机号码等重要信息。"

　　航航："哦，我知道了，快递单上要写清楚寄件人、收件人的地址、手机号码。"

　　欣欣："谢谢叔叔，您辛苦了。"

　　快递员："不客气。"

　　……

　　在采访过程中，孩子们的疑问得到了快递员叔叔殷切的回答。采访活动圆满结束，小朋友们都觉得收获颇丰。

　　采访活动结束后，老师组织幼儿进行了分享，小记者代表向全班同学说明了采访快递员叔叔的经过，分享了与快递员叔叔之间的对话，了解到了快递员叔叔的工作内容，知道了运输快递需要使用汽车、火车、飞机、轮船等运输工具，还知道了寄送快递最关键的是要填写快递单，快递单上有标注寄件人、收件人的地址、手机号码等重要信息。快递员叔叔还特别提醒像炸弹、毒品、鞭炮等物品是不能寄的。

活动小结

　　老师通过谈话了解孩子们的前期经验，发现孩子们对快递单信息有一定的了解，但是对快递员的工作内容、快递运输时间、交通工具有较多疑问。在与快递员面对面接触后，快递员的工作内容、使用的运输工具等疑问，都得到了解答。在这个过程中，大班孩子展现了分工合作能力（采访、拍照、记录、问题补充），能主动发起活动（投票方式），遇到困难能坚持；能够有礼貌地（你好、谢谢）与快递员对话，尊重快递员职业。孩子们采访活动结束后，他们对快递员这一职业的兴趣更加浓厚。于是，教师决定在班级角色区投放关于快递员角色游戏的材料。

活动2：我会打包快递盒

老师在角色区开设了一个快递角，并投放了纸盒、笔、快递员衣服、单子、运送的代替物品等来观察孩子们的行为表现，发现绝大部分孩子在打包快递的步骤上遇到了问题。于是，我们决定开展一次打包快递的活动。在活动开始前，老师与他们进行了谈话。

老师："你们在快递角打包快递的时候遇到了什么问题呀？"

凯凯："我把洗发水放进纸箱里，打包好后发现它在纸箱里动来动去的。"

老师："这是为什么呢？"

航航："因为纸箱太大了，应该用小一点的箱子。"

欣欣："我们的纸箱都太大了，我们需要小的纸箱装小的东西。"

余余："我家里有小盒子，我明天带过来。"

（幼儿纷纷表示也要把自己家里大小不同的纸盒带到幼儿园。）

佳佳："可以在箱子里放些报纸，我看到我妈妈的快递里面就是这样的。"

霖霖："还有一个问题，我们包得太慢了，因为那个胶布太难撕下来了。"

……

谈话结束后，老师根据孩子们提出的问题（物品会在纸箱里晃动，胶布很难撕……）准备了更多大小不同的物品，如纸盒、胶带、剪刀等。老师先让幼儿操作，当发现他在按线折叠盒子和用胶带封住盒子有技术性的问题时，老师进行了示范。这时候，有孩子产生了疑惑。

凯凯："那易碎的物品怎么包呢？"

佳佳："对呀，还有水果一下就弄坏了。"

依依："那就多包几层吧。"

于是，教师提供了气泡袋、塑料袋、充气垫、报纸、泡沫板等材料请大家观察。

辰辰："老师，我知道，洗发水应该放在气泡袋里。"

老师："那请你来包装一下洗发水吧！"

图3-10-5 打包快递盒

辰辰就拿起气泡袋开始包装洗发水，只见他把洗发水小心地放进气泡袋，撕下胶布把气泡袋的封口粘住，接着又把包好的洗发水放进纸箱，然后再撕下胶布把纸箱的封口粘了起来。

老师："辰辰刚才包装得很细心，把洗发水保护得很好。我们生活中有很多物品是需要特殊打包的。例如，生鲜蔬果，我们是使用充气袋打包的；化妆品，一般是用气泡垫打包的。"

教师边说边示范：先打包（用袋子等材料），再隔开（充气垫等材料），然后保护（保护膜等材料），最后贴标签（易碎、生鲜水果的标签材料）。幼儿认真仔细地观察，生怕漏掉一个环节，之后在区域游戏时间，他们熟能生巧地就把一些快递盒打包好了。

活动小结

教师充分利用角色游戏为孩子们创设职业体验的条件。在模拟现实的游戏过程中，孩子们遇到了打包快递的技术问题（如何根据物品的大小选择合适的纸盒、易碎物品的包装技巧等）。教师及时提供各种材料（如不同大小的纸盒、气泡垫、报纸等）供他们实际操作，以找到合适的打包方法。教师在了解孩子们解决问题能力的基础上，提问引导孩子们发现问题的原因，不轻易包办代替解决，鼓励他们再次尝试，再结合过往经验进行关联性思考，最终尝试并成功解决了如何打包快递的问题，孩子们解决问题的能力也得到了提升。

活动3：设计快递单

打包完快递后，幼儿对自己打包的包裹颇为满意。

乐乐："老师，我们要怎么把快递包裹寄出去呢？"

凯凯："我们要把地址告诉快递员叔叔！"

图3-10-6　谈话：快递单

图3-10-7　××快递单

图3-10-8　设计快递单（1）　　　　　　　图3-10-9　设计快递单（2）

青青："可是，快递员叔叔每天要送这么多快递，他怎么记得住这么多地址呢?"

玲玲："包裹上会贴一张快递单，上面写着我们要寄的地址和电话号码。"

孩子们请求教师为他们提供快递单，于是，教师把打印出的一张××快递单在白板上展示出来。

老师："老师带来了一张××快递的快递单，你们仔细观察快递单上都有哪些重要的信息?"

青青："有××快递的标志，而且还有画的一个小人在跑步!"

凯凯："有寄件人和收件人的姓名、单位、地址。"

玲玲："右上角有条码，是用来让快递员叔叔扫描的。"

老师："你们都观察得很仔细，发现了快递单上有这么多信息。"

浩浩："那我们的包裹也要贴快递单，才能把它们寄出去。"

曼曼："那我们从哪里来快递单?"

老师："那你们能设计快递单吗?"

幼儿："当然可以!"

大家纷纷表示出设计快递单的愿望，于是决定去美工区设计快递单。

美工区里孩子用透明胶带、双面胶、剪刀等工具，有模有样地把设计好的快递单贴在打包好的快递盒子上。教师不仅让美工区的幼儿设计、填写快递单，也让语言区的幼儿加入，尽可能地使班级更多的孩子都能参与到此次活动中。

活动小结

孩子们在打完包裹后，根据已有的经验提出包裹上需要贴快递单，并寻求老师的帮助为他们提供快递单。对快递单的关注及功能的理解，主动向长辈表达自己的要求和想法，体现了孩子们社会性的发展。教师及时为孩子们提供了快递单，引导他们观察快递单上的信息。通过对快递单的观察、讨论，孩子们知道了快递单上有"姓名、手机号码、住址、购买的商品种类"等信息，他们开始对设计快递单产生了兴趣，并且对快递单的设计也有了更清晰明了的思路。孩子们在亲身设计和填写快递单的过程中，也发挥自己的想象力和创造力，提高了动手操作能力。

活动4：我是小小快递员

很快，设计好的快递单也已经被贴到快递盒子上去了。

青青："老师，我们的快递要怎么送出去呢？"

乐乐："可以打电话给快递员叔叔上门取件吗？"

青青："可是我们没有快递员叔叔的电话号码。"

凯凯："我们可以在手机上查找，我看见我爸爸就是在手机上找的。"

倩倩："我的快递是要寄给我们幼儿园的段老师，可是我们没有快递员帮我们送怎么办呢？"

娟娟："可以让我们来扮演快递员吗？"

既然要在幼儿园里面运送快递，那么问题来了，谁来扮演快递员呢？

老师："不是每一位小朋友都能当快递员，一位合格的、优秀的快递员，你们觉得他要具备哪些条件呢？"

青青："要有责任心，能够保护好快递。"

凯凯："快递员叔叔也要很聪明，要记得快递上的地址。"

倩倩："他还要知道路，不然迷路了，快递就送不到了。"

娟娟："快递员叔叔也要身体很强

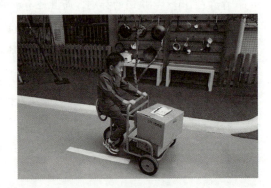

图3-10-10　运送快递

图3-10-11　签收快递（1）

图3-10-12　签收快递（2）

壮，因为他们每天都要送很多快递。"

每个幼儿都想体验一下快递员的角色，最后大家以投票的方式决定让凯凯来扮演快递员。穿上邮递员制服的凯凯，俨然就像一个专业的小小快递员。此次的快递运送，凯凯需要把2个快递包裹分别送到中三班的冉老师和大二班的段老师手中。运送快递的过程中，为了提升运输的效率，凯凯还机智地去幼儿园的后操场借用了小三轮车运送快递。

凯凯把其中一个快递送到了中三班，签收快递时，他不慌不忙地告知收货人如何签收。

凯凯："您好！您是冉老师吗？"

冉老师："是的，我是冉老师。"

凯凯："这里有一个您的快递，请您签收一下！"

冉老师："好的，我要在哪里签收呢？"

凯凯："在收件人那一栏签下您的名字就可以了。"

冉老师："好的，签好了。"

凯凯："好的，谢谢您！欢迎您再次使用××快递！再见！"

冉老师："再见！"

凯凯也以同样的方式成功地把另外一个包裹送到了大二班的段老师手中。

活动小结

在决定派谁去扮演快递员送快递的活动中，教师并没有直接指定哪个孩子来扮演快递员，而是让孩子们思考要怎么做才能当一名合格的快递员，并且采用投票的方式，选出能够代表班级的快递员运送快递，这种遇到问题能够协商解决问题的行为，使孩子们在游戏中学习到了与人交往的基本规则和技能。在体验快递员送快递的游戏中，幼儿表现出了自信自主的良好品质，在角色扮演中获得极大的乐趣的同时，也获得了社会性发展。

四、活动解析

"快递员"这一生成活动来源于幼儿的生活，幼儿对快递员这一职业充满浓厚的兴趣。通过采访快递员叔叔、扮演快递员、打包快递、设计快递单等一系列活动，利用角色游戏，了解快递员的工作内容，初步体验和感知快递员这一职业，帮助幼儿了解与自己身边关系密切的职业和工作，体会快递员给大家提供的便利。

作为幼儿游戏的支持者，当幼儿在打包快递、寄快递及运输快递过程中遇到问题时，教师能及时提供丰富的操作材料（纸箱、报纸、气泡垫、快递单等）供幼儿不断尝试与改进，积累打包快递、寄快递及运输快递的经验。作为幼儿游戏的参与者，教师能以收件人的角色参与到幼儿的游戏当中，进一步激发幼儿游戏的兴趣，体验与教师共同游戏的快乐。作为幼儿游戏的引导者，在幼儿发现不会填写快递单时，教师能及时提供快递单模板，供幼儿观察，并鼓励幼儿自己设计快递单。在幼儿游戏过程中，教师始终以支持者、参与者及引导者的角色帮助幼儿获得"快递员"的相关经验。

幼儿采访快递员活动中，通过收集采访问题、设计采访记录单、分工合作，懂得了运用协商、轮流、合作等方式解决问题，提高了人际交往能力。在体验快递员角色游戏中，幼儿亲身体会到快递员的工作给大家的生活提供的便利和服务，懂得尊重工作人员的劳动，珍惜劳动成果。

迷　宫

执教老师：林宝艳　吕艳
指导老师：潘敏茹　李珊

一、活动来源

教师在调整餐后书架时，投放了一批迷宫类的图书。最近几日，进餐一结束，就有部分孩子争先恐后地选择迷宫书籍玩起了"走迷宫"的游戏。

天瑞："我发现书架上多了迷宫的图书，我去走迷宫咯。"

韦帜："好，我吃完饭也去。"

说完韦帜加快了进餐速度，也加入迷宫的挑战中。他们的对话让许多孩子也蠢蠢欲动起来，很快，书架上的迷宫类书籍就全被取完了。

由于书籍提供的数量并不多，于是孩子们三两成群围起来共同使用一本图书，他们用手、用笔去探索迷宫的路线。

皓皓："耶！奥特曼找到怪兽了，沿着这条路走。"

黄睿边比画边说："不，这样走更近。沿这条路走能找到更多的怪兽！"

皓皓："我还找到了一条便捷的路，可以很快到终点。"

天瑞："我们可以一起走吗？"

黄睿："可以啊，你坐我旁边！"

皓皓、黄睿、天瑞、韦帜找到出口，高兴地欢呼起来："哇！我们成功了，你看，我们出来了。"

......

餐后活动中，阅读角变成了最受欢迎的区域。可见迷宫对大班孩子来说具有一定的吸引力，它能不断地给予幼儿挑战尝试的机会，并让他们获得成功的成就感、喜悦感。孩子们反复地玩着阅读角的迷宫，这批迷宫书籍很快就变旧了。迷宫既然是孩子喜欢的，教师决定把这个挑战进行升级，让他们尝试自己去设计喜欢的迷宫游戏图，尝试用不同的材料去构建迷宫。

二、活动期望

迷宫是幼儿非常喜欢的一种游戏，探索迷宫的过程是一个积极主动的思维探索过程，充满乐趣、神秘感、多样性、未知性、成就感，而且互动、交流性强。我们期望通过引导，让孩子们能够设计自己的迷宫，从简单迷宫到复杂迷宫，从二维迷宫到立体迷宫，从设计迷宫到用不同材料去搭建迷宫，然后再相互去验证体验自己创作的迷宫。

通过设计迷宫，我们期望能培养孩子们细致的观察力和专注力，还有逆向的思维能力（有些迷宫从起点开始走可能比较难，如果反过来从出口开始逆过来探索可能会有意想不到的收获）。孩子们通过亲身设计、搭建、验证，完全地融入，充分地体验到过程的乐趣，提升了合作交流的能力。

三、活动过程

活动1：设计简单迷宫图

晨会活动时，老师根据昨天餐后活动阅读角情况组织了分享谈话。

老师："昨天天瑞、韦帜和你们的小伙伴在阅读角的迷宫游戏玩得怎么样？"

韦帜："我们玩了三个迷宫游戏，有一个是奥特曼找怪兽，我从入口一直找。"

黄睿："找怪兽的时候，皓皓还找到了一条更近的路线！"

皓皓："是啊是啊，我找的路离出口最近，不用绕路的！"

天瑞："我也成功找到出口了。"

黄睿："后来我还找到了一条能找到很多怪兽的路。"

老师："噢！你们发现一个迷宫有不同的路线，那你们是怎么找到出口的呢？"

天瑞："我用笔一直连着，遇到障碍就绕开。"

岳麟："我玩的时候也是遇到障碍物就绕开，然后选择离出口近的路线。"

凌玮："老师，阅读角的迷宫我们都玩过了，有没有新的迷宫玩？"

老师："你们都知道怎么玩迷宫，那你们能尝试设计出新的迷宫吗？"

岳麟："当然可以！我昨天玩了迷宫的，我知道怎么设计迷宫。"

泳贤："我知道要有出口和入口。"

梓琳："我昨天走的时候发现有些路是走不通的，只有一些路是通到终点的。"

昊润："是的，会有一些障碍物挡住我们。"

……

老师："原来你们发现了很多迷宫的秘密呢，迷宫有出口、入口，还有障碍物，一个迷宫还可以有不同的路线。你们可以自己寻找需要的材料，试一试自己设计迷宫。"

区域活动时，岳麟在美工区取出纸、笔开始设计迷宫。他选择在纸的中上位置起笔，然后顺着往下，最后呈道路双线条。

岳麟："老师，我的迷宫做好了，你可以帮我写字吗？"

老师："可以，你想写什么呢？"

岳麟（指着纸的中上方）："这里是迷宫的入口，写入口；（然后指着中间部分）这里是终点，帮我写出口。"

老师写完之后，岳麟又拿起笔尝试走自己设计的迷宫，并来回走了几遍。

岳麟："老师，这是我设计的迷宫，我设计的迷宫是只有一个入口和一个出口的。我在迷宫旁边还画了一些树，树下面还有陷阱的。"

老师："哇，看起来真不错，等会让大家试试走走你的迷宫。"

餐前活动时，老师把岳麟设计的迷宫图进行分享。

老师："今天岳麟设计了一个迷宫图，我们让他来分享一下吧。"

岳麟："我设计的迷宫是有一个入口和一个出口的。我还在路上设计了一些陷阱，

图3-11-1　岳麟在区域设计简单迷宫图

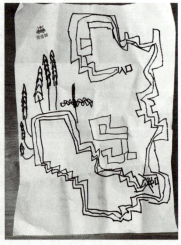

图3-11-2　迷宫图

你们要小心，不然就会掉进陷阱的，没有走到出口就输了。"

老师："那你们可要找准入口，看准路线了。待会儿我把它投放在餐后的书架上，你们也可以去挑战一下噢。"

凌玮："我觉得他的太简单了，只有一个出口，我可以设计更难的，你们都很难走出来。"

老师："噢，那你明天可以来挑战下，设计一个难一点的。"

孩子们听到凌玮说要设计更难的迷宫，大家纷纷跃跃欲试："我也要去！"

活动小结

通过谈话分享，孩子们平时"玩迷宫"的零散经验得以提升和总结（迷宫的特征）。教师一个问题的抛出（设计新的迷宫），引发了孩子们对迷宫的深入探讨，也带动了岳麟的尝试。从岳麟的设计中，我们可以了解到他有玩迷宫的经验，对迷宫有一定的认识，并能把这些认识转换到迷宫的设计上。最后老师及时让岳麟分享自己的设计，既是对岳麟的一种肯定和鼓励，也让其他孩子通过他人的分享获得迷宫的相关经验，如迷宫有入口和出口、有障碍等，带动其他人参与到设计迷宫的游戏中来。

活动2：设计复杂迷宫图及迷宫书

岳麟分享了制作的迷宫图后，第二天凌玮也到美工区设计了迷宫图。他觉得岳麟的迷宫只有一个出口，比较简单，于是他决定设计更复杂的迷宫图。

凌玮："我画的迷宫跟岳麟的不一样，是比较复杂的。我有很多分岔路，只有一个入口，但是出口有3个。你看，这两只翼龙在比赛，看谁先找到出口，谁先出去就赢

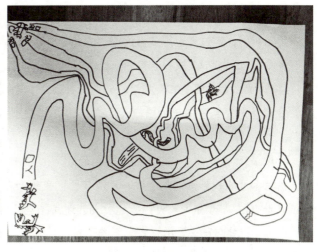

图3-11-3　凌玮设计复杂迷宫图　　　　　　图3-11-4　复杂迷宫图

图3-11-5　逸埭和思翰结伴在区域制作迷宫书

图3-11-6　希希和轩辰结伴在区域制作迷宫书

图3-11-7　泳贤在区域制作迷宫书

图3-11-8　崔祎在区域制作迷宫书

了。我画的迷宫可没那么容易走，看看你们谁能走出我设计的迷宫，哈哈哈！"

形形："我都玩过很多了，我会，我试试！"

形形试着在凌玮设计的迷宫上找出口，找了好一会儿，还没能成功。

形形："是有一点儿难度。"

希希听到，走过来也想试一试凌玮的迷宫。

希希："让我试试，我知道有一种方法，先找到出口，然后从出口开始倒回来找到入口。"

凌玮："你太聪明了吧！我想的也是这种办法，你试试走吧。"

希希就先找到其中一个出口，用逆行的方式按照路线倒着走，很快就找到其中一条路。

凌玮："你只找到一条路，还有其他的！"

希希都没能找到其他的路线，其他孩子们更想亲自挑战一下凌玮的迷宫："我也来试试其他办法！"于是大家开始拿起凌玮的迷宫图进行挑战。

过后凌玮将自己设计的迷宫分享给全班小朋友。其他人在区域活动时也自主结伴设计各种迷宫图进行挑战，并将其订成一本迷宫图书。班上掀起一股制作迷宫图书热潮。

活动小结

凌玮设计的迷宫图的复杂性体现在：道路的穿插有遮挡、分岔路多，难度较大，有三个出口，还设计了两只翼龙在比赛（增加了游戏的趣味性和竞争性）。与其他幼儿对话交流也可看出，凌玮是一个善于与他人沟通的人，他能主动发起挑战，调动其他人走迷宫的兴趣。在孩子们走迷宫的过程中，我们也发现了他们的探索精神，如面对较有难度的迷宫时找寻了另一种方法——逆行方式（从出口倒推路线）。从简单的迷宫图到复杂的迷宫图，每个人的每一次分享都在传递着学习的经验，不断提升着迷宫设计能力，最后还掀起了制作迷宫图书的热潮。可以发现，孩子之间的相互影响其实就是最好的老师。

活动3：迷宫的秘密

老师把孩子们近期制作的迷宫放置在餐后的阅读角，每天进餐结束都有许多孩子享受着和同伴走迷宫的乐趣。

崔祎："咦，这个迷宫是走不到出口的！"

乐曦："我看看，真的，路堵了，它没有通向出口的路，这是个堵路的迷宫！"

轩辰："我这里也有找不到出口的迷宫，我们被困住了，哈哈。"

峻毅："我走了全部的迷宫（自己设计的迷宫），我发现有的迷宫是可以通到出口的，有的迷宫是通不到出口的。"

子熙："我们也找找。"

整个餐后活动中，孩子们都在验证迷宫的准确性，并把它们进行了分类。到了晨会活动时，老师把孩子们的发现进行了分享。

老师："刚刚有很多小朋友发现了迷宫的秘密，原来我们自己设计的迷宫不是全部都能通向出口的。"

泳贤："我知道迷宫是有死路的，死路是不能走的。"

崔祎："老师，我知道，那就是失败的迷宫，迷宫是一定能走到出口的。"

凌玮："迷宫有很多的路，有一些是到不了出口的，但是一定会有一条可以通向出口的路。"

崔祎："是啊，迷宫书里面都是这样的！"

乐曦："那就是障碍，是陷阱来的。"

林溪："迷宫有些是从出口开始走回入口的。"

岳麟："我见过的数字迷宫，是按着数字的顺序来走的。"

图3-11-9　尝试检验迷宫设计

图3-11-10　走迷宫

图3-11-11　简单迷宫

图3-11-12　有规律的数字迷宫

逸埙："我见过的迷宫有很多岔口的，比较复杂。"

子熙："迷宫有很多拐弯的地方。"

天瑞："走迷宫的时候走不出去会头晕。"

老师："看来你们都很厉害了，能发现这么多关于迷宫的秘密，那我们设计迷宫的时候，一定不要忘了自己走一遍，看是不是至少会有一条通向出口的路。"

崔祎："我等会儿要设计一个特别的迷宫。"

区域活动时，崔祎第一时间来到了美工区进行设计，过了一会乐曦也加入了，她们一起设计完后，两人互相验证自己的迷宫路线。

崔祎："老师，我们设计了两个迷宫，一个是简单的，一个是特别的迷宫，是有规律的。"

乐曦："我们都走了，都有路到出口的。"

老师："你们的迷宫有什么规律？"

崔祎："你看，我们的是数字规律，但是紫色的数字才是正确的，绿色那个是我们的障碍。"

活动小结

　　当有个别孩子发现存在无法通向出口的迷宫时，老师及时地把握住这个点帮助孩子们进行经验提升，帮助他们丰富对迷宫的认识。崔祎和乐曦在大家的分享中终于加入到了设计迷宫的队伍中来，特别是崔祎，她非常清楚迷宫的特点，在此基础上她设计出了有规律的数字迷宫。这种新的设计方式通过分享可以给孩子们带来新的设计思路。活动开展到现在都是教师基于对幼儿的细致观察，只有真正观察孩子才能对他们的现有水平进行判断，才能有效地给予他们正确的引导。同时，教师也需要思考当幼儿对于平面迷宫已有一定的探索了，那如何再次建立起支架推动幼儿的探索学习，让他们对迷宫的兴趣持续不断。

活动4：多样迷宫

　　这段时间，孩子们都沉浸在设计迷宫的游戏中，并且他们的设计图纸越来越复杂，难度越来越大。基本上孩子们设计出来的迷宫都能掌握其中的要点，不再存在找不到出口的迷宫图了。于是老师准备给孩子们提出新的挑战。

　　老师："我们之前设计的迷宫是在纸上画出来的，除了画画，我们还可以用什么材料设计迷宫呢？"

　　林溪："我们可以用建构区的积木搭建迷宫。"

　　子熙："益智区积木也可以搭建迷宫。"

　　凌玮："雪花片也可以搭建迷宫。"

　　岳麟："美工区的淘泥也可以搭建迷宫。"

　　崔祎："后面的沙水区的泥和沙子也可以搭出迷宫。"

　　泳贤："我们在户外大型玩具旁边也可以搭迷宫。"

　　老师："你是说那套大型迷宫玩具吗？"

　　泳贤："是的。"

　　老师："哇！你们能想出这么多不同的想法，太厉害了！那么到底行不行呢，你们可以去试一试，看谁的迷宫与众不同、独一无二。"

　　讨论结束后，孩子们就投入到新的挑战中，大家都尝试要设计出有趣的好玩的迷宫。

图3-11-13 岳麟制作的陶泥迷宫

1. 淘泥迷宫

岳麟今天到了美工区，快速地拿出陶泥，把陶泥捏成条形后，按照迷宫的路线进行拼接。

岳麟："这是我用淘泥做的迷宫图，我已经画好出口和入口了。看！这是箭头，按照这箭头就可以找到出口的方向。"

2. 积木迷宫

另一边林溪跟昊润也在建构区和伙伴进行合作设计，他们把所有的积木和砖块取出来后就开始分工合作。

林溪："我们用积木搭建了迷宫，中间有很多陷阱，走到中间有机关，要是踩到机关，它会喷出水来，把你的衣服全部淋湿。"

图3-11-14　大积木迷宫

昊润："我试一试能不能走出这个迷宫，对于我来说是小意思。"

昊润从迷宫的入口进入，一路通行走向出口。

林溪："这是个比较简单的迷宫，你出来太快了。"

昊润和伙伴也在利用小积木进行设计，并且两人轮流拿了一块积木走迷宫。

图3-11-15　桌面积木迷宫

图3-11-16　尝试玩桌面积木迷宫

3. 泥沙迷宫

户外活动时，思翰突然拿起铲子往深处挖，并且挖出了长长的道。

老师："思翰，你在挖什么宝贝吗？"

思翰："不是，我在挖迷宫，我想挖出一条迷宫来。"

浩洋、黄睿听了以后连忙跑过来："我们也来挖，我们一起合作吧！"

说完后，他们加入挖迷宫的队伍，过了一会又来了两个小朋友，他们讨论好自己的路线后就开始分头工作。

思翰："这是我和黄浩洋、黄睿用铲子挖出来的沙子迷宫，这个迷宫可以把源头的水送到各个地方给没水的人喝。"

4. 鞋子迷宫

午睡前，泳贤用孩子们换下来的鞋子摆起了迷宫。

泳贤："老师，这是我用鞋子摆的迷宫。"

老师："你的迷宫是怎么走的呢？"

泳贤："来，我走给你看吧。这里是入口。"

泳贤从底下入口处开始走，走到迷宫中间停了下来指着左边说："如果往左走就是两个出口，如果往右走就是一个出口。"

图3-11-17 幼儿制作泥沙迷宫

图3-11-18 走迷宫

5. 大型迷宫

岳麟："我们搭了很大的迷宫，这个迷宫有2～3个分岔口，人进去是很容易迷路的，走错一步就很难出来。所以这个迷宫还可以叫探险迷宫。"

活动小结

一个问题的抛出，又让孩子们进入了设计迷宫的探索。最初老师只是希望孩子们了解迷宫的基本结构，根据简单迷宫跟复杂迷宫的特点尝试设计不同形式的迷宫。果然，孩子又给了我们惊

图3-11-19 幼儿设计的户外迷宫

喜，他们充分地利用生活中的各种现成材料（陶泥、泥沙、拼插玩具、道具）来设计

迷宫，将新获得的经验不断地进行迁移。教师在孩子每一次的迁移学习中都给予了肯定和支持，在这个过程中孩子们通过自主选择合作伙伴来商量设计迷宫，提升了交流与合作的能力。

四、活动解析

"迷宫"这一活动案例，是教师基于对幼儿的已有知识经验的准确把握上，积极调动幼儿的原有经验，鼓励他们运用自己对"走迷宫"的原有经验进行提升和拓展，从而形成了"设计迷宫"的系列活动。通过设计迷宫，幼儿对迷宫的原有认知进一步扩展（从玩到找迷宫的特征和规律再到难度的调整），同时，发展了语言能力、观察能力和逻辑推理能力（能用语言正确描述设计意图，能根据设计图推测路线，并根据体验判断路线的正确与否）。

从简单迷宫到复杂迷宫、多样迷宫，幼儿的探究还具有一定的深度和质量。在这一活动案例中，幼儿探究的一系列问题更多是通过预设—转化途径生成而来。教师提出的问题成了幼儿真正感兴趣的问题（如你能尝试设计新的迷宫吗？还有什么材料可以用来设计迷宫？等等），这些问题不断引导幼儿一步步深入探究，始终使幼儿保持着对未知的期待，体验着一次次发现的惊喜。

值得注意的是，探究是幼儿科学学习的主要方式，但不是唯一方式。区域游戏、一日生活都是其学习的途径。教师珍视幼儿的一日生活各环节的价值，尊重和鼓励幼儿进行探究（如午睡前用鞋子设计迷宫），能够根据幼儿的兴趣点、所获得的经验以及已经达到的认知水平，让幼儿自行选择不同难度的设计、不同材料的设计进行挑战。这既给了幼儿挑战困难的信心，也能不断鼓励更多幼儿参与到活动中来。

有趣的旋转

执教老师：曾喻芳　徐丹　林细瑾
指导老师：黄展萍　邓焕坚

一、活动来源

元宵节当天，幼儿园举行了"红红火火闹元宵"的活动，孩子们猜了灯谜后兑换了礼品，回到班上就迫不及待地围在一起玩。

浚浚："你们看我可以在柜子上转。"

淇淇："我还能在椅子的角上转，我们比赛看谁的转得久。"

清清："哇！你看我的陀螺转起来，花纹都不一样了！"

诗诗："你看我的本来是像棒棒糖一样的，现在变成好多圆形了，一圈一圈的。"

小雨："我的本来是花瓣形的，现在转起来都变圆形的了。"

涵涵："我们来比赛看谁的转得更久一点吧！"

孩子们对科学探究一直都保有高度的好奇心，在陀螺游戏中孩子们关注到了陀螺的形状和图案转动起来有不同的变化，在自发的比赛中还关注到了陀螺上有一个棍子（轴），转的越大力，陀螺就能转得越久……这样的发现让孩子们惊喜不已，游戏的兴趣持续高涨。到底什么是旋转呢？生活中旋转的现象又能带给我们什么样的新经验呢？我们决定追随孩子的兴趣一起去探究旋转的奥秘。

二、活动期望

《3—6岁儿童学习与发展指南》中指出："成人要善于发现和保护幼儿的好奇心，充分利用自然和实际生活机会，引导幼儿通过观察、比较、操作、实验等方法，学习发现问题、分析问题和解决问题；帮助幼儿不断积累经验，并运用于新的学习活动，形成受益终身的学习态度和能力。"通过本次探究活动，我们希望孩子们能够关注身边的各种旋转现象，激发幼儿对旋转这一现象好奇和探索的愿望，探究物体旋转的原因以及对我们生活的影响。通过与生活经验的结合，能够以绘画、手工等多种形式的表征方式展现自己的理解。

三、活动过程

活动1：寻找生活中的旋转

持续一周的时间，分区活动时，小小的科学区里都挤满了人，大家都选择了同一种玩具——陀螺，自发开启了比赛的模式。

老师："比赛结果如何呀？"

涵涵："我用很大的力转，陀螺转得比浚浚得更久一点，我赢了三次！"

浚浚："我赢了两次，昨天我赢了三次。"

老师："看来这个会转的陀螺真好玩啊！看看谁能找到跟陀螺一样能转的东西，带来跟大家一起分享吧！（亲子作业）"

1. 寻找——"旋转王国"

 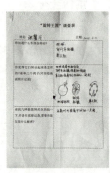  

图3-12-1 调查表（1）　　图3-12-2 调查表（2）　　图3-12-3 调查表（3）　　图3-12-4 调查表（4）

2. 经验分享

老师："小朋友们，你们都找到了什么会转的东西？"

翰翰："我的溜溜球会转，我家就有溜溜球。"

浚浚："洗衣机里的滚筒会转。"

木木："我们的时钟会旋转，还有旋转木马。"

洋洋："龙卷风。"

潆潆："风扇会旋转，转起来有风，很凉快。"

锋锋："我坐过旋转木马，它中间有一个轴，围着这个轴旋转。"

老师："哦，锋锋观察得很仔细哦，他看到旋转木马围绕着一个轴旋转。"

昊昊："我玩的陀螺上面有个棍子，只要平衡力好，就可以转很久。"

月月："我周末的时候看到爸爸的车轮胎是跟发动机连接在一起的，也要靠方向盘才会转动。"

晓晓："车子的轮胎转起来就能开得很快。"

诗诗："我家里的风扇是靠电力旋转的，如果没有插电，它就不会转动。"

婷婷："妈妈洗衣服用洗衣机，我看到洗衣机是靠里面旋转，转起来像圆形。"

璇璇："我房间里有个时钟，它是用电池来转动，秒针一直转个不停。"

老师："你们观察到了很多旋转的现象，陀螺、车轮、旋转木马、时钟这些东西旋转的时候都有一个共同的特点，是什么呢？"

晓晓："我知道，它们都围着一个东西转，旋转木马有轴，车子也有，陀螺的是根棍子，时钟的是上面的那个点点。"

婷婷："它们转起来都像个圆形。"

彤彤："我去跳芭蕾舞的时候，看到老师转起来裙子也是圆圆的。"

老师："哦，原来所有的旋转都是围绕着一个中心来转的，这个中心可能是点也可能是轴、棍子。还有刚刚婷婷说得也很好，转起来的时候像圆形。"

活动小结

在日常生活中，会旋转的物体非常多，孩子们每天都会惊奇地发现各种会旋转的东西，饶有兴趣地探索着各种物体旋转的方式，通过和爸爸妈妈一起查阅资料，了解旋转的现象和旋转方式，在调查、分享的过程中他们的经验又得到了进一步的提升。当教师发现孩子们都能用自己的语言描述物体旋转的现象，还能发现轴、中心点与旋转的关系时，及时地提炼旋转的特点，让孩子们对物体旋转有了更清晰的认识。当彤彤提出舞蹈老师跳舞时也能旋转，我们是不是也可以用身体去感受旋转呢？

活动2：身体旋转小游戏

1. 讨论身体哪些部位可以旋转？

老师："之前彤彤说，舞蹈老师跳舞的时候也会旋转，我们怎样让自己的身体也旋转起来呢？"

江江："我可以站起来向左转一圈，还可以向右转一圈。"

清清："我能让我的脖子转好多圈。"

彤彤："看我的眼珠子，可以转。"

槿槿："我可以和晓晓手拉手转，也像个圆圈。"

升升："我可以拉着大型玩具的柱子转。"

小雨："我用手像开火车一样也能转圈。"

棋棋："我可以跳起来转个圈。"

诗诗："我可以玩大象鼻子转的游戏，我可以转好久呢。"

图3-12-5 讨论怎么旋转？

图3-12-6 我可以飞起来再转个圈

图3-12-7　大象鼻子转

图3-12-8　看我绝招，我整个身体都在转动

老师："那我们就用自己的方法去转一转吧。"

2. 孩子们探究并尝试让身体旋转起来

尝试完一个人转之后，能不能合作转呢？几个小伙伴手拉手转起来。

图3-12-9　我们拉个小圈圈转转

图3-12-10　我们来躺着骑自行车

活动小结

　　孩子们兴致高昂，相互之间比较，看谁转得多，转得快！动脑筋并尝试用身体的某个部位来旋转，有的一个人用身体部位旋转，有的会找人合作想出旋转的游戏。通过探索如何让身体旋转起来，孩子们有了自己亲身的感受，对旋转有了更直接的体会，感受到了身体旋转的乐趣。有些孩子还能够在游戏中把握旋转的特点，围绕着一个中心来转。

活动3：绘画——有趣的旋转

孩子们用绘画、涂色、手工等多种方式表达自己对旋转的了解。

图3-12-11 水龙头

图3-12-12 摩天轮

图3-12-13 旋转木马和竹蜻蜓

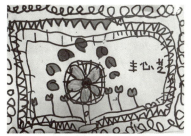
图3-12-14 我见过的旋转

图3-12-15 洗衣机和空中飞椅

图3-12-16 旋转海滩

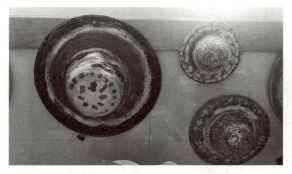
图3-12-17 用旋转的条纹装饰帽子

图3-12-18 用旋转的条纹制作蛋糕

活动小结

孩子们用绘画表征旋转的作品中都能关注到我们提到的旋转的特点，还会使用色彩和圆圈来呈现旋转的眩晕效果。孩子们作品中浓烈的色彩和欢笑的场面也表达了他们在感受旋转、玩旋转玩具时的乐趣。

活动4：开设"旋转乐园"

一天早上，小丁带了一个齿轮来到教室，和他的好朋友彤彤、阿木分享。

丁丁："你看我带来的新玩具，它也可以旋转的哦。"

彤彤："这是什么东西，怎么玩的？"

丁丁："你看，转这个把手的位置，它这里两块齿轮就可以连着一起转动。"

木木："好厉害啊，这个也是旋转的玩具，我都没有。"

彤彤："我也想玩。"

听到孩子们的谈话，原来我们之前找到的旋转大多是比较大型的设施，如旋转木马、摩天轮等，而一些玩具中也会隐藏着旋转，但因为比较小，很容易被孩子们忽视。旋转在生活中也能帮助我们解决很多问题，我们可以收集这些玩具来分享。

1. 旋转玩具分享会

老师："小朋友们，今天小丁带来了一个会旋转的小玩具，我们请他来分享一下。"

丁丁："这是个齿轮，它旁边有一个把手，转动把手，他这里的两块齿轮就会连着一起转动。"

清清："哇，好厉害啊，我也想玩一下。"

月月："我也有旋转的玩具，但是在家里，我也想分享。"

紫紫："我的八爪鱼玩具也是旋转的，我也想带过来一起玩。"

老师："你们都想分享自己的旋转玩具，那我们明天就把玩具带过来，相互分享一起玩一玩吧。"

孩子们带来了旋转玩具。

2. 问题产生了

昊昊："老师，月月都不让我玩她的玩具，我的都分享给别人玩了。"

老师："月月为什么不让他玩呢？"

月月："我还想玩一会呢。"

大家都想玩旋转玩具，总是会争抢，怎么办呢？我们一起想想办法。

图3-12-19　地球仪

图3-12-20　齿轮

图3-12-21　卷笔刀

图3-12-22 旋转飞机

图3-12-23 我的陀螺转起来跟你的花纹不一样

老师："现在我们带来了很多旋转玩具，可是在玩的时候，有的小朋友想玩别人的玩具的时候，别人还想玩，他一直玩不到，怎么办呢？"

小敏："那就等他玩完了再玩呗。"

婷婷："可以分享给别人玩。"

翰翰："我们每个人都有玩具，可以全部拿出来大家都能一起玩。"

江江："全部拿出来了放哪里呢？"

翰翰："可以放在区域里面玩啊。"

老师："我觉得这是个不错的主意，我们把玩具拿出来放在区域里，大家就可以自由选择想玩的玩具了，不玩的时候就和我们的区域材料一样放回到架子上，别人也就可以玩了。"

3. 旋转乐园成立了

图3-12-24 区域标志

图3-12-25 区域材料

图3-12-26　看我们的光碟谁能转得更久　　　图3-12-27　我转一个齿轮，其他的
　　　　　　　　　　　　　　　　　　　　　　　　　　　　全部都转起来了

活动小结

　　"旋转乐园"深受孩子们的喜欢，他们自由地发现，自主地探究，大胆尝试。我们允许孩子有争议、有比较，让他们行使自己的探索权利去找出"真理"，找到最佳的解决办法和答案。我们已经进行的活动更多的是在观察和体验，而孩子们积累了足够的经验之后开始在区域里自主尝试制作旋转的物体。观察到孩子们的操作，我和班级老师讨论要及时支持他们动手操作，让他们在操作中进一步提升。

活动5：动手做一做

　　为了支持孩子们动手操作，我们在旋转乐园投放了一些旋转玩具的制作材料，如陀螺、风车、旋转飞机等。随着孩子们对旋转的深入探究，我们也发动家长加入我们的探究

图3-12-28　旋转木马、风车屋　　　　　　图3-12-29　风车

中来，和孩子们一起制作各种不同的能旋转的玩具，并拿到我们的"旋转乐园"来分享。

活动小结

　　孩子们动手制作能旋转的玩具，用多种形式大胆表达自己对旋转的认识。"做中学"既培养了孩子们思考和动手的能力，同时，家长也能参与进来和孩子们一起体验，一起参与制作亲子手工，从而让主题活动更加深入。

四、活动解析

　　"有趣的旋转"这个主题是由幼儿自发的游戏和谈话引发的科学探究活动。在活动过程中，因为接触的都是他们最喜欢的旋转玩具，如风车、竹蜻蜓、陀螺等，他们表现出了前所未有的兴趣。通过观察、比较寻找到的旋转，幼儿总结出旋转是围绕一个中心进行的圆周运动，在表征中也能够注意到这个细节。

　　主题开始初期，教师支持幼儿通过玩玩、讲讲、做做来发现、探索旋转的现象。偶然的一次旋转玩具分享，教师及时把握契机，引导幼儿动手操作，自制旋转玩具。可见，活动的推进不是教师的预设，而是基于对幼儿行为的观察和经验地判断引导生成。幼儿表征的方式不止一种。教师引导幼儿在画一画发现的旋转、设计制作旋转玩具等活动中，通过语言、绘画、手工等多种方式去表征生活中的旋转，又很好地促进了幼儿经验的提升。

　　活动过程中，幼儿从一开始简单地关注玩具到逐渐发现更多旋转的现象，如风扇、时钟等，使幼儿经验得到丰富的同时，也提升了他们的探究能力。在自主表征、和家长一起制作的过程中，幼儿真正做到了学中玩、玩中学，在获得知识的同时也体验到了探究的乐趣。

支架与帐篷

执教老师：李珊

指导老师：乔影

一、活动来源

　　本周益智区开展了"让棍子立起来"的科学小组活动，老师在益智区投放了很多新材料：一次性筷子和橡皮筋。今天餐后的自主游戏中，华周和俊深在摆弄着木棍。"你能不能想办法让这些棍子站起来，只可以用橡皮筋？"俊深对华周说。俊深的问题让华周开始思考起来，旁边的孩子们听到，也纷纷拿起木棍要试一试。

华周（拿起三根木棍顶端靠在一起，用手扶着）："我看过帐篷就是这样子的。"

俊深："对，我也见过，就是把角打开站起来的。"

嘉璐（拿着自己绑好的木棍）："我也见过，你看我的也是这样。"

美涵："相框也是的。"

妞妞："还有桌子和椅子也是有角支撑的啊。"

雨彤："晾衣架也是。"

华周："以前没有工具煮东西的时候，就是用铁链架起来，上面可以放锅煮的。"

雨彤："还有摄像机的架子。"

若曦："我看到最多的是帐篷，我想搭一个。"

俊深："是的，我这个就是帐篷。"

妞妞："不对，帐篷是很稳的，支架要更多。"

俊深："那我就做一个帐篷。"

雨彤："我想做晾衣架。"

华周："我也想搭帐篷。"

二、活动期望

在偶然的餐后活动中，教师发现孩子们对"让棍子立起来"仍然保持着较高的兴趣。通过探究和摆弄，孩子们也发现当棍子有了支撑架就能站立起来，从而联想到了生活中需要支撑的物体，于是提出制作帐篷。既然是幼儿的兴趣点，教师就决定及时抓住这个契机引发孩子们进行深度学习，期望他们通过自主探究、合作学习，发现更多有关支架支撑的相关信息，并能把这些经验进行迁移学习，成功地制作出自己的帐篷。

三、活动过程

活动1：筷子的创意玩

滢龙、博一、灿灿、宁益在自由活动时又选择了玩筷子。

宁益："你知道我要做什么吗？我想做一个可以立起来的东西。"

滢龙："我也想做。"

宁益："我要把这些筷子都绑起来，有点难，要用很大的力气支撑，不然它就跑了。我剩最后一根了，绑好啦。是不是有点像帐篷？它不是帐篷，我还没做完，你看！它是一把伞！"

滢龙："我也想做，可是它绑不好，老掉，我一直绑筷子还是掉。杜宁益，你能帮帮我吗？"

宁益："可以啊，你把筷子固定住，我来绑。你不要松手，你一松，筷子就会弹走的啦。"

滢龙："噢，好的。"

宁益："可以了，绑好啦。"

滢龙："谢谢，剩下的我自己来，你看，我这个是宇宙飞船。"

博一一直摆弄很久都无法固定支架，灿灿在一旁看到博一的情况后主动和博一合作。

博一："我这是个支架，但是站不稳。"

灿灿："我帮你。"

宁益："李老师，你看，这是我的伞，我自己做的，我能跟小朋友们分享我的作品吗？"

滢龙："我也要跟小朋友们分享。"

灿灿："就是！李老师，你觉得我们厉害吗？"

老师："嗯嗯，我觉得你们超厉害，能把它们变得这么有趣。那待会儿你们给其他小朋友分享一下吧。"

餐前的时候，老师把孩子们制作的作品进行了分享。

小草："我觉得他们好厉害啊！"

老师："是呀，他们能把简单的筷子变成这么神奇的东西呢！"

宇成："对啊，我还觉得杜宁益的伞没有了里面的棍子就很像一个帐篷。"

华禹："是啊，我见过，就是这样的。"

雨彤："还要有布的，盖住了才是帐篷。"

"是的，我们也见过！"其他孩子也纷纷表示自己见过的帐篷就是这样的。

俊深："那我们可以做一个帐篷啊。"

图3-13-1　幼儿谈论支架　　　　　　　　　　图3-13-2　宁益做的伞

图3-13-3 宁益帮助滢龙绑橡皮筋   图3-13-4 滢龙的宇宙飞船   图3-13-5 灿灿主动和博一合作

灿灿："是啊，我们也可以做啊。"

老师："那你们需要什么材料吗？"

杨阳："需要布。"

俊深："还有胶，用来固定布的。"

老师："好的，那我下午就把布和酒精胶还有热熔胶提供到益智区，如果你们还需要其他材料可以自己到美工区去找。"

> ## 活动小结

对大班孩子来说，把筷子立起来并不难，但要把它变成一个物体的支架是存在难度的。它不仅涉及一个手眼协调，还有手的力度。固定三根平面的筷子很容易，但当不断加入筷子时，原本固定好的筷子就会受到不同程度的干扰，容易变形，把握其之间的力度是有难度的。孩子们在这个过程中都能坚持并且专注地完成。开始时，他们都是独自操作，但仅仅依靠自己的力量，他们还无法做好，于是"合作"就这样自然而然地发生了。

同时，老师通过分享环节让制作的孩子获得了认同与鼓舞，让欣赏的孩子丰富了经验，还让孩子们在交流中产生了新的探索计划，更能让原本不感兴趣或不了解这个活动的孩子都参与到活动中，带动了孩子们的积极性。教师在这其中的鼓励以及分享让他们有了往下进行的兴趣。

活动2：小帐篷的制作

1. 俊深制作小帐篷

老师在益智区提供了软布以及热熔胶。下午区域活动时间，俊深跟灿灿选择到区

图3-13-6　俊深用扭扭棒缠绕　　图3-13-7　俊深比对剪布　　　图3-13-8　俊深使用胶枪粘合

域里制作帐篷。

俊深："我想做一个帐篷。"

灿灿："我也是想做帐篷的，我跟你合作可以吗？"

俊深："可以啊，我们一起做吧，我觉得我们需要东西固定得稳一点。李老师，我可以去美工区拿其他材料固定吗？"

老师："可以，你自己去拿吧。"

俊深到美工区拿了很多扭扭棒，然后缠绕在每根棍子上，他认为这样做可以让架子更稳固。俊深提出让老师帮他们给热熔胶枪插上电源。

俊深把一大片的布放在三脚架的其中一面上进行比对，然后剪出大小差不多的三个三角形。他准备用胶枪进行黏合。当俊深把胶涂好准备放布时，发现胶已经没有黏性了。他摸了一下发现胶干了。接下来，他压出来一点胶，就马上把布放上去，每一次放布时还会有意识地把布拉紧绷直，让布在覆盖时不产生褶皱。

灿灿："俊深，到我了，让我来试试。"

俊深："好，你要看好，要小心，有点烫，还有这个胶很快就会干掉，你要快点。"

灿灿："好，我先把胶弄上去，你要把布放过来贴住。"

俊深："这里，这个口没有封住，要封紧。"

俊深："我们要把多余的布剪掉才好看。"

俊深、灿灿完成之后跑过来对老师说：老师，我们的帐篷好啦！我们要展示给小朋友们看。

2. 灿灿帮助大家制作小帐篷

由于灿灿已经跟俊深合作成功完成过一次支架黏合，所以他和瀚阳非常快速地做好了支架。

灿灿和瀚阳准备用胶枪粘帐篷布，发现俊深也在使用胶枪，他们只能等俊深用完

图3-13-9 灿灿尝试黏合

图3-13-10 俊深与灿灿的作品

的空档拿来粘一下。

灿灿："你等我一下，我去拿其他材料。"

灿灿离开座位跑到了美工区拿来一卷双面胶。灿灿拿起手里的双面胶对翰阳说道："双面胶也是有黏性的啊，我们用双面胶吧。"

瀚阳："对啊，那我来打开双面胶贴在棍子上，你把布放过来吧。"

于是，他们开始一人取胶、一人贴合，没有贴平整时，他们就把那一面轻轻地取出来重新贴上。

灿灿："李老师，我们发现双面胶更好用，不用等，而且很快，还能贴得很漂亮。"

老师："对啊，真的呢！我都没想到呢，你们还想到了使用不同的材料，太厉害了！"

在一旁等待胶枪的昕禹听到灿灿的话，跑到美工区找来了胶水。

昕禹："那我试试胶水。"

昕禹："李老师，我试过胶水是不行的。"

老师："为什么呢，胶水不是也有黏性吗？"

昕禹："因为胶水太滑了，水太多了，黏合性不够，容易滑下来，我还是用双面胶吧。"

图3-13-11 灿灿和瀚阳使用双面胶黏合

图3-13-12 昕禹用胶水黏合

图3-13-13　昕禹重新裁布　　　　　　　　　图3-13-14　灿灿帮忙裁布

昕禹："刚刚的布太粘了我不要了，而且我剪得太小了，有很多洞，我要重新剪。"

小健："我来看一下可以吗？"

昕禹："可以啊。我刚刚剪得太小了，这次我要剪大一点。"

昕禹："我这个怎么总是搞不好。"

灿灿："我看看，你要把布拉紧，不然就会小了。"

利用中午餐前活动的时间，老师邀请孩子们上来介绍制作帐篷的过程和分享经验。

活动小结

俊深在活动中一直处于主导地位，灿灿更多时候都在观看或协助。当灿灿主动提出也要试试时，俊深欣然同意并给予了灿灿正确的建议，他们合作非常融洽和谐。由此可见，俊深是一个非常有想法的人，对于想要做的事，他会想办法去完成，并愿意挑战和尝试新事物。在制作的过程中，他会关注到很多细节的地方，然后对产生的情况进行判断再调整，如使用热熔胶枪的经验以及粘贴布不产生褶皱的经验都是他在探索操作中一步步调整的。

为了避免等待胶枪，灿灿也能想办法解决等待的问题，并尝试在区域中寻找适合的材料。此时区域开放性显得尤其重要，它在无形中支持着幼儿的学习与发展。从灿灿选择双面胶的情况来看，他对材料的特性较清楚，同时他的这种行为也提醒了旁边的昕禹，给了他新的解决方向，带动他也去尝试运用新材料。我们也可以看出孩子们的相互学习、相互影响就在这些日常小事中浸润而生。

每个孩子都是天生的创造家。他们在学习借鉴别人经验的同时，也不断地融入自己的想法。如果他们的作品是一样的，那一定是成人要求的结果。在活动中，老师的提问让他们开始思考并总结了自己的经验，他们用语言告知了老师自己的发现。在这里，教师的提问帮助幼儿提炼了经验，让幼儿将经验传播出去。在这个活动中，教师

图3-13-15　老师介绍新帐篷　　　　　　　图3-13-16　灿灿上来分享经验

没有要求孩子们必须来参与活动，也没有过多地介入到活动中，但教师作为支持者在幼儿有了想法和需求时，及时鼓励并且提供适宜的材料才让活动得以延续，引发更多幼儿主动参与活动。

活动3：制作中型帐篷

孩子们已经积累了许多制作小帐篷的经验，于是，老师选择进一步挑战他们的能力，为他们提供了1米长的水管、竹子和不同型号的扎带。孩子们对新材料充满了期待与兴奋。他们自由地分成两组：宁益与嘉涵一组；俊深、灿灿、妞妞、翔翔一组。

1. 宁益与嘉涵合作制作

宁益与嘉涵选择了水管和大号黄色扎带。他们先研究了扎带的使用方法，再把水管合在一起用扎带进行固定。固定好三根水管后，打开脚准备连接底部的水管，但发现支架打开后扎带容易滑走，于是他们撤下大扎带，换了最小型号的扎带进行固定。

宁益："你看，（扎带）掉出来了，我重新弄过。"

嘉涵："那我扶着上面吧。"

宁益："算了，我解开来，我们换一个扎带吧。"

嘉涵："那我去拿小一点的。我拿了小的了，我们换掉吧。"

宁益："好，我把下面的先拆了。"

宁益："方嘉涵，你看，这个小一点的扎带会绑得更紧。现在很稳了，不会那么容易掉，我们全部换成小的吧。"

嘉涵："我们刚刚就是太松了才会散架的，我们要拉紧点。"

宁益："那我们检查下，再使劲拉紧点。"

　　宁益与嘉涵在连接水管以及固定扎带的过程中，始终是分工合作进行的，当其中一人在固定一边时，另一人就帮忙支撑或者连接另一边，所以他们很快就做好了帐篷支架。

　　宁益在连接接口时会有意识得把它抬高或放在腿上固定扎带。

　　老师："宁益，为什么要把它抬起来呢？"

　　宁益："抬起来会比较容易固定，不会掉出来。"

　　宁益："等一下，这里又掉出来了，我再去拿点扎带在上面固定。"

　　嘉涵："我也去拿。"

　　宁益："我用了三根扎带固定这里，现在我很用力地拉它都不会掉了。"

　　嘉涵："嗯嗯，是啊，扎带越多会越稳。"

　　2. 俊深、灿灿、妞妞、翔翔合作制作

　　拿到材料后，他们先把三根水管的支架摆好，再取扎带在上面固定。

　　俊深："我们先把角打开，我来绑扎带。"

　　灿灿："好，我来扶着。"

　　扎带绑好后，他们发现支架不稳，固定扎带的位置有很大的空隙，一拿就可以取出来。他们认为是扎得不够紧，于是重新绑扎带，固定时加大了力度，但反复多次尝试后还是失败了。灿灿看了看另一组的情况说："你看，他们那边已经快要好了。"俊深望了一眼后决定去观察一下。

　　俊深："我发现了，他们用的是小的扎带。"

　　灿灿："我还看到他们最开始是先把水管合在一起然后才打开的。"

　　翔翔：那我们也先合起来呗。"

　　他们把水管合并后用小扎带捆绑，终于固定好了。这时，俊深却提出更换材料。

　　俊深："我觉得水管太滑又太大了，等一下又松了，不如我们换竹子吧，小一点。"

　　大家表示赞同，于是他们把水管换成竹子。上面的支架完成后，大家争着参与连

图3-13-17　拆掉大扎带更换小扎带

图3-13-18　分工合作：一个固定，一个拆

图3-13-19 宁益放在腿上固定　　图3-13-20 嘉涵和宁益完成中型帐篷的制作

接工作，可是所有人都在底部工作，导致支架总往一边倒。

妞妞起身说："我还是来扶住上面吧，不然支撑不了。"

但是灿灿那边的角总是松开。

灿灿："咦，这个扎带是可以解开的。不是说绑住了就解不开吗？"

妞妞："我看看，真的可以解开啊。"

俊深："解不开的！要剪刀才能剪开，不信你拉拉我这个。"

翔翔："我看看，我知道啦，你们弄反啦。这一面是解得开的，要另一面。"

俊深："我早就知道了，你看，这有两面的，你那一面是反的，肯定解得开啦。"

妞妞："我也摸到了，是不一样的。"

老师看到，走过去问道："咦？应该怎样才解不开呢？"

俊深马上走到老师身边解释："李老师，我告诉你，这里有一面是粗糙的，有一面是光滑的，要把粗糙的那一面朝里面，光滑的一面朝外面放进口里用力拉紧就可以了。"

老师："那我要怎么做才能知道紧了没有？"

灿灿急忙跑过来边演示边说："老师，你听，如果是对的这一面，你拉紧了就会有'哒'的一声。"

图3-13-21 灿灿观察另一组　图3-13-22 大家合作固定支架
　　　的情况

图3-13-23　妞妞帮忙固定上面支架

图3-13-24　其他孩子各自负责一个角

活动小结

由于已经有了制作小帐篷的经验，孩子们对帐篷的支架结构有了清晰的认识。但对于孩子来说，从筷子到水管，整个材料的变化会给他们的操作带来新的难度及挑战。扎带也是新材料，在使用新材料中也需要进行一段时间的探索及调整。从这两大组的操作过程中，可以发现孩子在发现问题、解决问题、调整策略、合作商量的能力都有很大的提升。并且每一次新材料的提供都激发了孩子们不断深入的兴趣，他们自主组合并迁移已有经验。在遇到问题时，会先通过观察、协商、合作来解决，而不是直接求助，孩子们解决问题的能力令人惊叹。

活动4：制作大型帐篷

孩子们提出想制作更大的帐篷，老师决定采购一批1.5米长的竹子。有了之前的经验，孩子们很快找到同伴、选好工具，准备合作制作帐篷。宁益、灿灿、心悦三人一组，嘉涵、俊深二人一组，雨彤、妞妞、楚涵三人一组。这几组中，前面两组的幼儿均制作过小帐篷，第三组只有妞妞做过小帐篷。

1. 宁益、灿灿、心悦制作超大帐篷

宁益、灿灿、心悦首先进行了工作分工。

灿灿："杜宁益、邱心悦我们先分工合作吧。我来负责把架子做起来。你们想负责什么？"

心悦："我来绑住，固定它们。"

宁益："那我给你们拿材料吧。"

灿灿："那我们就开始吧。"

灿灿熟练地固定顶部、打开支架，然后和心悦合作固定支架底部。由于前期的每次活动中灿灿均有参与，所以他对整个操作已经非常纯熟，他和心悦有序地完成制作的每一个步骤。

灿灿："这最上面的最重要，我们要弄得很牢固。"

心悦："那我再去拿多点扎带，在上面再绑扎带就可以很紧了。"

宁益："那我来帮你们把上面扶好。"

宁益："把扎带给我，我来绑！绑好啦，现在不会倒了，我也来把另一个角固定。"

三人很快完成了帐篷支架的安装工作。

2. 雨彤、妞妞、楚涵制作超大帐篷

妞妞："他们的帐篷都是三角形的，我们做一个不一样的帐篷吧。"

楚涵："那我们就做一个正方形的吧。"

雨彤："好！正方形的比较大，我们做一个大一点的。"

妞妞："我用筷子做过小的正方形帐篷，我会做！我们先去拿竹子吧。"

楚涵："那我也去拿！"

三个人拿好材料，准备先搭支架。这时，雨彤、妞妞、楚涵在合作上遇到了难题。

雨彤："这个架子总是倒啊，怎么弄？"

楚涵："那你就自己扶着吧，我都是自己弄的。"

妞妞："我也是！"

雨彤："那好吧。"

雨彤再次尝试扶好支架的同时固定边角，但她不熟悉扎带，边角不断地散开，她抬头看着同伴。

雨彤："可是我试过了，就是弄不好！它会松！"

妞妞："我自己的也没弄好。"

图3-13-25 宁益固定上面的交接处

图3-13-26 灿灿和心悦固定下面的交接处

楚涵："我的也没弄好。"

雨彤有点失落了，显得更着急了，老师走过去。

老师："你遇到什么困难了吗?"

雨彤："我的支架固定不起来，扎带也绑不稳?"

老师："是哪里的问题呢?"

雨彤："我不知道。"

老师："我们一起看看，找找问题在哪里。"

楚涵看到老师加入，赶紧过来："那让我也来看看吧。"

她拿起一边的角仔细地检查，还拉了拉固定在上面的扎带。

楚涵："我知道了! 你看，扎带反了，肯定绑不稳啦!"说完她解开扎带。

雨彤："哪里反啦?"

楚涵："你摸一摸，这是光滑的一面，要把它弄到粗糙的那一面才是对的，你这个可以解开，扎带绑紧了是解不开的。"

妞妞："还要听到吱吱吱的声音才是对的。"

老师："哇，你们一起就很快发现问题了呢，那你们愿意跟雨彤一起合作吗?"

楚涵："可以啊，雨彤，你过来，我跟你说，我们一起重新绑吧。"

雨彤、妞妞和楚涵的帐篷支架终于做好了，她们检查扎带时，一旁的嘉涵跑了过来。

嘉涵："你们这个会很容易烂的。"

楚涵、妞妞："为什么呢?"

嘉涵："你们的支架都是刚刚好的，而且都在地上，一拿起来就会散开。"

图3-13-27　教师上前询问情况

图3-13-28　教师询问吸引来其他小朋友

图3-13-29　教师和幼儿一起　　图3-13-30　教师引导下愿意　　图3-13-31　发现问题帮助解决
　　　　　寻找失败原因　　　　　　　合作解决问题

嘉涵把架子往上提，果然就散开了。

楚涵："那怎么办？"

嘉涵："要把支架抬高点再来绑，还有不能刚刚好，要留空位才会更牢固。"

区域活动结束了，由于时间关系，他们决定把还没完成的帐篷带到班级外面，等下次自由活动时再继续完成。

活动小结

活动过程中，孩子们通过直接感知和实际操作，将对小帐篷的已有认知和制作经验迁移到制作超大帐篷中来，并在深入探索后获得新经验。例如，当固定各支架的衔接时，不断地调整自己的方法，寻找更适宜的材料进行固定；当材料的丰富与大小发生变化时，会更深入地进行实践获取新方法；当发现自己的力量无法完成超大帐篷制作时，会主动和同伴进行合作克服遇到的困难。由小帐篷到大帐篷再到超大帐篷，孩子们的探索兴趣与挑战欲望持续不断，而教师的有效支持也为孩子们实现愿望提供了可能。

教师在活动中要学会观察孩子的活动，并在需要时及时介入帮助孩子在原有基础上提升，但当他们已经可以"独当一面"时要学会退出，把探索的空间留给孩子，这是教育的机智。

活动5：完善大帐篷

1. 加固帐篷布

两天后，俊深和嘉涵把帐篷带到户外。他们发现用双面胶固定的布与竹竿裂开了。嘉涵和俊深在美工区找到一个尖头海螺，用海螺尖打洞，然后把扎带沿着洞口穿进去加固。

老师："你们为什么要在外面再绑扎带呢?"

嘉涵："我们要让它变得更牢固,这样布就不容易掉出来了。"

俊深："对啊,我们还找了工具扎进去的。"

俊深："咦,方嘉涵,扎带本来就是尖的,直接戳进去就可以了,我们好搞笑,哈哈。"

接下来,他们都直接用扎带往里扎固定。

2. 制作安全防护角

嘉涵："上次李老师说我们的帐篷角露出来不安全,我们把它包住吧,这样就不会扎到别人了。"

俊深："嗯嗯,那你包那边,我包这边。"

嘉涵和俊深分别选择用橡皮筋与扎带固定包角的布。俊深熟练地用扎带快速做好,然后走到嘉涵旁,帮他把支架抬起来,以方便嘉涵固定。

俊深："方嘉涵,我们等一下用扎带再在上面固定一下吧,这样不容易松。"

嘉涵："我也是这样想的,但我要先绑好。"

俊深："那我帮你先拿着扎带。"

嘉涵："好啊。"

俊深："这些扎带太长了,我把多出来的地方剪短一点。"

俊深和嘉涵把帐篷的三个角都包好后,把帐篷放置在一边邀请大家来参观他们的帐篷。

俊深："我觉得我们的帐篷很漂亮! 还是最牢固的!"

嘉涵："是啊! 我们用了那么多扎带固定! 肯定不容易散架。"

图3-13-32　俊深使用海螺扎洞　　　　　　图3-13-33　俊深用扎带直接扎进去固定

区域活动时，俊深又跑到外面来看帐篷，他仔细地检查帐篷是否损坏，然后把帐篷放到有阳光的位置钻进帐篷。

俊深："我要住在里面！方嘉涵，这里面很凉快，晒不到太阳！我就躲在这里，我不想出去了。"

活动小结

俊深是一个对自己要求较高的孩子，当帐篷完工了，通过观察他发现仍有不足，于是不断对自己的帐篷进行完善。首先，在实用性上，他想到了加固帐篷布，在如何加固上孩子们已经不需要他人帮助，可以靠自己的探索去解决；其次，在安全性上，他也做了思考；最后，在美观性上，他及时把多余的扎带和布料进行修剪，真正完工后，孩子们钻进帐篷里玩了很久很久，这是他们的劳动成果，他们无比自豪。同时在他们的带动下，其他组的孩子们也不断地参与到完善帐篷的工作中，这股积极性与热情久久不散。

图3-13-34 俊深制作安全防护角

图3-13-35 安全防护角

图3-13-36 俊深和嘉涵修剪扎带边

图3-13-37 帐篷完成

四、活动解析

通过"支架与帐篷"这一系列活动可以发现，兴趣是促进幼儿学习的最大内在动机。从一开始幼儿提出制作小帐篷到根据已有材料制作大帐篷，再到寻找适合的材料进行调整，教师不断地提供新材料支持幼儿的活动，保持幼儿的学习兴趣。幼儿在困难中学会思考问题、解决问题，在协商交流中学会合作互助，最后在亲身操作中获得成功的体验。俊深、嘉涵的制作帐篷之旅进入尾声，也许其他幼儿的探索之路才悄悄地开始……因为大部分幼儿在最开始参与时都处于观看、协助的角色。但在一次次的操作中，他们逐渐与他人合作，成功运用新获得的制作经验，顺利成为经验丰富的制作主导者。

其实，当教师在给幼儿创设宽松的环境、提供丰富的材料时，幼儿的自主学习就会时刻准备发生。只需要"等一等"，也许幼儿很快就会自信地成为下一次活动的带头人以及经验的传播者。

小小向日葵，大大手足爱

执教老师：许萍英 袁方
指导老师：白宇

一、活动来源

一天，太阳班（混龄班）的孩子们在进行户外活动，馨姐姐（6岁）不知从哪摘来了几朵小花送给老师，她笑眯眯地说："老师，这是我刚刚在角落的草地上摘的，我觉得它很漂亮，我想送给你。"旁边正在活动的几个弟弟妹妹们看到他们最喜欢的姐姐拿着这么漂亮的小花，都被吸引过来了，围在一起禁不住地发出各种感叹。

"好漂亮的花呀！"

"这是什么花呀？"

"它好像一个笑脸。"

"我好喜欢这个花呀！"

"我也想要这个花，在哪里有呀？"

"你们也想要吗？我带你们去找！"

说着，弟弟妹妹们跟着馨姐姐都跑开了，老师看了看，才发现原来户外场地各个小角落的草地上开满了这种黄白小野花，甚是好看。不一会儿，孩子们就寻到了好多小野花，看着这些小小的花，孩子们兴奋不已，看看、摸摸、闻闻……他们在用自己的方式和这个春天打招呼。

回班后，孩子们非常积极，热烈地讨论、分享着刚才看到的小花和自己见过的认识的花，一副意犹未尽的样子。老师不禁在想，如何来支持孩子们对花的兴趣呢？老师便和孩子们讨论开了。

老师："你们这么喜欢花，那你们想不想有自己的花？"

幼儿："想！"

老师："那有什么办法呢？"

幼儿："我让妈妈买花来！"

老师："我们可不可以自己种喜欢的花？"

幼儿："可以！"

老师："哇，那在哪里种啊？"

……

孩子们听到可以自己种花越发地兴奋了，各种讨论又开始了……

二、活动期望

著名学前教育家陈鹤琴先生说过："大自然是我们的知识宝库，大社会是我们的生活宝库，是我们的活教材。"春天是万物复苏、生机盎然的季节，向日葵为什么会跟着太阳转动呢？幼儿对这一奇特的植物生长现象充满着好奇，我们期待幼儿通过亲身体验、实际操作，从认识种子、了解生长过程到播种、收获等过程，感受向日葵生长的全过程，构建植物生长过程的新经验，激发幼儿对大自然的探究兴趣，发展幼儿的观察、比较、记录等探究能力。同时，在大带小混龄教育的互动中，使幼儿感受到同伴合作、互助的美好情感。

三、活动过程

活动1：讨论——我们种什么花？

种植活动伊始，老师通过旁观者的角色，引导孩子们采取讨论、协商的方法讨论种什么花。孩子们从种植的选材、选址到如何进行栽种、呵护等，开展了一次热烈非凡的讨论活动。

小宝："我想种玫瑰花！"

瀚宝："我见过玫瑰花，很香的！"

小馨："老师，有没有太阳花呀？"

格格："我想种蝴蝶一样的花。"

昕昕："可以种在我们的植物角吗？"

涵涵："可是植物角好像没有地方了。"

辰辰："我们可能需要一些铲子。"

涵涵："妈妈说种花要先有种子，我家里的花都是种子长出来的。"

妍妍："那我们还要有花的种子呀！没有种子怎么种呀？"

晨晨："我们还要记得给它浇水呢！"

小逸："还要除草！"

小宝："我们班的名字叫太阳班，向日葵就长得很像太阳。"

小逸："我见过向日葵！"

予予："那我们就种向日葵吧，向日葵很漂亮的！"

格格："可是向日葵的种子是什么？"

涵涵："我也不知道。"

图3-14-1 美丽的向日葵

大家经过热烈讨论和共同商议后，最终决定在三楼天台的几个大种植盆里，种植跟班级名字太阳长得很像的花——向日葵！

活动小结

从活动起源中，教师捕捉到幼儿对于种花活动的极大兴趣。从孩子们的对话中，教师了解到幼儿对植物的种植有些浅显的经验，如植物需要种子、浇水，照顾植物需要浇水、拔草，植物才能长好。孩子们谈论共同协商决定种植向日葵。问题来了，孩子们对向日葵的种子是什么样子没有感性经验，这是接下来孩子们想要了解和解读的问题。于是，教师的策略是提供向日葵种子帮助孩子们获得关于种子的新经验。

活动2：认识——似瓜子的种子

向日葵的种子是什么样的？要怎么种呢？在日常生活中，孩子们都认识了向日葵却不认识向日葵的种子，为此老师买来了向日葵的种子——葵花籽，帮助孩子们观察与探索即将栽种的向日葵种子。孩子们看着、摸着、闻着，对这些小小的葵花籽充满了无限好奇！

图3-14-2 认识葵花籽

图3-14-3 接触葵花籽

恩恩："哇！这个就是向日葵的种子吗？"

小馨："它外面有黑色、白色的条纹。"

涵涵："它好像我吃过的瓜子呀！"

彤彤："我也吃过这样的瓜子，很好吃！"

晨晨："我可以尝一尝吗？"

洋洋："可以把它打开吗？看看里面是什么啊？"

小宝打开了一个花籽："里面的籽好小呢！"

小逸："这么小啊？那我们把它种在土里它就可以长出向日葵了吗？"

恩恩："这么小的瓜子，怎么长成大大的向日葵啊？"

老师："是啊，这么小的瓜子，怎么能长成大大的向日葵呢？你们想不想知道？"

小逸："老师，要不我们来种向日葵吧？"

孩子们对小逸的建议都很赞同，于是，大家决定要自己种向日葵了。

活动小结

　　向日葵的种子是什么样的？看到向日葵的种子时，孩子们很快将平日里所吃的葵瓜子与向日葵的种子建立了联系，原来它就是我们吃的瓜子，对向日葵种子的陌生感瞬间就消失了，孩子们很高兴地运用多种感官（看、摸、闻、尝）感知，获得了关于瓜子的直接经验；同时，他们也发出了新的疑问：这么小的葵花籽，怎么种才能长出向日葵呢？是啊，如此小的种子，是怎么长成很大的向日葵花的呢？这个由小变大的奥秘燃起了孩子们的好奇心和探究兴趣，但植物生长是一个需要细心照顾、耐心观察的漫长过程。在这个漫长的过程中，孩子们很有可能因为经验的缺乏、一些失败的经验而中途放弃继续探究，如何给予孩子们支持，此时教师需要多方斟酌。分析了孩子们的观察品质及特点后，教师最终决定先通过视频给孩子们一些关于种植和照顾的经验，以便为后续种植活动提供一些经验的支持，增加他们对种植活动的信心和兴趣。

活动3：观看视频——播种

老师在网上找到了关于向日葵种植的视频。

浩浩："哇！这个是向日葵，我们要种的花就是向日葵。"

洋洋："我们也有铲子、水壶，可以给向日葵松土、浇水。"

泽泽："我爸爸说，向日葵会跟着太阳转，所以叫向日葵。"

睿睿："向日葵又不是人，怎么会转呢，转了不是会断了吗？断了就死了。"

老师："是啊，向日葵真的会跟着太阳转吗？"

泽泽："那我们就试试看吧，看谁说得对！"

涵涵："把前几天老师给我们看的葵花籽放到土里面就可以长出向日葵啦！"

老师："好的，老师支持你们，那我们要准备种向日葵了，把种子种到哪里呢？"

睿睿："种到大型器械区的土里面！"

涵涵："不行，去外面玩的时候种子会被踩坏的。"

洋洋："那就种到植物角吧？"

小宝："花盆太小啦！向日葵会被挤到的！"

小馨："天台上有两个大花盆，咱们就种到那里！"

睿睿："对对！天台阳光很大，很热，向日葵会喜欢的！"

泽泽："种子播种后要很久才能长出向日葵。"

浩浩："我们还要给种子浇水呢！"

小馨："向日葵喜欢阳光，我们要让它经常晒到太阳！"

涵涵："还要经常给它浇水！"

浩浩："是不是还要给它施肥？"

泽泽："爷爷种花的时候会给花倒一些营养水，咱们也要倒！"

睿睿："如果有虫子的时候也要捉虫子。"

图3-14-4 教师为幼儿展示向日葵的种植过程　　图3-14-5 教师与幼儿共同观看与思考如何种植向日葵

小宝："我家楼下小区的花坛里就有长大的向日葵，超美的！"

老师："那我们就开始行动啰！"

……

活动小结

关于如何种植向日葵，教师借助更为直观的方式——多媒体和图片以及提问帮助孩子们梳理了关于照顾植物的经验，为接下来的种植活动提供了经验。新的问题产生了：孩子们对向日葵是否会跟着太阳转有争议，到底谁说的是对的呢？孩子们觉得自己亲自种，就能得到准确的答案了。

活动4：播种——快点长大

种植活动开始了，老师提供了向日葵种子、铲子和锄头，哥哥姐姐拿着小小的铲子和锄头，认真地松土，挖出浅浅的坑，弟弟妹妹负责小心翼翼地将葵花籽放入。老师引导幼儿们在播种后再一起轻轻地盖上一层土，播种的时候他们还在嘴里轻轻念着：小种子，快点发芽哦！

种好之后，馨姐姐提醒大家要给刚种的向日葵种子浇水，最好做下记录，才可

图3-14-6　松土播种图

以更好地关注植物生长的变化。于是，大组的哥哥姐姐和小组的弟弟妹妹协商后决定，由中组负责提水浇水，小组负责清理盆里剩下的杂草，大组的哥哥姐姐则负责做种植记录。待水提过来后，弟弟妹妹看着都跃跃欲试，在哥哥姐姐的指导下也尝试了浇水。大组的哥哥姐姐做记录的时候，弟弟妹妹们都变成了好奇宝宝，带着崇敬的眼神围观呢！

活动小结

因有了视频的经验，孩子们对种植活动有了很详细的思考和准备，使种植变得更为积极、顺利。教师为不同年龄段的幼儿提供了自我选择参与种植的机会，孩子们将视频中获得的经验运用到实际种植中，在分工环节，可以看到大组孩子在计划、分工环节发挥的作用，小组孩子在哥哥姐姐的带领下，也积极参与活动，并能够完成自己的任务，获得成功经验的同时也获得了满满的成就感。我们可以看到不同年龄段孩子合作产生的神奇效果，他们通过亲身感知种植的过程（使用工具、松土、挖坑、放入

图3-14-7　给种子浇水

图3-14-8　幼儿们做种植记录

种子、盖上泥土、浇水），获得了关于种植的直接经验，为后续的照顾、观察活动给予了非常重要的经验和信心支持，幼儿对于向日葵的成长倾注了更多的关注和期待！

活动5：发现——向日葵发芽了

某天午餐后，孩子们在室外看书，妍妍往三楼种植阳台上看了一眼，突然兴奋地说道："我看到我们的向日葵好像发芽了！"孩子们立刻被吸引过来，纷纷跑去观察这些小小的植株。

泽泽："你看！它们长出了小小的叶子。"

洋洋："哇，好多呀。"

睿睿："它什么时候才长大啊？"

小馨："我们要记得给它浇水，还有施肥，这样它就可以长得更高了。"

涵涵："是不是也要给它经常晒太阳？"

小宝："我们来给它做一下记录吧，可以看到向日葵长多高！"

涵涵："啊呀，我没有地方记录啦！小宝你写的字太大啦！"

小宝："对不起啊！哈哈！我的字真的好大。"

浩浩："咱们记录的人太多了，记录板太小了。"

泽泽："咱们可以把板子画成晨谈墙天气的那张表格，在表格里记录很好，可以经常记录。"

睿睿："对！如果向日葵渴了我们也

图3-14-9　幼儿发现向日葵发芽啦！

图3-14-10 幼儿仔细观察绿芽 　　图3-14-11 更加细致地观察记录图 　　图3-14-12 嘿！我也来做记录！

可以记下来，给它浇水。"

　　瀚宝："那咱们找老师帮咱们画表格吧！"

活动小结

　　向日葵的发芽让幼儿体验到了成功的喜悦，孩子们开始关注向日葵的变化，并渴望参与向日葵的记录活动，但因人数多，孩子们运用已有的分组经验，经过协商之后分成拔草、松土、浇水、做记录这些工作组；在记录活动中，孩子们用记录板做记录太小，导致要更新记录内容需要把前一天的记录擦掉才可以重新记录，这样就无法通过对比发现向日葵的变化，于是他们开始思考改变记录的形式，丰富记录的内容。于是，孩子们制作了表格式记录本，除了日期、生长情况图，还加上了记录人的名字和简单的文字，用更加丰富的图文并茂方式记录向日葵成长的故事。在这次活动中，教师为幼儿提供了材料，如记录纸、笔、小铲子、小水桶、肥料等支持孩子们的想法，进一步丰富了孩子们的表征能力。

活动6：移植——给向日葵搬家

在孩子们的密切关注和精心照顾下，向日葵的植株越长越高，叶子也越来越茂盛。

心心："老师，我今天去天台看咱们的向日葵，感觉它们好挤哦！"

小馨："是啊！是啊！旁边那个向日葵快把它朋友挤哭了！"

老师："向日葵们长大了，小小的花盆变得很挤了，怎么办呢？"

恩恩："我们可以把一个向日葵搬到别的花盆里面！"

老师："二楼的种植园有几个空闲的花盆，你们需要吗？"

瀚宝："好啊，老师！我们力气大，可以把花盆搬过来，弟弟妹妹可以把向日葵拉出来！"

图3-14-13 小心地把向日葵挖出　　　　　　　　图3-14-14 移植向日葵

格格："不对，我们要挖出向日葵，拉出来的话向日葵就死掉了。"

小宝："好吧！那我们轻轻地挖，不要挖到向日葵了。"

老师："是啊，植物搬家，我们把这种情况叫作'移植'。植物移植只能在植物比较幼小的时候进行，再长大了植物就不容易成活，而且移植时候要保留一点土，尽快送它到新'家'，浇水施肥，这样它才能在'新家'继续长大。"

听了老师的介绍，孩子们恍然大悟，这个新的经验让孩子们兴奋不已，于是孩子们决定：要移植向日葵，而且越快越好！孩子们运用已有的分组经验，迅速分好了组开始干活啦！他们拿着小铲子小心翼翼地开始了移植，你挖我拿，你放我填，合作默契，认真仔细，为了小小的植株，都变身成了尽责的小园丁！向日葵在大家的合作下，顺利移植了，向日葵住新家喽！！

活动小结

随着向日葵渐渐长大，孩子们观察到小小的花盆很拥挤，生活经验的迁移让孩子们心中产生了疑问：花盆太小，向日葵应该也会感觉拥挤，怎么办呢？孩子们首先想到要换花盆。教师给予了支持，这个问题解决了。在对话中，可以了解到孩子们对于如何移植并没有生活经验，教师此时及时给予孩子们"移植"的概念，并介绍关于移植的注意事项，加深了孩子们的认知，也为移植活动的顺利进行做好了准备。有了教师的支持，孩子们对移植活动充满了信心！

活动7：观察——向日葵长花苞了

向日葵顺利移植了，孩子们心头的担忧解决了。这一天，孩子们吃完午餐后照例去看向日葵，突然涵涵有了新的发现，又引发了孩子们的讨论。

格格："老师，向日葵上面有几个圆圆的，那是什么呀？"

小馨："它是不是准备开花了？"

瀚宝："快看啊，这个是向日葵的花苞长出来了！"

恩恩看着花苞："呀！好像上面有虫子？"

一听到有虫子，孩子们便紧张地都围过来了，发现

图3-14-15　叶子上有虫子

图3-14-16　除虫大行动

真的有虫子后，便开始你一言我一语地讨论起来。

妍妍："看！向日葵的叶子上真有虫子！"

格格："啊！这是一只黑色的虫子！快来看啊，它在吃向日葵的叶子！"

恩恩："我们不可以让它吃叶子！"

格格："这种虫子是害虫，它喜欢吃向日葵的叶子。"

小馨："对，我见过这种虫子，它喜欢吃叶子。"

老师："那你们想怎么办呢？"

小逸："咱们一起来，把虫子抓起来打死它。"

小馨："我们也可以喷药来杀死害虫。"

恩恩："不可以的！喷药也会伤了向日葵的！"

小馨："那好吧，那我们就一起抓害虫吧。"

涵涵："老师，我不敢抓虫子。"

小宝："老师我敢！我可以抓起它，扔掉它！不让它伤害向日葵！"

老师："好！那你们就用自己的方式帮向日葵除虫子吧！"

谈话结束后，户外活动时间，大家兴致勃勃地为向日葵捉虫子去了。涵涵和妍妍看到天台的阳光非常足，感觉向日葵会缺水，便自发去提水为向日葵浇水，孩子们都在用自己的方式呵护着向日葵的成长。

活动小结

向日葵的变化一直牵动着孩子们的神经，终于看到向日葵长花苞了，孩子们兴奋不已。同时孩子们也发现了向日葵上有虫子，这又让孩子们开始紧张了，通过观察他们发现虫子在吃向日葵的叶子，孩子们根据已有经验判断这只虫子是害虫，他们的神

经又开始紧张起来了，此时任何伤害向日葵的因素都是孩子们不可容忍的。于是大家
集思广益，根据自己的生活经验投入给向日葵除虫子的活动中。此时可以看到孩子们
解决问题的积极性和主动性非常强，而教师此时只需支持孩子的想法和行动。通过自
己的行动，孩子们对向日葵的盛放更多了一份期待！

活动8：收获——向日葵开花啦

　　向日葵的虫子除掉了，孩子们满心欢喜，接下来就是静待花开了。这天，馨姐姐
早早来到班上，就跑去看向日葵了。馨姐姐看到盛放的向日葵，等弟弟妹妹陆续来
园，她就欣喜地告诉了他们。

　　小馨："晨晨我告诉你，我看到我们的向日葵开花了！"

　　晨晨："是吗，那我们可以去看看吗？"

　　小馨："当然可以啦！"

　　孩子们听说向日葵开花了，纷纷跑来看自己种的向日葵，看到向日葵美丽的花
朵，孩子们抑制不住激动之情，这里看看，那里闻闻，兴奋不已！弟弟妹妹们还伸出
手跟向日葵比谁更高呢！哥哥姐姐一边看，还一边教弟弟妹妹认识向日葵的结构："这
是它的花瓣，这是它的花蕊。"他们还证实了视频中"向日葵的花盘喜欢向着太阳长"
这一言论呢！最后，孩子们激动并认真地完成了这一次具有历史性意义的开花记录。

活动小结

　　终于等到向日葵开花了，孩子们心中有着抑制不住的激动和开心。向日葵从播下
种子、长出小苗、结出花苞、开出花朵，这是一个漫长等待的过程，也是一个收获的
过程。孩子们体会到辛勤付出的劳动，有了回报，内心充满了成功感和成就感！至

图3-14-17　瞧！妹妹，这是咱们种的向日葵哦！

图3-14-18　哇！向日葵好高呀！

图3-14-19 看！这里
面是葵花籽！　　图3-14-20 闻一闻！不
知道香不香？　　图3-14-21 开花啦！我要做记录！

此，向日葵的生长也给孩子们呈现了植物生长的最为直观的过程，丰富了孩子们关于
生命成长的感性经验。

活动9：记录——向日葵成长史

向日葵依然是孩子们每天津津乐道谈论的话题。

涵涵："老师，快看！今天太阳好漂亮，向日葵正对着太阳笑呢！"

昕昕："哇！向日葵都在看着太阳。"

小馨："向日葵好美啊！"

辰辰："向日葵的颜色好漂亮！"

予予："老师，我们邀请其他班的小朋友来看我们的向日葵吧。"

格格："我要带我的爸爸妈妈来看！"

图3-14-22 幼儿们认真绘制向日葵画　　图3-14-23 用图画的方式记录向日葵的生长过程

晨晨："老师，我的弟弟也喜欢向日葵。"

小逸："那我们把向日葵画下来给爸爸妈妈看。"

涵涵："嗯，我也是这么想的。我要把我除虫的样子画下来。"

小宝："我要画下我给向日葵抓虫子的时候。"

妍妍："我要画我给向日葵浇水的样子。"

小馨："老师，我们就像过去一样，画一本小书吧！以后我们还可以给弟弟妹妹看的。"

格格："我把我的图书带回老家给我爷爷奶奶看。"

老师："大家都有这样的想法，那我们就开始行动吧！"

为了纪念自己种植的向日葵从种子到开花的蜕变，孩子们根据墙上幼儿做的生长记录，用图文并茂的方式为向日葵制作了生长变化记录图。

活动小结

种植向日葵的活动已经成功了，对于孩子们来说，这是一件非常了不起的事情，更重要的是他们自己参与了这件了不起的事情，孩子们迫切想要分享自己的劳动成果，于是他们有了邀请朋友和家人来参观的想法，另外，因为有了制作图书的经验，孩子们由此也想到了给向日葵做一本故事书，希望以这样的方式永久地保留他们的成果。在绘制图书的过程中，孩子们再次重温和梳理了向日葵生长的过程。

四、活动解析

"小小向日葵，大大手足爱"是关于向日葵的种植探究活动。此系列活动源于教师对幼儿一个意外行为的深思。本活动中，幼儿经历了向日葵种植全过程（认识种子—播种—发芽—移植—收获—记录种植），幼儿通过观察、记录、分析、总结，了解了向日葵的生长习性，亲身体验了种植的乐趣，掌握了"移植""生命"等概念，初步感知了向日葵的生长过程。

在这一系列种植活动中，教师适时地为幼儿提供了操作的材料（买来了瓜子），及时给予适当的支持。在混龄教育中关注幼儿的个体差异（为不同的幼儿提供材料），教师能够为不同年龄的幼儿提供种植的机会，以同伴的身份与幼儿商量、合作，这无形中让幼儿感受到了活动中的主导地位，由此他们更能大胆地去实践、探究。

此系列活动中，幼儿在种植活动的异龄互动中，学习相互为师，分工合作，用他们小小的爱，共同呵护着向日葵的成长。通过各种感官的参与，幼儿了解了向日葵的种子、叶子、花盘、果实等结构，探究向日葵成长的变化过程，见证了生命成长过程的神奇，获得了对种植的经验积累，进一步培养了观察、探索、思考、验证、记录等科学探究能力。

生成活动的内容从何而来？

叶澜教授曾指出："课堂应该是向未来方向挺进的旅程，随时都有可能发生意外的通道和美丽的园景，而不是一切都必须遵循固定线路而没有激情的行程。"幼儿园活动亦是如此。根据《幼儿园教育指导纲要（试行）》《3—6岁儿童学习与发展指南》的要求，幼儿教师的工作应该具有创造性，还要保持高度的敏感性，善于发现幼儿感兴趣的事物、游戏和偶发事件中所隐含的教育价值，把握教育时机，注意积极引导。

我们认为，"生成课程"是指在幼儿生活中一切正在发生的事（而不是即将发生的事情）。生成活动是建立在"以人为本""尊重幼儿"这一教育观、儿童观基础上的，它是围绕幼儿兴趣、围绕幼儿问题解决的逻辑而展开的。这样一种活动更多的是体现了幼儿"如何学""如何主动地学""如何愉快地学"，在这种学习过程中我们可以看到幼儿情感、态度、能力、知识、技能等多方面的发展。

因此，生成活动所阐明的是"让幼儿主动学习、主动地发展"这一教育理念，是幼儿一日生活的动态过程，同时反映了幼儿的兴趣和教师的兴趣与价值观，是教师与幼儿共同发展、共生共长的过程。它具有随机性、灵活性、多样化等特征，更多地发生在个人和小组的学习中。"生成活动"的内容来源可能有以下几种途径。

①来源于教师预设主题中的生成，某个教学活动的延伸活动。在幼儿园里，课程往往是动态发展的过程。生成活动可以是在预设的主题探究活动中，由幼儿主动发起的疑问或在教师意图下引发的问题，教师根据幼儿的已有经验、现有资源、幼儿从中可能获得的发展的价值判断下，支持幼儿展开自主探究的主题延伸活动。

②来源于幼儿因好奇心而引发的探索。好奇心是个体遇到新奇事物或处在新的外界情境中所产生的注意、操作、提问等行为倾向，是促进幼儿学习的重要心理品质。好奇心只要有很好的引导，就能成为幼儿寻求知识的动力。我们允许幼儿自由地观察、自由地探索，当幼儿有兴趣将所发现的事情告诉教师，乐于与教师交流时，教师的尊重与理解、倾听与接纳、支持与鼓励的积极回应，能引发幼儿自发生成探索活动。

③幼儿谈话或讨论中的"矛盾点"。当幼儿在讨论中出现观点不一致的情况时，

教师可以根据情况判断这个分歧是否具有深入探索的价值或可能，再选择是否要支持幼儿自己提出问题、自己想办法搜索资料、自己寻找办法验证观点。

④日常生活中的偶发事件或共同生活中的随机事件。当班级里、幼儿园里（甚至是社区、社会、自然界）发生了出乎意料的事件（如饲养区的小鱼死掉了、幼儿园里新来了一位老师、小区道路维修、新增的地铁站等）时，教师可以根据自己的价值判断决定是否要支持幼儿围绕话题展开讨论和探索。此时，教师的选择尤为重要。

如何发现幼儿探究的兴趣？

生成活动往往使幼儿的学习过程具有很大的不确定性，正是这种不确定的偶发事件中隐含着教育价值的可能性，发现和捕捉这种"随机教育"的契机往往能给予我们意想不到的惊喜。更多情况下，我们希望教师将自己的角色从"引领者""决策者"，转变为"发现者""支持者"，去发现幼儿已经在探索的课程主题。通常，我们可以在"谈话"（师幼对话、幼幼对话）中发现幼儿的兴趣。"倾听"是教师发现幼儿兴趣、了解幼儿已有经验并且在必要的情况下使其生成课程内容的重要前提。

要养成"把幼儿说的话当回事"的好习惯，建议教师做幼儿话语的"记录者"，而非编辑者。尊重幼儿所说的内容和观点，一来可以为幼儿提供表达观点、提出问题、敢于质疑的机会，二来教师可以从幼儿的对话中发现他们的兴趣和有价值的学习点。例如，小班案例中的"豆芽发成了"这一活动案例，教师在幼儿讨论"豆芽怎么发成的"时，机智地捕捉了这一有价值的兴趣点，生成为课程内容，支持幼儿进行了"发豆芽"的系列教育活动。这样一种源于"好奇"和"不确定因素的讨论"的活动，将是最贴近幼儿生活、幼儿最感兴趣以及最能有效拓展幼儿已有经验的活动。

再者，讨论可以分享观点、拓展经验（发动群策力量），幼儿可以通过讨论，从同伴的观点中获得更多信息、获取解决问题的办法，也使幼儿能从其他人的身上学习，培养他们在集体中获取各种帮助的信心。教师可以提供讨论的氛围，充当幼儿讨论的聆听者，也可以参与到讨论中，与幼儿一起参与探究的进展计划。

如何帮助幼儿确定探究方向？

生成活动第一个阶段的重点工作是帮助幼儿确定可探究和学习的主题，帮助幼儿围绕探究主题确定问题。一般来说，幼儿针对某个事物或某种现象发表的谈论和观点，往往包含了幼儿的兴趣和需要，是幼儿自发的探索行为。当然，在这个过程中往往会出现"一百种设想和观点"。从幼儿所展现的问题和兴趣中选取适合开展探究活动的内容，是教师进行重要引导的关键。

"真正的问题来自有意义的联系和经验"，生成活动的内容既可能来源于幼儿引发的主题，也可能来源于教师引发的主题。在确定生成活动的探究主题时，"问题网络图"可以有效地帮助幼儿确定关于该问题的已有经验、未获取的经验和错误经验。

"问题网络图"能够让教师组织及区分幼儿已具备的知识。这个网络图，可以帮助幼儿整理与即将开始探究的主题相关的问题，有助于进一步明确探究的方向。当然，如果教师能够在生成活动的持续过程中根据幼儿的活动情况调整、添补资料，也可以帮助幼儿不断拓展与主题相关的词汇和知识点（丽莲·凯兹，西尔维亚·查德，2007）。因此，在生成活动的最初，教师可以将幼儿关于某个话题的讨论，以问题网络图的形式，帮助幼儿梳理关于话题的经验和问题，明确探究的任务，确保活动得以顺利进行。

如何引发幼儿的探究行为？

通过对问题的讨论，交流即将进行的探究主题信息之后，幼儿增加了对主题的了解。幼儿的学习，更多的是通过与人、物互动的环境来实现的（刘占兰，廖贻，2013）。因此，在生成活动中教师创设适宜的环境、投放恰当的材料与资源，以引发、支持幼儿的探究，显得尤为重要。

如何引发探究行为呢？一是需要在充分观察和了解幼儿的发展需要、兴趣倾向、经验水平的基础上，对幼儿生成的主题进行适合的价值判断。教师要善于发现幼儿兴趣话题中所隐含的教育价值，给予恰当的引导。例如，大班案例"制造轮船"中，教师对仲鸿小朋友制造轮船行为的观察以及对其造船的经验水平的恰当判断（设计图的分享和讨论），将其造船行为从无目的引向有目的的发展；同时对其造船过程中出现的问题和挑战进行了准确把握，不断引发幼儿深入探究，实现向更高一级水平的发展。

二是为幼儿提供支持探究的环境和材料，为幼儿生成活动的开展创设提供相应的环境刺激，支持其自主探究。改变游戏环境的布置、增加新的游戏辅助材料是许多教师常常会用到的一个普遍通用的策略。毋庸置疑，幼儿与材料的互动中一定会产生学习行为，他们通过对材料的主动操作来获取信息、积累经验，从而获得发展。材料不仅可以激发幼儿的探究意图，还可以帮助游走在探究小组外围的幼儿进入游戏。不同年龄段幼儿的水平不一，当幼儿在探究的过程中，由于经验有限导致探究行为停滞时，教师为幼儿提供熟悉的场景、材料，还能起到唤醒幼儿的已有经验，帮助其将已有经验迁移到探究活动中的作用。

三是当幼儿在探究过程中，对某个活动、某种观点有争议、有质疑，导致小组探究无法顺利开展时，教师可以不必急于给出答案或解决方法，而是应该支持他们按自己的想法探究，待解决了有争议的问题，再继续开展合作活动。

如何回应幼儿探究过程中的提问？

无疑，教师会面临幼儿在活动中提出的各种问题。爱提问、会提问是幼儿积极思考的表现，是幼儿认知需要的反映，也是教师判断是否要介入生成活动的重要时机。但如何答好幼儿的问题，不仅需要教师拥有高度敏感的专业"嗅觉"，更需要教师在幼儿园一日活动中不断积累有效的应答技巧。有经验的教师往往可以通过回应幼儿的问题的同时，积极引导，帮助幼儿在不断解决已有问题的过程中提出新问题。在活动的过程中，当幼儿提出问题时，"激励幼儿的认知积极性"是教师进行应答的重要前提。

回答幼儿的问题时，教师可以采用一些"小技巧"灵活应对：①重复幼儿的问题（重述幼儿的话）。对幼儿提问的复述，一来可以引发幼儿再思考，二来可以引起其他幼儿的注意，发动其他幼儿帮助解答。②适时"反问"与"追问"。教师可以在捕捉幼儿信息的基础上进行适当的反问和追问，可以给幼儿一定的思考空间，如"你怎么知道这封信是点点写给多咪的？""你觉得应该怎么办呢？"当然，在真实的活动中，教师应该根据幼儿提问的难易程度、问题的性质灵活地选择应答方式。

如何在幼儿探究过程中"抛问题"？

转变提问主体，鼓励幼儿提问的同时，当幼儿活动遇到困难、发现幼儿新兴趣点或者教师想要深入了解幼儿的游戏进展时，时机恰当地给幼儿"抛问题"既可以帮助教师更准确地了解幼儿的发展，也可以引发幼儿深度思考，将幼儿的活动引向更深层次。当然，过于表面化的问题只能强化幼儿的认知，不利于培养幼儿的发散性思维（如"哪一封是点点写给多咪的信？"），教师准备"抛问题"时，应巧设探究留白，鼓励幼儿质疑，让幼儿主动参与讨论。

①当幼儿只有"某个想法"时，教师的问题可以比较聚焦（如"你打算怎么做？"）。这种问题是具体的、可操作的。比如，当幼儿提出"想给鸭子搭个家"时，教师提问："那你打算怎么做呢？"——让幼儿的想法变得具体可操作。

②当幼儿发现某个现象时，教师的问题应该带有一定的目的性，以引导幼儿深入探究。比如，"小青虫"案例中，当幼儿发现小青虫死掉了，教师提问："它为什么会死呢？"——通过问题把幼儿的关注点从现象迁移到原因上，引发探究行为。

③教师原封不动地重复幼儿的疑问。重复幼儿的话，能帮助幼儿重新思考问题，也能促使幼儿对自己的观点产生怀疑，或引发讨论以激发幼儿表达自己的观点。比如，当有幼儿提出"它为什么会死啊？"，教师重复问题："对啊，它为什么会死呢？"——教师的再次发问容易引起幼儿的进一步猜想，师幼之间也可以进行相互探讨，以调动幼儿积极思维，引发幼儿讨论。

④当幼儿对自己的下一步行动比较迷茫、不知所措时，教师可以通过提问帮助他们清晰自己的探究计划。比如，当幼儿决定开展一场篮球赛时，教师提问："如果我们准备举办一次篮球赛，我们需要准备什么呢？"——可以帮助幼儿思考、具体梳理自己的实施计划（第一步、第二步、第三步……）是什么。

⑤注意教师提问的方式，多用"真实性提问"的形式抛问题。很多情况下，在幼儿自主探究的过程中，教师所问的问题自己也并不知晓答案，目的多是了解幼儿活动的更多信息。而"真实性提问"是基于认可幼儿的游戏和活动的问题。在与幼儿的对话中，"真实性提问"要描述他们的行为、经验和经历的事件，而且要认真倾听和回应他们对事情的评论和建议，如"我刚刚看到你们在玩游戏，你们可以跟我说一说吗？""我看到你用纸箱在搭建东西，你愿意跟我分享一下你的想法吗？"等。

如何拓展幼儿经验以支持其探究行为？

为幼儿提供与探究相关的书籍和工具，鼓励幼儿自行查找、自制和运用参考资料。教师可以根据幼儿的探究，提供相应的图书资料或资料查找工具（图书区/室、网络等）。与此同时，幼儿将查找到的资料制作成参考资料册，既可以供班级共享，将个人的经验扩大到集体；还可以为幼儿提供听、说、读、写的条件，促进幼儿语言能力和思维能力的发展。

　　鼓励家长参与活动。家庭与幼儿园是幼儿成长过程中最直接的生态空间。作为幼儿园重要的合作伙伴，家长参与到幼儿的探究活动中一同探索时，便成了幼儿的共同学习者。在生成活动中，每个家长都是重要的课程资源之一。每个家长（或家庭）都会带来自己的某些专长的知识和技能，并在生成活动中持续发挥作用。

　　当幼儿遇到比较陌生的领域和问题时，家长的参与可以帮助丰富话题。通过经验共享，又能促进个人经验转变为集体经验，活动更容易深入开展。家长参与活动的形式是多样的，如和幼儿一起查阅资料（图书馆、网络资源搜寻）、实地参观、话题讨论、收集材料、访问和咨询等，通过这些有效的互动行为，幼儿能够获取大量直接的、间接的知识和经验，为接下来要进行的探究活动提供了大量的信息来源。

　　实地参访。首先，如果可以安排幼儿到与其感兴趣的话题或正在探究的主题相关的地方做实地参访，能有效地帮助幼儿获取大量直接接触实物、相关的人和环境的经验，如参观小学、超市、医院等。当然，在决定进行实地参访的同时，教师事先实地考察是非常有必要的。一方面，通过电话等方式获取的信息有限，缺乏足够的现场细节观察，幼儿的参访容易流于形式；另一方面，教师事先考察，可以大概掌握现场可能会发生的、有意思的情况，以便在现场参观时有节奏地调整幼儿的参观行程、停留时长，让参访变得有深度。其次，事先制订计划也是幼儿实地参访有效性的重要保障。这个计划可以是幼儿自发的计划，也可以是小组协商的计划，还可以是带有"任务性"的计划（如"我要上小学：参观小学"案例中幼儿参观计划的制定）。教师可以帮助幼儿明确计划，以免在参访的过程中因信息过多导致"措手不及"。因此，有准备的计划，可以缓解幼儿的参访活动焦虑，也有助于他们更加明确实地参访的经历中能够获得什么。

如何帮助幼儿提升经验？

　　幼儿探索获得的各种经验和体验，看似"琐碎"，但却为日后进行系统知识的学习积累了大量的"原材料"。幼儿的经验有可能在大量的体验和操作中获得自我提升，有时候探索主题的情境与其已有经验相距较大时，教师的帮助往往能够促进幼儿经验的提升。如何在尊重幼儿意愿的前提下，帮助幼儿将探索中所获得的经验加以概况、总结、提升？记录与表征是表述和交流认识的重要方法，也是拓展和加深对探索对象认知、增加分析性思维的重要途径。也可以说，记录与表征能有效地帮助幼儿表达自己在探索过程中观察到的、学到的东西，并且能让他人理解自己在此过程中的经历和所做的努力。

在生成活动探索的过程中，我们鼓励幼儿使用自己擅长的图像和符号来表达自己的记忆、想法、设想和感受，并运用这些图像和符号来与他人进行交流，即"把表征作为一种公共的事件"，在集体中形成常态化的行为习惯，帮助幼儿表达复杂的想法。

具体做法可以参考以下几点：①为幼儿记录和表征提供材料准备：随处可取的记录表、纸、笔。②提供可以展示、收集幼儿作品的机会：墙面/柜面展示、幼儿作品文件夹（作品篮，可以保存生成活动探究过程的个人作品，包括已完成的和正在进行的，以完整记录幼儿的学习过程）。③教师应适时地对幼儿的记录和表征作品进行讨论（教师与幼儿一起讨论作品，既可以增强幼儿的表征兴趣和意愿，又可以给予同伴示范，将个人经验拓展为集体经验），积极关注并予以鼓励和支持。④不同类型的生成活动（如社会学习领域、科学探究、事件讨论等）可以采用不同的记录和表征方式，如表格（图表）、绘画（草图、设计图、线描图）。

当探究活动停滞不前时……

在生成活动中，幼儿对生成主题或事物从"热"到"冷"变化是正常的。当生成活动开展到一定程度，出现活动"停滞"现象时，我们往往需要先进行细致的原因剖析。

探索活动停滞不前，可能是出于以下原因：①幼儿兴趣减弱。活动的开展与幼儿兴趣密切相关。幼儿的探索兴趣受经验和好奇心的影响和制约，其兴趣与好奇心的持续时间是不稳定的、短暂的、容易被转移的。②反复失败、因失败而茫然。有研究表明，不同年龄、不同压力情境和材料的熟悉度，对幼儿的坚持性都有一定的影响。在探索活动中，幼儿可能会因为技能缺乏、经验不足，在较长时间范围内意愿和行为不能达到完全一致，难以实现自主探索的目的，这种反复的失败体验容易引发冲动放弃的行为。③困难超出幼儿的经验范围，幼儿不能自行解决。在探索的过程中，幼儿常常会遇到问题和困难，这些问题和困难的解决过程往往是幼儿获得经验、获得发展的过程。当幼儿遇到自己无法解决的问题时，往往容易因此放弃原来的探索行为。

事实上，教师的态度和言语指导对幼儿的坚持性有重要的影响力。在探究过程中，当幼儿即将放弃探索时，教师的积极态度和及时介入是必要的。具体做法可以参考以下几点：

①重燃幼儿探索的意愿和兴趣。一是通过谈话分享，可以重燃幼儿的探索兴趣；二是调整材料，适当添加新材料，帮助幼儿丰富活动，刺激新的探索欲望。②当幼儿反复尝试均以失败告终时，教师可以在充分观察的基础上，要有足够的耐心，在幼儿

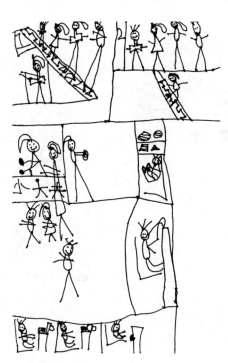

即将放弃之前，肯定并认同幼儿的努力，同时予以适当的提示（可以提建议），稍做引导；也可以给予幼儿拓展经验的机会（寻找他人帮助、查阅资料等），肯定幼儿的解决办法，并提示他们进行经验迁移。③当困难超出幼儿的能力范围时，教师需要先判断此活动是否适合继续开展。如果这个困难在幼儿的能力范围之外，但活动仍然有继续开展的意义和价值时，教师可以采用直接建议、提问引导、示范演示、参与游戏角色等方法，指导幼儿解决困难问题，让幼儿的活动得以继续和深入。如果活动已经远远超出幼儿的经验、能力范围，不值得（或无法继续）再深入时，教师可以采取适当的办法，将幼儿的注意和兴趣引向其他问题的探索上。

参考文献
REFERENCES

［1］ 中华人民共和国教育部. 幼儿园工作规程，2016.

［2］ 中华人民共和国教育部. 幼儿园教育指导纲要（试行）. 北京：北京师范大学出版社，2001.

［3］ 中华人民共和国教育部. 幼儿园教师专业标准（试行），2012.

［4］ 广东省教育厅. 广东省幼儿园一日活动指引（试行），2015.

［5］ 深圳市宝安区. 宝安区幼儿园教育教学指引（试行），2017.

［6］ 李季湄，冯晓霞. 3-6岁儿童学习与发展指南解读. 北京：人民教育出版社，2013.

［7］ ［美］裴迪·哈里斯·赫尔姆，萨利·贝内克，等. 项目课程的魅力. 林育玮，洪尧群，等，译. 南京：南京师范大学出版社，2006.

［8］ ［美］丽莲·凯兹，西尔维亚·查德. 开启孩子的心灵世界：项目教学法. 胡美华，译. 南京：南京师范大学出版社，2007.

［9］ 刘占兰，廖贻. 聚焦幼儿园教育教学：反思与评价. 北京：北京师范大学出版社，2007.

［10］上海市中小学（幼儿园）课程改革委员会. 游戏活动（3~6岁）. 上海：上海教育出版社，2017.